집부 통신

올해 부처님오신날을 전후로 떠오른 화제의 인물이 있는데요. 바로 개그맨 윤성호 씨가 스님DJ 콘셉트의 '부캐'로 활동하고 있는 '뉴진스님'입니다. 그는 지난 4월 열린 서울국제불교박람회의 홍보대사를 맡게 되면서 뜨거운 반응을 얻기 시작했는데요. 그가 불교 특유의 엄숙한 분위기를 깨뜨리고, EDM에 '천상천하 유아독존'의 메시지를 싣는 모습은 신선함을 안겼죠. 불상을 모신 경건한 현장에서 "부처핸썸!"을 외치며 사람들이 몸을 흔들자, 함께 하던 스님들도 춤추기 시작했습니다. 일각에서는 종교를 희화화한다는 비판도 있지만, 딱딱한 불교의 이미지를 바꿀 수 있다는 기대감도 나왔는데요. 윤씨는 한 언론 인터뷰에 출연해 뉴진스님을 기획하기 전까지 오랫동안 일거리가 없어 미래가 암담했었다고 고백했습니다. 그는 지난해 발표한 불교EDM 음반에 당시의 암울한 심정을 녹였다고 하는데요. 누구나 살면서 만나는 좌절감, 무력감을 고통과 번뇌라고 표현하며 이를 이겨내고 극락왕생하자고 독려하고 있죠. 그가 참여한 연등회 행사에서 불교에 문외한인 사람들이 "고통을 이겨내면 극!락!왕!생!"이라 환호하는 모습은 불교적인 의미를 넘어 또 다른 의미를 던집니다. 종교를 떠나 이 시대에 고통이라는 단어가 가진 파급력을 생각하게 되죠. 정치판은 어지럽고, 물가는 내릴 줄 모르고, 그야말로 번뇌의 고통이 극에 달해 살기 참 팍팍한 때입니다. 극락왕생은 못 하더라도 현생의 고통을 덜 수 있는 뉴진스님 같은 일상의 순간들이 종종 찾아왔으면 합니다.

발행일 ▎2024년 6월 5일   발행인 ▎박영일   책임편집 ▎이해욱   편집/기획 ▎김준일, 이보영, 이세경, 남민우, 김유진   대표전화 ▎1600-3600
표지디자인 ▎김지수   내지디자인 ▎장성복, 채현주, 곽은슬, 남수영   동영상강의 ▎조한   마케팅홍보 ▎오혁종   홈페이지 ▎www.sdedu.co.kr
편저 ▎시사상식연구소   발행처 ▎(주)시대고시기획   주소 ▎서울시 마포구 큰우물로 75[도화동 538번지 성지B/D] 9F   창간호 ▎2006년 12월 28일
등록번호 ▎제10-1521호   인쇄 ▎미성아트

○○한 회사라면?

취업 고민해보자!

우리나라는 규모별·업종별로 수많은 기업들이 존재하고, 그 중에는 좋은 기업도 나쁜 기업도 있을 것이다. 아무리 취업이 절실한 시대라 하지만, 규모는 작더라도 이왕이면 더 나은 근무환경을 갖춘 기업을 골라야 한다. 이번 호에서는 입사지원 전에 눈여겨보고 고민해야 봐야 할 기업·채용 요소들을 살펴보도록 하겠다. 채용공고와 기업소개에 이런 점들이 눈에 띈다면 지원을 다시 한 번 생각해보자.

① 연봉은 '회사 내규에 따름', 임금공개 정확히 안 하는 회사?

✔ 온라인 구인·구직 플랫폼에 채용공고를 낸 기업들을 살펴보면 연봉을 명확히 기재하지 않는 경우가 많다. 대개 '회사 내규에 따름', '면접 후 결정'이라고만 안내한다.

✔ 이러한 경우 면접 때 연봉을 알려주거나, 근로계약서를 작성할 때 최저임금에 맞춰 급여를 지급한다고 통보하는 회사도 있으니 주의해야 한다!

Tip 인센티브보다 기본급!

▶ 기본급에 비해 인센티브가 지나치게 높게 명시된 경우도 주의하자! 인센티브를 받기 위한 업무강도가 어마어마 할 수도 있다.

▶ 이직 시 연봉협상 때에도 기준이 되는 것은 기본급이다!

② 시도 때도 없이 계속 사람만 뽑는 회사?

✔ 구인·구직 플랫폼에서는 해당 기업이 과거에 등록했던 채용공고 내역을 확인할 수 있다. 직무 등 동일한 내용의 공고가 자주 올라왔다면 주의하자. 근무환경이 열악하고 인력관리가 잘 안 되는 회사일 가능성이 크다.

✔ 해당 회사가 채용공고를 왜 낸 것인지 확인할 필요도 있다. 결원으로 인한 충원인지, 사세확장으로 인한 충원인지 잘 살펴보자.

> **Tip** 입사율과 퇴직률은 꼭 확인!
>
> ▶ 채용정보 플랫폼 원티드인사이트(구 크래딧잡)에서 회사의 이직률·입사율·퇴직률 등을 확인해 볼 수 있다.
>
> ▶ 다만, 공개된 정보가 정규직·계약직 등 계약형태에 따라 상세히 구분돼 있지는 않아 어느 정도 걸러서 볼 필요는 있다.

③ 정확히 무슨 일을 하는지 알려주지 않는 회사?

✔ 채용공고에 명시된 직무내용이 불분명하거나 지나치게 간결하게 기재해놓은 회사들이 있다. 이러한 경우 '사람을 일단 뽑고 보는 회사'일 가능성이 높다.

✔ 직무내용이 명확치 않으면, 입사 후 직무와 조금이라도 관련이 있는 여러 업무를 떠맡게 될 수도 있다. 거기에 팀 막내라면 본 업무와 갖가지 잔심부름을 병행해야 한다.

> **Tip** 업무 인수인계가 미흡하다면?
>
> ▶ 입사 후 업무 인수인계가 정확히 이뤄지지 않는다면 아직 업무체계가 잡혀 있지 않는 회사일 가능성이 크다.
>
> ▶ 아울러 업무분담이 제대로 이뤄지지 않는 회사에서는 실무자가 사실상 여러 잡무에 시달릴 수 있다.

④ 직원의 평균연령대가 높은 회사?

✔ 고연령·고연차 직원의 비율이 기형적으로 높은 회사가 있다. 이러한 경우 중간관리자의 관리능력 부실 때문이거나, 그 휘하의 실무자들이 집단으로 퇴사했을 가능성이 있다.

✔ 앞서도 퇴직률에 대해 이야기했지만, 특히 3년 후 퇴직률이 중요하다. 입사 후 3년 이상 근속한 중간연차의 직원 비율이 낮다면 고민해보자. 신입사원의 역량을 제대로 키울 줄 모르는 회사일 수 있다.

> **Tip** 내일채움공제 악용하는 회사?
>
> ▶ 내일채움공제금을 받기 위해서는 근속기간을 채워야 하므로, 일부 악덕기업에서는 신입사원에게 일거리를 몰아주거나 근로관련 불이익을 주는 사례가 발생하고 있다!
>
> ▶ 공제 청약자라면 입사지원 전에 본인이 정말 이 회사에서 일정기간 동안 근속할 수 있을지 신중히 생각하고 선택해야 한다.

공모전·대외활동·자격증 접수/모집 일정

06 June

SUN	MON	TUE	WED	THU	FRI	SAT
						1 광택시문화재단 · 밀양 시시설관리공단 · 신용 보증재단중앙회 필기 실시
2 S-oil 대학생 천연기 념물 지킴이단 모집 마감 / 소상공인시장진흥공 단 필기 실시	**3** 이티원에듀 여름방학 국내캠프 운영진 모집 마감 / 서울관광재단 필기 실시	**4** 대전 청년주간 로고송 공모전 접수 마감	**5** 2024 청년도전지원 사업 이무든 시즌 2기 모집 마감	**6**	**7** 예술의전당 필기 실시 / 기상·기후테크 청년 아이디어 공모전 접수 마감	**8** 아산시시설관리공단· 동두천시시설관리공단 ·한국해양조사협회 필기 실시
9 농림수산식품교육문 화정보원·중앙대학 교 필기 실시 / 투자자산운용사 실시	**10** 교보문고 스토리대상 접수 마감 / 해운대구 관광 숏폼 공 모전 접수 시작	**11** 2024 스포츠산업 창 업 아이디어 공모전 접수 마감	**12**	**13**	**14** 2024 국민정책참 정 책아이디어 공모전 접 수 마감	**15** 나눔웃장 행사 봉사자 모집 마감 / 한국청소년상담복지개 발원·서울주택도시공 사 필기 실시
16 KBS한국어능력시험 실시 / 정기 기능사 3회 필기 시험 실시	**17** 대학생 유네스코 인류 무형문화유산 홍보 아 이디어 경진대회 접수 마감	**18**	**19**	**20**	**21** 해양수산 비즈니스 · 공공서비스 공모전 접 수 마감	**22** 법원직 9급 1·2차 시 험·서울 경제진흥원 필기 실시 / 검색광고마케터·성 담심리사 실시
23/30 국제청년센터 청년운 영단·몬스터 에너지 엠베서더 모집 마감 / 펀드투자권유자문인 력 실시	**24**	**25**	**26**	**27**	**28** 일본군 위안부 피해자 관련 청소년 작품 공 모전 · ESG 환경영상 대학생 공모전 접수 마감	**29** 공인회계사 · 주택관 리사보 실시 / 한경TESAT 실시

대외활동 Focus | 2일 마감

S-oil 대학생 천연기념물 지킴이단

S-oil 천연기념물과 야생동물을 사 랑하는 전국 대학생 및 휴학생 40명을 모집한다. 천연기념물과 환경오염으로 위협받고 있는 천연기념물에 대한 보호의식을 고취하 기 위해 홍보활동에 참여한다.

채용 Focus | 2일 실시

소상공인시장진흥공단

소상공인의 육성 등을 위한 준정부기관 인 소상공인시장진흥공단에서 신입직 원 40명을 채용한다. 행정사무를 담당 하며, 무기계약직 직원을 선발하 며, 필기시험은 6월 2일 치러진다.

SUN	MON	TUE	WED	THU	FRI	SAT
	1 공 2024년 우수 일반정책 아이디어 공모전 접수 시작 공 제주 공공디자인 공모전 접수 마감	2 공 2024 대구 도시디자인 공모전 접수 시작	3	4	5 공 2024 무역인보의 날 공모전 접수 마감	6 자 매경TEST, 외환전문역 1·2종, 보세사 실시
7 공 계룡장학재단 아이디어 공모전 접수 마감	8	9	10	11	12	13
14 공 2024 차차통통 장애인정책 공모전 접수 마감	15	16	17 공 제임스 다이슨 어워드 2024 접수 마감	18	19 공 사랑의열매 나눔공모전 접수 마감	20 자 한국실용글쓰기 실시
21 재 파생상품투자권유자문인력 실시	22 공 2024년 연구실 안전 콘텐츠 및 우수사례 공모전 접수 마감	23	24	25	26	27 자 회계관리 1·2급, 재경관리사, 은행FP자산관리사 실시
28	29	30	31 공 2024 부산광역시 치매인식개선 영상공모전 접수 마감			

07
July

공모전 Focus 19일 마감

사랑의열매 나눔공모전

사랑의열매를 운영하는 사회복지공동모금회에서 전국 청소년을 대상으로 나눔을 주제로 한 공모전을 연다. 금과 그림, 사랑의열매 캐릭터를 활용한 굿즈 디자인으로 응모할 수 있다.

자격시험 Focus 27일 실시

은행FP자산관리사

은행FP자산관리사

한국금융연수원에서 주관하는 국가공인자격 은행FP자산관리사 시험이 7월 27일 치러진다. 종합적인 자산설계에 대한 고객상담과 이에 따른 지원을 실행하는 직무를 담당하는 자격이다.

대 대외활동   재 채용   공 공모전   자 자격증

❖ 일정은 향후 조율될 수 있습니다. 참고 용으로 사용한 뒤 상세일정은 관련 누리집을 직접 확인해주세요.

2024 이슈&시사상식

VOL.202

CONTENTS

HOT
ISSUE

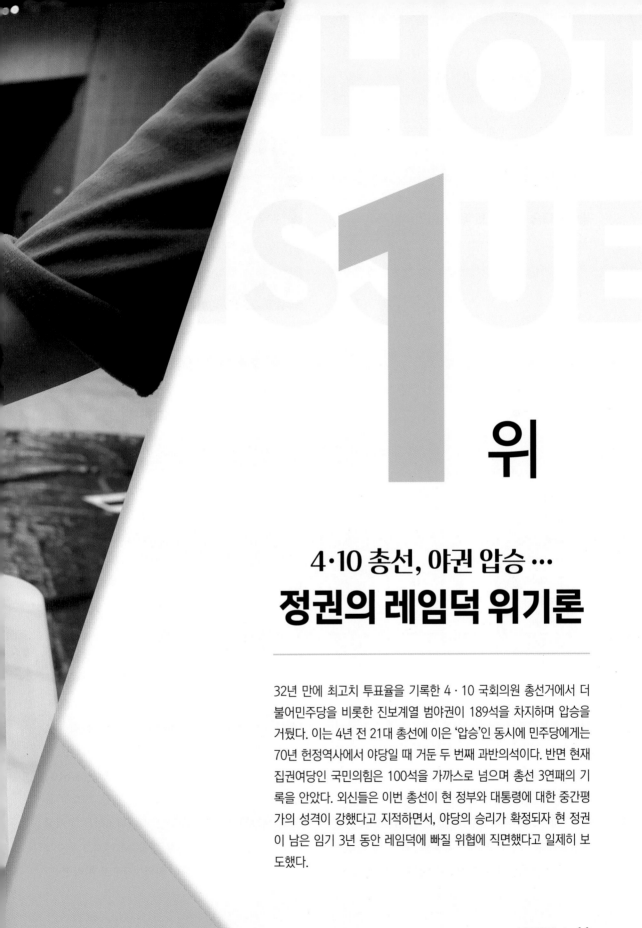

1위

4·10 총선, 야권 압승 …
정권의 레임덕 위기론

32년 만에 최고치 투표율을 기록한 4 · 10 국회의원 총선거에서 더불어민주당을 비롯한 진보계열 범야권이 189석을 차지하며 압승을 거뒀다. 이는 4년 전 21대 총선에 이은 '압승'인 동시에 민주당에게는 70년 헌정역사에서 야당일 때 거둔 두 번째 과반의석이다. 반면 현재 집권여당인 국민의힘은 100석을 가까스로 넘으며 총선 3연패의 기록을 안았다. 외신들은 이번 총선이 현 정부와 대통령에 대한 중간평가의 성격이 강했다고 지적하면서, 야당의 승리가 확정되자 현 정권이 남은 임기 3년 동안 레임덕에 빠질 위협에 직면했다고 일제히 보도했다.

야당인 더불어민주당이 4월 10일에 실시한 제22대 국회의원 총선거(총선)에서 지난 제21대에 이어 2연속 압승을 거두고, 집권여당인 국민의힘은 4년 전에 이어 또다시 참패했다. 이로써 22대 국회에서도 견고한 '여소야대' 구도가 이어지게 됐다.

범야권 대승 … 여권, 탄핵저지선 간신히 사수

개표가 완료된 4월 11일 오전 11시 민주당은 지역구에서 161석, 비례위성정당인 더불어민주연합에서 14석 등 총 175석을 석권했다. 국민의힘은 지역구 90석, 비례정당 국민의미래 18석 등 총 108석에 그쳤다. 1987년 대통령직선제 도입 이후 집권여당이 이같이 큰 격차로 야당에 패한 것은 처음 있는 일이다. 대통령 임기를 무려 3년여 남기고 치른 중간평가 성격의 총선에서 야당의 의석수가 집권여당을 이만큼 압도한 것도 헌정사상 처음이다.

4·10 22대 국회의원 총선거 결과

정당	지역구	비례대표	총의석수
더불어민주당	161	–	175
더불어민주연합	–	14	
국민의힘	90	–	108
국민의미래	–	18	
조국혁신당	–	12	12
개혁신당	1	2	3
새로운미래	1		1
진보당	1		1

자료 / 중앙선거관리위원회

이번 결과는 야권이 내세운 '윤석열정권 심판론'이 선거일에 임박해 잇따라 나온 정부발 악재들과 맞물려 유권자들의 표심을 움직였기 때문으로 풀이된다. 국민의힘으로서는 대통령탄핵 및 개헌저지선(200명)은 가까스로 지켜냈지만, 조국혁신당(12석)과 진보당(1석)을 포함한 범야권 의석이 189석에 이르면서 정국 주도권을 또다시 야권에 넘겨주게 됐다. 여기에 실질적 반윤세력으로 꼽히는 개혁신당이 여당의 반대편에 설 경우 야권은 192석이나 된다.

출구조사 발표 직후 국민의힘 당사

수도권·충청권 및 정당득표에서 승패 가려

주요 지역별로는 122석이 걸린 수도권에서 민주당이 102석, 국민의힘이 19석, 개혁신당이 1석을 차지했다. 특히 충청권 28석 중 21석을 민주당이 확보하면서 전통적으로 5대 5를 유지했던 충청권에서마저 압도적으로 의석을 차지했다. 반면 국민의힘은 대전과 세종에서 지난 총선에 이어 0석을 기록했고, 충남마저 지난 총선보다 2석 줄어든 3석에 그쳤다. 다만 부산, 울산, 경남에서 40석 중 34석을 확보하는 등 전통적 강세지역인 영남권만 지켜내면서 '도로 영남당'이라는 오명을 이번에도 벗지 못했다.

비례대표*를 뽑는 정당투표는 여당의 위성정당인 국민의미래가 36.67%를 차지하며 18석을 확보했다. 그러나 민주당 위성정당인 더불어민주연합(26.69%, 14석)이 조국혁신당(24.25%, 12석)과 합쳐 50.94%를 얻으면서 비례대표 국회의원 46석 중 26석을 석권, 과반을 훌쩍 넘겼다. 그 외 개혁신당은 3.61%, 녹색정의당 2.14%, 새로운미래 1.7%를 각각 기록했다. 전통적 진보정당으로 21대에서 6석을 차지했던 녹색정의당(구 정의당)은 정당득표에서 2.14%를 차지, 1석도 건지지 못하며 원외정당으로 전락했다.

대의기관의 구성원을 선출하는 선거에서 정당의 득표율에 비례해 당선자 수를 결정하는 선거제도다. 정당지지율이 의석비율로 직결되므로 유권자의 의견이 의회 내에서 거의 동일하게 재현된다는 장점이 있다. 우리나라는 공직선거법 제189조(비례대표국회의원의석의 배분과 당선인의 결정 · 공고 · 통지)에 따라 ▲ 비례대표국회의원선거에서 전국 유효투표총수의 100분의 3 이상을 득표한 정당 ▲ 지역구국회의원선거에서 5석 이상의 의석을 차지한 정당에 대해 국회의원의석을 배분한다.

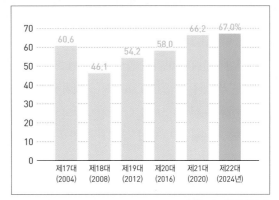

역대 총선 투표율

제17대 (2004)	제18대 (2008)	제19대 (2012)	제20대 (2016)	제21대 (2020)	제22대 (2024년)
60.6	46.1	54.2	58.0	66.2	67.0%

자료 / 중앙선거관리위원회

정권심판론이 유권자 투표장으로 이끌어

특히 22대 총선은 높은 투표율을 기록했다. 중앙선거관리위원회는 10일 투표마감 결과 전체 유권자 4,428만 11명 가운데 2,966만 2,313명이 투표에 참여, 67.0%의 투표율을 기록한 것으로 집계됐다고 밝혔다. 이는 지난 총선(66.2%)보다 0.8%포인트(p) 높은 수치이고, 1992년 14대 총선(71.9%) 이후 32년 만에 최고치다.

특히 베이비붐세대이자 486 · 586세대로 일컬어지는 50대 투표율이 71.2%로 2016년 20대 총선(60.8%)보다 10.4%p 상승했다. 비교적 보수층에 속하는 60대의 투표율은 80%에 달했지만, 50대에 비해 유권자 수가 적은 데다가 지역구와 달리 비례대표 투표에서 무려 40%가 민주연합과 조국혁신당에 표를 던지면서 국민의힘에 큰 도움이 되지 못했다.

출구조사 발표 직후 더불어민주당 당사

높은 투표율의 배경에는 근본적으로 여야가 각각 선거 전면에 내세운 '심판론'과 유권자들의 '분노투표'가 있었다는 분석이 나온다. 민주당은 이번 선거를 윤석열정부 중간평가로 규정하고, 유권자들에게 '윤석열정권 심판론'을 내세웠다. 이에 대응해 국민의힘은 범죄자들을 심판해야 한다며 '이 · 조(이재명 · 조국) 심판론'을 내세웠다. 비록 심판의 대상은 다르지만, 거대 양당 모두 지지층과 중도층에게 심판을 위해 투표장에 나서달라고 한목소리로 호소한 것이 유권자들을 투표장으로 이끌었다는 것이다.

지역별로 보면 민주당 강세지역인 호남에선 투표율이 평균 이상이었다. 전남(69.0%), 광주(68.2%), 전북(67.4%) 등으로, 이들 지역 모두 4년 전 총선보다 투표율이 높았다. 반면 국민의힘 강세지역인 TK(대구 · 경북)는 평균 이하였다. 대구(64.0%)는 제주(62.2%)에 이어 전국에서 두 번째로 투표율이 낮았고, 경북(65.1%)도 평균 이하였다. 지지자들마저 정권에 등을 돌렸다는 분석에 힘이 실리는 이유다.

윤석열정부 내내 '여소야대' 의회 유지

여당인 국민의힘은 2016년 20대 총선, 2020년 21대 총선에 이어 세 번 연속 총선에서 패한 데 이어 대통령을 배출한 여당이 대통령 임기 내내 소수당에 머무르는 첫 사례를 낳았다. 반면 민주당을 비롯한 범야권은 정부의 중간평가 성격을 띤 총선에서 역대급 압승이었던 21대보다 더 의석을 늘리면서 대선과 지방선거 2연패의 고리를 끊어내고 2년 뒤 지방선거, 3년 뒤 대선을 앞두고 유리한 의회지형을 확보하게 됐다. 또한 무엇보다 압도적 과반의석으로 정치적 활동반경을 한층 넓힐 수 있는 동력을 얻었다.

4·10 총선 22대 국회의원 지역구 선거 결과

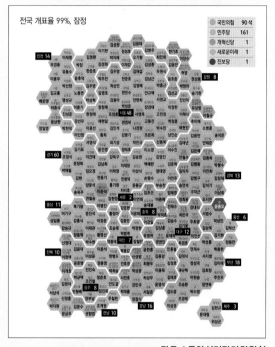

자료 / 중앙선거관리위원회

민주당은 5월 30일 개원한 22대 국회에서 과반의석을 토대로 국회의장은 물론 주요 상임위원장직을 차지하며 법안·예산 처리를 주도할 수 있다. 국무총리, 헌법재판관, 대법관 임명동의안 등도 민주당이 키를 쥐게 됐다. 국무총리, 국무위원, 법관, 검사 등에 대한 탄핵소추 의결도 가능하다. 범야권이 180석(재적의원 5분의 3) 이상을 확보함으로써 **패스트트랙(신속처리안건) 지정, 필리버스터(합법적 의사진행 방해) 종결 등으로 각종 입법을 속도감 있게 밀어붙일 수 있게 됐다.**

당장 야권은 윤 대통령이 이미 재의요구권(거부권)을 행사한 쌍특검법(김건희 여사 주가조작 의혹, 대장동 50억 클럽 의혹)을 22대 국회에서 재추진할 계획이다. 아울러 '채상병 특검', '이종섭 특검' 등 정부 실정을 들여다보기 위한 각종 특검과 국정조사 드라이브를 걸며 여권에 대한 압박강도를 높여갈 것으로 전망된다. 조국혁신당은 '한동훈 특검' 추진도 예고했다. 물론 이들 법안이 처리되더라도 윤 대통령은 거부권을 행사할 수 있고, 범야권이 재의결에 필요한 '3분의 2 의석(200석 이상)'을 확보하지 못했기 때문에 재의결 과정에서 법안이 폐기되는 21대 국회의 악순환이 되풀이될 수 있다. 그러나 국민의힘에서 이탈표가 8표 이상 나올 경우엔 대통령 거부권마저 무력화될 수 있기 때문에 낙관할 수만은 없다.

이런 분위기 속에서 국민의힘 내부에서는 향후 총선에 대해 암울한 전망이 나왔다. 30·40세대가 주로 거주하며 아이를 기르는 지역에서 참패한 것을 두고 "전통적 보수 지지층은 1년에 약 30만명씩 죽고 있고, 5년 뒤엔 150만명이 사라지는 상황"이라는 위기론이 부각한 것이다. "30·40세대에서 그만한 인원을 데려오지 못하면 다음 선거에서 보수 의석수는 두 자릿수로 내려갈 것이고, 민주당 주도 7공화국 출범을 봐야 할 것"이라는 우려도 뒤따랐다. 실제로 이번 총선결과 국민의힘 세대별 지지는 60대 중반 이상에서만 강세였을 뿐 50대 이하에서는 모두 열세·경합열세였다. 그동안 지지층이라고 자부했던 20대마저 압도적 열세로 나타났다.

한편 외신의 평가도 잇따랐다. 중국 관영매체 글로벌타임스는 "한국인의 선택이 윤석열 대통령의 외교정책에 거듭 경종을 울린다"고 평가했고, 일본 주요 언론들은 "일본에 비판적인 야당 견제로 한일관계 개선에 부정적 영향이 미칠 수 있다"고 진단했다. 블룸버그는 "윤 대통령의 보수동맹이 총선에서 큰 차질을 빚게 되면서 남은 임기 3년 동안 위치가 크게 약화할 것"이라면서 향후 레임덕 상황에 빠질 수 있다는 분석을 내놨다. 로이터 역시 "윤 대통령의 부실한 경제 관리와 김건희 여사가 디올백 선물 수수와 같은 부적절한 행동을 한 것을 인정하지 않는 것이 정권심판론을 부추겼다"고 평가했고, 호주 동아시아포럼은 앞으로 윤 대통령이 여·야 양쪽에서 공격을 받을 수도 있다고 논평했다.

야권 "국정기조 바꿔라" … 정부 "기조 문제 없어"

일반적으로 총선 참패는 대통령과 정부의 국정기조에 변환을 이끈다. 기존의 국정기조에 국민들이 반대하고 있다는 것이 결과로 나타났다고 보기 때문이다. 윤 대통령도 이를 인식한 듯 총선결과에 따라 국정을 쇄신하겠다는 입장을 밝혔고, 한덕수 국무총리와 대통령실 핵심 참모들도 사의를 표명, 인적·조직 쇄신 수순에 돌입했다. 그동안 총선을 이끌었던 한동훈 국민의힘 비상대책위원장도 총선 패배에 책임을 지고 위원장직에서 물러났다.

이런 가운데 윤 대통령은 취임 이후 한 번도 없었던 여·야 영수회담을 제의, 4월 29일 전격적으로 이재

영수회담에 앞서 모두발언을 하는 이재명 대표

명 민주당 대표와 만났다. 그러나 윤석열정부 출범 후 720일 만에 열린 여야 영수의 회담이었음에도 구체적 합의사안 없이 빈손으로 끝났다. 다만 이 대표는 영수회담 모두발언에서 윤 대통령에게 "채 해병 특검법, 이태원참사 특별법을 적극적으로 수용해주실 것을 요청드린다"고 밝히고, "이번 기회에 국정운영에 큰 부담이 되고 있는 가족 분, 주변인사들의 여러 의혹들도 정리하고 넘어가면 좋겠다"며 김건희 여사 특검법 수용을 압박했다.

그 외에도 양측은 의료개혁의 필요성에는 공감대를 이뤘지만, 전 국민 민생회복지원금 지급 등 대부분 현안에선 의견 차이를 보였다. 또한 새 국무총리 임명은 야당의 협조가 필요해 대통령이 후임 총리 인선에 이 대표의 의견을 구할지가 이번 회담의 최대 관심사로 꼽혔지만, 총리 인선에 대한 구체적인 언급은 없었던 것으로 전해졌다. 회담의 성과물이 될 공동합의문도 나오지 않았다.

평가에 대해서도 입장이 극명하게 갈렸다. 여권은 "영수회담은 협치라는 어려운 여정의 첫걸음을 내딛은 것"이라고 평가한 반면, 야권은 "맹탕 회담에 그쳤다"면서 일제히 비판했다. 원론적인 수준에서 소통의 모습만 보여줬을 뿐 주요 현안에 대한 합의를 이끌어내지 못했다는 지적이다. 특히 조국 조국혁신당 대표는 회담 직후 사회관계망서비스(SNS) 페이스북에 "야당대표가 대신한 국민 물음에 윤 대통령이 아무런 답변도 내놓지 않았다"면서 "가장 중요한 시험에서 백지 답안을 낸 꼴"이라고 비판했다. 한편 한국갤럽의 5월 둘째주 여론조사에서 윤 대통령에 대한 직무수행 긍정평가가 24%로 집계됐다. 이는 갤럽 조사에서 1987년 개헌 이후 당선된 역대 대통령의 취임 2년 직무수행 긍정평가 중 가장 낮은 수치다. 시대

2위

네이버 지우기 나선 '라인'
일본기업 현실화되나

일본정부의 압박으로 소프트뱅크가 네이버의 라인야후 지분 인수에 나서면서 네이버가 13년 동안 세계적 메신저로 키워낸 라인의 경영권이 일본에 넘어갈지 주목된다. 하지만 라인 경영권이 소프트뱅크로 넘어갈 경우 일본, 대만, 태국, 인도네시아 등 이용자가 2억명에 달하는 아시아시장을 잃을 수 있다. 대통령실은 사태 초기 "네이버 측 요청사항을 전적으로 존중해 이 문제에 임하고 있다"고 강조했지만, 이미 일본 총무성이 나선 상황인 만큼 우리 정부에서도 한국기업을 보호하기 위해 보다 적극적인 대응이 필요하다는 지적이 나왔다.

소프트뱅크, 네이버 보유 주식 매입 추진

4월 25일 교도통신 등 일본언론에 따르면 소프트뱅크는 정보유출 문제로 일본정부로부터 행정지도를 받은 라인 운영사 라인야후의 중간지주사 A홀딩스 주식을 네이버로부터 매입하기 위한 협의를 추진하고 있다. 네이버와 소프트뱅크는 라인야후 대주주인 A홀딩스 주식을 50%씩 보유하고 있어 양사가 라인야후의 실질적인 모회사다. 만약 소프트뱅크가 네이버로부터 충분한 수준의 A홀딩스 주식을 인수해 독자적인 대주주가 되면 네이버는 13년 전 출시해 세계적 메신저로 키워낸 라인의 경영권을 잃게 된다.

라인야후 사태 주요 일지

2011년 6월	네이버, 일본에서 메신저 애플리케이션 '라인' 서비스 출시
2016년 7월	라인, 뉴욕과 도쿄 증시에 동시 상장
2021년 3월	라인-야후재팬(소프트뱅크 소유) 간 경영통합 및 A홀딩스 출범
	네이버 ─ 소프트뱅크 지분 50% ─ 50% A홀딩스 약 65% 라인, 전 세계 이용자 2억명 규모 ─ 라인야후
2023년 11월	라인야후, 네이버 클라우드를 통한 개인정보 유출 가능성 발표 ➜ 조사결과 정보유출 피해규모 51만여 건
2024년 3월 5일	일본 총무성, 라인야후에 1차 행정지도 '네이버와 자본관계 재검토' 포함 경영체제 개선 요구 ➜ 재발방지책 진척상황 3개월마다 보고
4월 1일	라인야후, 일본정부에 보고서 제출 ➜ 2026년까지 네이버와 시스템분리 내용 포함
4월 16일	일본 총무성, 재발방지책 불충분 사유로 2차 행정지도 ➜ 7월 1일까지 구체적인 대응책 제시 요구
5월 8일	라인야후 CEO, 정보유출 문제 대응책 발표 ➜ 네이버와 위탁관계 순차적 종료 및 기술독립 추진 ➜ 사외이사 67%로 증가, 네이버 출신 신중호 CPO 이사회 제외 ➜ 네이버와 소프트뱅크 협상 진행

라인은 현재 일본에서 한 달에 1번 이상 이용하는 사람 수가 9,600만명에 달할 정도로 '국민 메신저'로 성장했다. 또 경쟁메신저인 카카오톡의 진출이 미진한 태국(5,500만명), 대만(2,200만명), 인도네시아(600만명)에서도 압도적인 점유율을 자랑하는 등 전세계 이용자가 2억명에 달한다. 그러나 일본정부가 라인야후의 네이버에 대한 과도한 의존을 문제 삼기 시작하면서 경영권에 대한 우려가 나왔다.

앞서 지난해 11월 네이버 클라우드가 사이버공격으로 인해 악성코드에 감염돼 일부 내부시스템을 공유하던 라인야후에서 개인정보 유출이 발생하자 일본 총무성은 사이버보안 강화를 요구하는 행정지도를 올해 3월과 4월 두 차례 실시했다. 특히 행정지도에 '자본관계 재검토' 요구가 포함돼 일본이 라인야후 경영권을 빼앗으려는 것이 아니냐는 의혹이 제기되며 논란이 확산한 상황이다.

네이버, 라인 매각 시 해외사업 차질 우려

이데자와 다케시 라인야후 최고경영자(CEO)는 5월 8일 라인야후 결산설명회에서 "(우리는) 모회사 자본변경에 대해 강하게 요청하고 있다"며 "소프트뱅크가 가장 많은 지분을 취하는 형태로 변화한다는 대전제를 깔고 있다"고 설명했다. 이는 라인야후 모회사인 A홀딩스의 지분 50%를 보유한 네이버에 대주주 자리를 소프트뱅크에 넘기라는 요청으로 받아들여진다. 라인야후는 '라인의 아버지'로 불리는 네이버 출신 신중호 최고제품책임자(CPO)를 라인야후 이사회에서 제외하고 네이버와 기술적인 협력관계에서 독립을 추진하겠다고도 밝혀 향후 라인야후에 대한 네이버의 영향력도 줄어들 것으로 보인다.

네이버가 지분매각을 통해 자금을 확보할 경우 인수·합병(M&A)과 AI 등 신사업에 투자할 여력이 생길 수 있다. 그러나 눈앞의 이익보다 장기적인 국내외사업 전략과 관련한 득실을 따져야 한다는 지적이 나온다. 라인야후 지분 매각은 곧 아시아시장에서 메신저, 인터넷은행, 캐릭터 사업 등을 키울 교두보를 잃는 것이기 때문이다. 당장 라인야후와 관계가 단절되면 디지털라이제이션*과 클라우드 전환이 본격화되고 있는 일본 IT시장에서 네이버가 성장할 기회를 놓치게 되고, 동남아시장 확장기회마저 소프트뱅크에 넘어가게 될 가능성도 있다. 이에 따라 네이버의 중장기적 사업전략이 라인야후 지분 조정에 충분히 반영될 수 있도록 정보유출 재발방지책 제출 시점을 최대한 늦춰야 한다는 주장도 제기됐다.

또 미국 구글과 중국 틱톡 등 플랫폼이 국익 차원의 문제로 다뤄지고 있는 만큼 우리 정부가 관심을 가져야 한다는 지적도 나온다. 중앙대 위정현 다빈치가상대학장(한국게임학회장)은 "미국의 중국 틱톡 때리기나 구글코리아 보호 움직임에서 볼 수 있듯 플랫폼은 장기적인 국익 차원의 문제가 됐다"며 "우리 정부도 라인야후 사태에 관심을 갖고 있으며 심각성을 인지하고 있다는 입장을 표명할 필요가 있다"고 강조했다.

과기정통부 "일본정부 라인 지분매각 압박 유감"

한편 과학기술정보통신부(과기정통부)는 5월 10일 '라인야후 사태'와 관련, "일본정부는 행정지도에 지분매각이라는 표현이 없다고 확인했지만, 우리 기업에 지분매각 압박으로 인식되는 점에 대해 유감을 표명한다"고 밝혔다. 강도현 과기정통부 제2차관은 이날 정부서울청사에서 브리핑을 열고 "정부는 네이버를 포함한 우리 기업이 해외사업·투자와 관련해 어떤 불합리한 처분도 받지 않도록 하겠다는 것이 확고한 입장"이라며 이같이 말했다. 그러면서 "우리 기업에 대한 차별적 조치와 우리 기업의 의사에 반하는 부당한 조치에 대해서는 단호하고 강력히 대응해 나가겠다"고 강조했다. 강 차관은 또 "네이버가

라인야후 지분과 사업을 유지하겠다는 입장일 경우 적절한 정보보안 강화 조치가 이뤄질 수 있도록 지원하겠다"고 말했다.

강 차관은 이에 앞서 이번 사태경과를 설명하면서 "정부는 일본정부의 라인야후에 대한 2차례에 걸친 행정지도에 개인정보유출 사고에 따른 보안강화 조치를 넘어서는 내용이 포함돼 있는지 확인했다"고 밝혔다. 이어 "정부는 그간 네이버의 입장을 존중하며 네이버가 중장기적 비즈니스 전략에 입각해 의사 결정을 하기를 기다리고 있었다"고 덧붙였다.

그러나 정치권에서는 해외에 투자한 국내기업이 강제 퇴출되는 선례를 남겨서는 안 된다면서 우리 정부를 상대로 일본정부에 상응하는 조치를 해야 한다고 촉구하고 있다. 안철수 국민의힘 의원은 SNS를 통해 일본 총무성의 요구가 사실상 라인야후의 일본 기업화를 추진하고 있는 것이라며 "기술주권은 국가의 미래먹거리, 경제안보 차원의 중요한 문제"이므로 "우리 정부는 국가 간 상호주의에 입각해 강력히 대처할 필요가 있다"고 강조했다.

조응천 개혁신당 최고위원도 최고위원회의 모두발언을 통해 "민간의 일이라고 손 놓고 있는 정부는 전세계 어디에도 없다"라고 비판했다. 이어 "한일관계의 개선은 분명 중요한 과제지만 한일관계가 문제없는 것처럼 보여지기 위해 일본정부의 언론플레이까지 돕는 것이 정부의 역할은 아닐 것"이라면서 "서로의 이익이 합치되는 한일관계 개선이라면 박수치고 환영하지만 국익을 포기하는 외교는 굴종이고, 국민에 대한 배반"이라며 목소리를 높였다. ICT업계 관계자 및 전문가들 역시 이번 사태로 자칫 국내 기업들의 해외진출이 어려워질 수 있다며 우리 정부에 적극적인 대응을 주문했다. ㈜대

김밥류

김밥 단체 주문 받습니다

즉석김밥	Gimbap	**4,000**
치즈김밥	Cheese gimbap	**5,000**
참치김밥	Tuna gimbap	**5,000**
김치김밥	Kimchi gimbap	**5,000**
매운멸치김밥	Spicy anchovy gimbap	**5,000**
진미채김밥	Dried squid gimbap	**5,000**
유부김밥	Fricd tofu gimbap	**5,000**

분식/식사류

쫄면	Spicy chewy noodles	**8,000**
떡볶이	Tteokbokki	**4,500**
라볶이	Stir-fried Tteokbokki andramyeon	**7,000**
잔치국수	Banquet noodles	**6,500**
비빔국수	Spicy noodles	**6,500**
수제비	Hand-pulled dough soup	**6,500**
김치볶음밥 [국내산]	Kimchi fried rice	**8,000**
카레덮밥	Hand-pulled dough soup	**8,000**
비빔	Bibimbap	**8,000**

3위

고물가 '비상', 안 오르는 게 없다

총선을 앞두고 주춤했던 각종 식품과 생필품 값이 다시 치솟기 시작했다. 그동안 정부 눈치를 보던 기업들이 기다렸다는 듯이 일제히 가격인상에 나선 것이다. 원부자재 가격이 올라 편의점이나 대형마트 등에서 판매되는 제품가격도 줄줄이 인상됐고, 중동정세 불안에 따른 국제유가 상승으로 에너지 가격도 오를 것으로 보여 생산비 증가로 인한 추가 제품가격 인상 가능성도 관측됐다. 원화가치 급락으로 계속 오르는 수입물가도 국내물가엔 큰 부담이다. 고물가·고환율의 이중고가 가계와 국가전체를 짓누르고 있는 모양새다.

치솟던 근원물가는 석 달 만에 2%대로 둔화

5월 2일 통계청이 발표한 '4월 소비자물가동향'에 따르면 4월 소비자물가지수는 113.99(2020년=100)로 작년 같은 달보다 2.9% 올랐다. 소비자물가 상승률은 올해 1월 2.8%에서 2~3월 연속으로 3.1%에 머물다가 석 달 만에 2%대로 둔화했다. 상품별로는 농축수산물이 1년 전보다 10.6% 상승했다. 축산물(0.3%), 수산물(0.4%)은 안정적 흐름을 보였지만 농산물(20.3%)이 큰 폭으로 뛴 탓이다. 농산물은 3월에도 20.5% 상승폭을 나타낸 바 있다. 가공식품은 1.6%, 석유류는 1.3%, 전기·가스·수도는 4.9% 각각 상승했다.

소비자물가 추이

단위 : %(전년 동월 대비)

신선식품
소비자물가

20.0 19.1
13.3 14.4
3.7 2.4 3.8 2.8 3.1 3.1 2.9
3.4 2.2

4월 5 6 7 8 9 10 11 12 1 2 3 4
2023년   2024

자료 / 통계청

기여도 측면에서는 농산물이 물가상승률을 0.76%포인트(p) 끌어올렸다. 외식을 비롯한 개인서비스 물가도 0.95%p 올라 인플레이션 요인으로 작용했다. 중동 리스크 속에 석유류 가격도 2개월 연속 증가세를 이어갔지만, 물가상승률 기여도는 0.05%p에 그쳤다. 통계청 공미숙 경제동향통계심의관은 "워낙 중동정세가 불안정했는데 석유류 가격이 생각보다는 많이 오르지 않았다"면서도 "외생변수인 석유류 가격을 주의해서 봐야 할 것 같다"고 말했다.

근원물가지수*들은 2%대 초반까지 낮아졌다. 농산물 및 석유류 제외 지수는 지난해 같은 달보다 2.2% 오르면서 전달(2.4%)보다 0.2%p 상승률이 낮아졌다. 경제협력개발기구(OECD) 방식의 근원물가 지표인 식료품 및 에너지 제외 지수도 2.3% 올랐다. 다만 지난해 3%대에서 작년 11월 2%대로 떨어진 이후로 12월 2.8%, 올해 1~2월 2.5%, 3월 2.4% 등으로 하락세를 이어가고 있다.

근원물가지수

일시적인 경제상황보다는 기초적인 경제상황을 바탕으로 물가를 파악하는 것이다. 즉, 물가변동이 심한 품목을 제외하고 산출하는 물가지수를 의미한다. 일시적인 물가변동요인을 배제하고 인플레이션 국면을 살펴본다. 한 국가의 경제·물가상태가 장기적으로 어떤 흐름을 띠고 있는지 알아보기에는 유용하나, 피부에 닿는 체감물가와는 큰 괴리를 보인다는 한계를 가진다.

체감물가는 여전히 고공행진

반면 자주 구매하는 품목 위주로 구성돼 **체감물가에 가까운 생활물가지수는 작년 동월 대비 3.5% 상승했다.** 3월(3.8%)보다는 상승폭이 0.3%p 줄었다. 과일과 채소가 여전히 높은 물가상승률을 기록했다. '밥상물가'와 직결되는 신선식품지수는 전월보다는 3.7% 하락했지만, 작년 동월 대비로는 19.1% 오르면서 불안한 흐름을 이어갔다.

특히 신선채소가 12.9% 올랐다. 사과(80.8%)와 배(102.9%)를 중심으로 신선과실은 38.7% 상승하면서 3월(40.9%)에 이어 40% 안팎의 오름세를 유지했다. 특히 배는 관련통계가 집계된 1975년 1월 이후로 최대 상승폭을 기록했다. 그밖에 토마토(39.0%), 배추(32.1%) 등도 상당폭 올랐다. 지난 2~3월 잦은 눈, 비에 채소 생산량이 줄었고 농산물 품질이 저하된 데다 재배 면적까지 감소하면서 가격이 급등한 것이다. 사과와 배도 지난해 기상재해 여파로 생산량이 약 30% 정도씩 감소했다.

낮은 할당관세가 적용된 망고(-24.6%)·바나나(-9.2%), 정부 비축물량이 방출된 고등어(-7.9%) 등은 하락했다. 공 심의관은 과일값 강세에 대해 "정부의 긴급안정자금이 지원되기는 하지만 사과나 배는 저장량과 출하량이 적다 보니 가격이 크게 떨어지기는 어려운 상황"이라며 "새로 출하될 때까지는 가격이 유지되지 않겠나 싶다"라고 말했다.

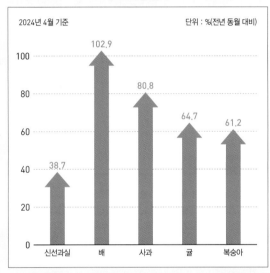

주요 과일 물가
2024년 4월 기준 / 단위 : %(전년 동월 대비)

자료 / 통계청

물가당국은 근원물가에 의미를 부여했으나 국제유가 변동성이 크고 기상여건도 불확실하다는 점에서 '2%대 물가' 안착을 예단하기 어렵다고 지적했다. 다만 황경임 기획재정부 물가정책과장은 "석유류 가격이 오르고 있지만 당초 예측한 범위 이내"라며 "하반기로 갈수록 안정화될 것으로 기대한다"고 낙관적인 전망을 내놨다.

김은 '숲값', 고환율에 먹거리물가도 출렁
한편 그야말로 '금값'이 된 마른김의 도매가격은 1년 만에 80% 치솟아 지난 5월 7일 월평균 1만원을 처음 넘어섰다. 김 가격이 고공행진 하는 것은 김 수출 수요가 늘고 재고가 평년의 3분의 2 수준으로 감소한 데 따른 것이다. 해양수산부는 김 가격을 안정시키기 위해 5월 10일부터 김 생산시기 이전인 9월 30일까지 한시적으로 마른김 700t(톤)(기본관세 20%)과 조미김 125t(기본관세 8%) 관세를 면제하는 할당관세를 적용하기로 했다. 하지만 김 수입량은 미미한 수준이라 할당관세를 적용해 수입을 늘린다 하더라도 가격이 얼마나 내려갈지는 불확실하다.

좀처럼 안정될 줄 모르는 고환율도 물가에 큰 영향을 끼치고 있다. 4월에는 원/달러 환율이 17개월 만에 최고수준으로 오르자 수입 원자재 가격상승으로 가뜩이나 높은 식품물가가 더 오를 수 있다는 우려가 나왔다. 환율상승(원화가치 하락) 영향은 식품업계에 전반적으로 미친다. 업계 한 관계자는 "우리나라는 원재료 대부분을 수입하니 환율상승에 식품업계가 다 영향을 받는다"고 말했다. 환율이 오르면 원맥과 원당 등의 수입가격이 상승하게 된다. 원맥은 밀가루의 원료이며 원당은 설탕의 원료로 라면이나 빵, 과자 등에 들어간다. 통상 식품기업들은 원재료 재고를 품목에 따라 1~2개월 치에서 3~4개월 치 보유하지만, 고환율이 이보다 길게 지속되면 비용부담이 커질 수밖에 없다.

외식품목 가격도 줄줄이 인상되면서 가정의 달인 5월에 외식부담도 더 커졌다. 4월 28일 한국소비자원의 가격정보 종합포털 '참가격'에 따르면 3월 냉면, 김밥 등 대표 외식품목 8개의 서울지역 평균가격은 1년 전보다 최대 7%대 올랐다. 이와 함께 프랜차이즈 업계도 본격적으로 가격인상에 나섰다. 외식업체들은 재료비와 인건비 등 제반비용 상승에 따라 메뉴 가격인상이 불가피하다고 주장했다.

4위

윤석열정부 2주년 맞아 기자회견 … 국민에게 '첫 사과', 특검은 거부

5월 9일 윤석열 대통령이 용산 대통령실에서 '윤석열정부 2년 국민보고 및 기자회견'을 열어 향후 국정운영 방향과 각종 국정현안에 대해 견해를 밝혔다. 윤 대통령의 공식 기자회견은 2022년 8월 취임 100일 기자회견 이후 1년 9개월 만이다.

김건희 여사

윤석열 대통령 취임 2주년 기자회견

김 여사 명품백 의혹엔 사과, 특검엔 반대

이날 회견은 국민보고 형식의 모두발언과 기자들과의 질의응답 순서로 진행됐다. 질의응답 주제로는 정치 · 외교안보 · 경제 · 사회 분야 순서로 시간을 분배해 진행됐다. 초반부터 정치분야 질문이 쏠렸다. 특히 윤 대통령은 김건희 여사의 명품백 수수 의혹과 관련한 질문에 "아내의 현명하지 못한 처신으로 국민께 걱정 끼친 부분에 대해 사과드린다"고 말했다. 검찰이 해당사안에 대한 수사를 시작한 데 대해서는 "검찰수사에 대해 어떤 입장을 언급하는 것은 영향을 미칠 수 있는 오해가 일어날 수 있다"며 "공정하고 엄정하게 잘할 것"이라고 답했다.

다만 야당에서 요구하는 김 여사 관련 특검*에 대해서는 "특검은 검 · 경 · 공수처 같은 기관의 수사가 봐주기나 부실의혹이 있을 때 하는 것"이라며 반대 의사를 밝혔다. 이어 "지금도 (수사를) 여전히 할 만큼 해놓고 또 하자는 것은 특검의 본질이나 제도 취지와는 맞지 않는 정치공세, 정치행위"라며 "진상을 가리기 위한 것은 아니지 않느냐는 생각은 여전히 가지고 있다"고 덧붙였다.

특별검사법

'특별검사의 임명 등에 관한 법률'로 대통령 측근이나 고위공직자 등 국민적 관심이 집중된 대형 비리사건에 있어 검찰수사의 신뢰성 논란이 생길 때마다 특별검사제도를 도입 · 운용했다. 사전에 발동경로와 수사대상, 임명절차 등을 법률로 제정해 두고 대상사건이 발생하면 곧바로 특별검사를 임명하여 최대한 공정하고 효율적으로 수사하기 위해 마련한 법률이다.

야당 주도로 '채상병 특검법'이 국회 본회의를 통과한 것과 관련해서도 "수사결과를 보고 국민께서 봐주기 의혹이 있다, 납득이 안 된다고 하시면 그때는 제가 먼저 특검을 하자고 주장하겠다"고 강조했다. 과거 더불어민주당이 주도해서 만든 고위공직자범죄수사처(공수처) 등의 수사결과를 지켜본 후 미진할 경우 특검을 하자는 의미다. 이는 사실상 재의요구권(거부권) 행사를 시사한 것으로 풀이됐다.

윤 대통령은 회견과정에서 향후 임기 3년간 국정운영 방향도 소개했다. 특히 저출산 문제 해법과 관련해서는 가칭 '저출생대응기획부'를 부총리 부처로 신설하겠다고 밝히고, 정부조직법 개정을 위한 야권의 입법협조를 구했다. 아울러 의대정원 문제와 관련해선 "어느 날 갑자기 의사 2,000명 증원이라고 발표한 것이 아니라 정부 출범 거의 직후부터 의료계와 이 문제를 다뤘다"며 "의료개혁은 폭발적으로 증가하는 의료수요를 감안할 때 더 이상 미룰 수 없는 과제"라고 말했다.

기자회견 질문에 답변하는 윤석열 대통령

회견내용에 대해 여야는 크게 엇갈린 반응 보여

회견에 대한 여야 반응은 상반됐다. 정희용 국민의힘 수석대변인은 "지난 2년간의 정책과정과 성과를 국민 앞에 소상히 설명했다"며 "국민의 삶을 바꾸는 데 부족한 점이 있었다는 것을 솔직히 인정하며, 질책과 꾸짖음을 겸허한 마음으로 새기겠다는 다짐도 있었다"고 논평했다. 이어서 "질의응답에서는 국민께서 궁금해 할 모든 현안에 대해 진술하고 허심탄회한 입장을 직접 들을 수 있었다"면서 "입장차가 있는 여러 특검 등의 사안을 두고는 특검의 본질과 취지를 강조하며 진상을 밝히기 위한 엄정하고 공정한 수사와 함께 협조의 뜻을 구했다"고 강조했다.

반면 한민수 민주당 대변인은 "국정운영에 대한 반성은 찾을 수 없었다. 언제까지 고집불통 대통령의 모습에 국민이 절망해야 하는가"라고 비판했다. 특

히 김 여사 관련 특검을 '정치공세'로 규정한 것을 두고 "김 여사가 불가침의 성역임을 다시 한 번 확인했다"고 꼬집었다. 이어 "순직한 해병대원에 대한 특검법조차 이미 수개월째 제자리걸음인 수사기관의 수사를 믿고 지켜보자는 말로 국민을 허탈하게 했다"고 말했다. 이와 별도로 저출산 문제 해법이 실패한 일본의 정책을 벤치마킹하고 있다는 비판과 함께 **총선 참패에 실린 민심을 무시하고 지난 4월 1일에 있었던 대국민담화를 재탕(국정기조 유지, 소통 강화)했다는 비판도 거세다.**

5위

연금개혁 공론화위,
"'더 내고 더 받는 안' 선호 우세"

국민연금 개혁 공론화과정에 참여한 시민 10명 중 6명은 '더 내고 더 받는' 연금개혁안을 선호하는 것으로 나타났다. 국민연금의 현행 '보험료율 9%, 소득대체율* 42.5%'를, **'보험료율 13%, 소득대체율 50%'로 함께 상향 조정하는 안을 가장 많이 희망했다**는 뜻이다. 국회 연금개혁특별위원회(연금특위) 산하 공론화위원회(공론화위)는 4월 22일 이 같은 내용의 최종 설문조사 결과를 발표했다.

소득대체율

연금의 보장성을 보여주는 지표로서 국민연금 납부액 대비 노후소득 보장비율을 말한다. 국민연금은 40년을 기준으로 소득대체율이 정해지는데 월연금 수령액(연금지급액)을 연금 가입기간의 월평균소득(현재가치로 환산한 금액)으로 나눠 구한다. 만약 소득대체비율이 50%이면 연금액은 연금 가입기간 평균소득의 절반 정도가 된다. 경제협력개발기구(OECD)는 안정적 노후를 위한 적정 소득대체율을 65~75%로 권고하고 있다.

설문결과를 발표하는 김상균 연금개혁 공론화위원장

보험료율 4%p·소득대체율 10%p ↑

공론화위는 국민연금 소득대체율을 40%로 유지하고 보험료율을 12%로 올리는 방안(재정안정안)과 소득대체율을 50%로 늘리고 보험료율을 13%로 높이는 방안(소득보장안) 등 두 가지 안을 놓고 설문조사를 진행했다. 최종 설문조사에 참여한 492명의 시민대표단 가운데 56.0%는 소득보장안을, 42.6%는 재정안정안을 선택했다. 둘의 격차는 13.4%포인트(p)로 오차범위(95% 신뢰수준에 ±4.4%p)를 넘었다. 이는 네 차례 숙의토론회를 마치고 진행된 최종 설문조사의 결과다. 현행 보험료율·소득대체율을 유지하면 기금 고갈시점은 2055년으로 추정되지만, 시민대표단이 가장 많이 선택한 소득보장안을 적용하면 고갈시점은 2062년으로 7년 정도 연장된다.

그러나 국민연금의 보험료와 지급액 조정을 위한 연금개혁은 21대 국회에서는 사실상 무산됐다. 연금의 재정안정을 위해 소득대체율을 43%까지만 올릴 수 있다는 국민의힘과 노후소득 보장을 위해 소득대체율이 45%는 돼야 한다는 더불어민주당의 입장이 팽팽히 맞서면서 이견을 좁히는 데 실패한 것이다. 21대 국회 연금특위는 2022년 10월 첫 회의를 시작으로 연금개혁 방안을 논의해왔으나, 최종적으로 '소득대체율 2%포인트(p) 차이' 때문에 입법이 무산됐다. 이로 인해 연금개혁 추진은 22대 국회의 몫으로 돌아가게 됐다.

"보험료 부담 낮춰야" vs "노인층 탈빈곤 꾀해야"

한편 4월 30일 국회에 최종보고된 공론화위의 공론조사 결과를 두고 재정안정론자들이 모인 연금연구회와 보장성 강화를 주장하는 공적연금강화국민행동(연금행동)은 5월 2일 각각 정반대의 입장문을 발표하면서 의견충돌이 이어졌다. 연금연구회는 "국민연금 개혁의 핵심은 '이 땅의 미래세대를 위해 성인세대들이 받게 될 몫을 줄여달라'라고 국민을 설득하는 것이다. 개혁원칙에 동의하는 게 세대 간 형평이 보장되는 합리적 결정의 시작"이라고 밝혔다. 이어 "현재 국민연금 개혁과 노인복지 이슈가 혼재돼 있어 '미래세대 부담 감소와 제도 지속의 원칙'이 마치 노인복지를 훼손하는 주장인양 둔갑했는데, 구분해 논의해야 한다"고 주장했다.

국민연금 강화를 촉구하는 연금행동

반면 참여연대, 민주노총, 한국노총 등 306개 시민단체가 참여하는 연금행동은 "제도 개선이 없다면 2020년생이 국민연금을 받는 2085년에도 노인빈곤율은 30%에 육박해 경제협력개발기구(OECD) 최악의 수준이며, 연금개혁은 이러한 현실을 받아들이는 데서 출발해야 한다"고 반박했다. 이어 "국민연금 소득대체율을 지금처럼 탈빈곤이 불가능한 낮은 수준에 두면 광범위한 노인빈곤에 대응하기 위한 기초연금, 생계급여 등 조세부담이 커질 것"이라며 "이는 결코 미래세대의 부담을 줄이는 방식이 아니"라고 주장했다. 또한 공론화과정을 두고 '시민대표단 내에서 청년세대의 대표성이 부족했으며, 대표단이 학습한 내용이 편파적이었고 설문문항도 부적절했다'고 주장했다. 그러면서 공론화위가 직접 입장을 밝히고 관련 자료를 모두 공개한 다음 전문가들이 자료를 검토하라고 촉구했다.

이태원특별법, 여야 합의로 통과 … '채상병 특검법'은 야당 단독 의결

여야가 일부내용을 수정·합의한 '이태원참사특별법'이 5월 2일 국회 본회의를 통과했다. 참사가 일어난 지 551일 만이다. 아울러 '채상병 특검법'으로 불리는 '순직 해병 진상규명 방해 및 사건 은폐 등의 진상규명을 위한 특별검사 임명 등에 관한 법안' 또한 이날 더불어민주당을 비롯한 야당 단독으로 국회를 통과했다. 여당인 국민의힘 의원들은 애초 본회

채상병 특검법 상정에 퇴장하는 국민의힘 의원들

의 안건에 없던 채상병 특검법이 야당의 의사일정 변경으로 상정·표결되는 데 항의하며 표결에 불참했다.

여당이 주장한 '독소조항' 뺀 특별법 통과

이태원참사특별법의 정식명칭은 '10·29 이태원참사 피해자 권리보장과 진상규명 및 재발방지를 위한 특별법안'으로 여야의 합의에 따라 기존법안의 몇몇 핵심쟁점을 고쳐 윤재옥 국민의힘·홍익표 민주당 원내대표가 공동 대표발의했다. 2022년 10월 29일 서울 이태원 핼러윈축제에서 발생한 참사의 원인, 수습과정, 후속조치 등 전반에 대한 재조사를 위해 특별조사위원회(특조위)를 구성하는 내용이 골자다.

어버이날을 맞은 이태원참사 유족들

앞서 야당이 지난 1월 9일 단독처리했던 이태원참사특별법은 윤석열 대통령이 **재의요구권***(거부권)을 행사하며 국회로 되돌아왔지만, 이번에 여야가 합의한 별도 수정안이 처리됨에 따라 기존법안은 재표결 절차 없이 자동폐기됐다. 수정안은 기존특별법에 명시된 특조위의 불송치·수사중지 사건에 대한 직권조사 권한 및 특조위 자료제출 요구에 불응한 자에 대한 압수수색 영장 청구의뢰 권한을 삭제했다. 수정안에서 빠진 두 가지는 국민의힘이 '독소조항'으로

지목한 것으로 민주당이 유족의 의견을 반영해 여당의 요구를 수용한 것이다.

법률안 재의요구권

대통령이 국회에서 의결한 법률안을 거부할 수 있는 권리로서 대통령의 고유권한이다. 법률안에 대해 국회와 정부 간 대립이 있을 때 정부가 대응할 수 있는 가장 강력한 수단이다. 거부권을 행사할 경우 대통령은 15일 내에 법률안에 이의서를 붙여 국회로 돌려보내야 한다. 국회로 돌아온 법률안은 재의결해서 재적의원 과반수 출석과 3분의 2 이상이 찬성해야 확정된다. 다만 대통령 거부권은 예산안에는 행사할 수 없다.

국회 행정안전위원장인 김교흥 민주당 의원은 본회의 법안심사 보고에서 "유가족과 피해자의 눈물을 닦아드리는 데 여야가 따로 있을 수 없다는 것을 21대 국회가 국민께 보여드리게 돼 참 다행"이라며 "지금에 오기까지 유가족들의 많은 양보가 있어서 여야가 합의에 다다를 수 있었다"고 말했다.

채상병 특검법에 대통령실은 '거부권' 시사

한편 민주당은 지난해 7월 경북 수해현장에서 실종자 수색작전 중 순직한 채상병 사망사고에 대한 해병대 수사를 정부가 방해하고 사건을 은폐하려 했다는 의혹을 제기하며, 이를 규명하고자 특검을 도입하는 법안을 지난해 9월 발의했다. 그러나 국민의힘의 저지로 법제사법위원회를 통과하지 못하자 민주당이 신속처리안건(패스트트랙)으로 지정, 4월 3일 본회의에 자동 부의됐다.

따라서 민주당은 5월 2일 이태원참사특별법이 합의 처리된 뒤 의사일정 변경 동의안을 제출, 채상병 특검법 상정을 요구하고 김진표 국회의장이 요구를 수용함에 따라 의사일정 변경 동의안에 대한 표결이 이뤄졌고, 동의안이 가결되면서 법안이 상정됐다. 국민의힘 의원들은 의사일정 변경 동의안이 표결에 부쳐지자 항의의 표시로 집단퇴장해 국회 로텐더홀

에서 규탄대회를 열고 특검법에 대한 윤 대통령의 거부권 행사를 건의하겠다고 밝혔다.

대통령실 또한 야당의 특검법 단독처리에 대해 '엄중대응'을 예고해 윤 대통령의 거부권 행사를 시사한 것으로 풀이됐다. 정진석 대통령 비서실장은 같은 날 용산 대통령실 브리핑에서 "민주당의 특검법 일방 강행처리는 대단히 유감"이라며, "채상병의 안타까운 죽음을 이용해서 정치적 목적으로 악용하려는 나쁜 정치"라고 비판했다. 그러면서 "공수처와 경찰이 이미 본격수사 중인 사건인데도 야당 측이 일방적으로 특검을 강행하려고 하는 것은 진상규명보다 다른 정치적 의도가 있다고 볼 수밖에 없다"고 지적했다.

국가채무 1,127조 '역대 최대' … GDP 대비 첫 50% 돌파

지난해 나랏빚이 60조원 가까이 늘면서 1,100조원대로 불어났다. 국가채무 증가속도가 국내총생산(GDP) 증가율보다 가파르다 보니 GDP 대비 국가채무비율도 처음으로 50%를 넘어섰다. 정부는 국가재정법상 발표시한인 4월 10일을 하루 넘겨 국회의

원선거 다음 날인 4월 11일 국무회의에서 이런 내용을 담은 '2023 회계연도 국가결산보고서'를 심의 · 의결했다.

국가채무, 1년 새 60조↑… 1인당 2,179만

국가결산보고서에 따르면 지난해 국가채무(중앙+지방정부 채무)는 1,126조 7,000억원(전년 대비 59조 4,000억원 증가)으로 역대 최대치를 기록했다. 국가채무는 2016~2018년 600조원대, 2019년 723조 2,000억원이다가 코로나19를 거치며 2020년 846조 6,000억원, 2021년 970조 7,000억원, 2022년 1,067조 4,000억원으로 크게 늘었다. 기획재정부 김명중 재정성과심의관은 "그간의 재정적자가 누적되는 개념이기 때문에 매년 국가채무, 국가부채는 계속 증가하는 모습"이라고 말했다.

지난해 국가채무의 GDP 대비 비율은 50.4%로 전년(49.4%) 대비 1.0%포인트(p) 증가했다. 결산기준으로 GDP 대비 국가채무비율이 50%를 넘어선 건 1982년 관련 통계작성 이래 처음이다. GDP 대비 국가채무비율은 2011~2019년 30%대를 기록하다 2020년 40%대로 진입, 2022년 49.4%로 늘었다. 다만 정부는 2022 · 2023년도 본예산에서 GDP 대비 국가채무비율을 이미 50%대로 추정한 바 있다고 설명했다. 국가채무를 지난해 통계청 추계인구(5,171만 3,000명)로 나눈 1인당 국가채무는 2,178만 8,000원으로 나타났다.

지난해 국가부채는 2,439조 3,000억원으로 전년(2,326조원)보다 113조 3,000억원 늘었다. 국가부채는 지급시기와 금액이 확정되지 않은 비확정부채까지 포함하는 개념인데, 이 때문에 정부는 국가채무와 국가부채가 다르다고 본다. 비확정부채의 대부분을 차지하는 **연금충당부채***는 장기간에 걸친 미래 지급액을 추정한 금액이다. 실제 지출은 연금보험료 수입으로 우선 충당하고 있어 국가가 당장 갚아야 할 빚과는 다르다는 게 정부 설명이다.

2023 회계연도 국가결산 결과

자료 / 기획재정부

연금충당부채

공무원 · 군인 연금 수급자 및 재직자에게 정부가 향후 지급해야 할 연금액을 기대수명 등 조건에 따라 현재가치로 추정한 재무제표상 부채를 말한다. 당장 갚을 필요는 없으나 공무원 · 군인 기여금과 정부부담금으로 조성한 재원이 지급액보다 부족할 경우 정부가 재정을 투입해 채워야 한다. 이로 인해 연금충당부채가 증가하면 미래세대가 짊어져야 할 부담도 늘어나게 된다. 다만 IMF에서는 연금충당부채의 불확실성이 크다는 이유로 공식지표로 인정하지 않고 있다.

나라살림 87조 적자… GDP 대비 4% 육박

한편 지난해 실질적인 재정상태를 보여주는 관리재정수지는 87조원 적자로 집계됐다. 전년 결산보다 30조원 줄었지만, 지난해 예산안 발표 당시 예산안(58조 2,000억원)보다도 약 29조원 많다. GDP 대비 관리재정수지 적자비율은 3.9%로 지난해 예산안(2.6%)보다 1.3%p 높다. 코로나19 팬데믹 과정에서 한시적으로 늘었던 지원조치가 종료되면서 전년 결산 때보다는 적자폭이 줄었지만, 지난해 경기불황에 따른 역대급 세수감소의 영향으로 작년 예산안과 비교하면 크게 악화한 셈이다.

관리재정수지는 총수입에서 총지출을 뺀 통합재정수지에서 국민연금 등 4대 보장성 기금수지를 차감한 것으로 당해연도 재정상황을 보여주는 지표로 활용된다. 지난해 총수입(573조 9,000억원)에서 총지출(610조 7,000억원)을 뺀 통합재정수지는 36조 8,000억원 적자를 기록했다. 적자폭은 전년보다 27조 8,000억원 줄었지만, 지난해 예산(13조 1,000억원)보다는 약 23조원 많았다. GDP 대비 적자비율은 1.6%로 작년 예산안(0.6%)보다 1.0%p 확대됐다. 총수입·지출은 총세입·세출에 기금 수입·지출을 반영한 것으로 전년보다 각각 43조 9,000억원, 71조 7,000억원 줄었다.

이처럼 지난해 관리재정수지가 당초 계획보다 크게 악화하면서 윤석열 대통령이 공언한 재정준칙은 결국 지키지 못하게 됐다. 재정준칙은 관리재정수지 적자폭을 매년 GDP의 3% 이내로 제한하는 내용을 골자로 한다. 고물가·내수부진 등 현안에 더해 저출산·고령화 등 정부지원이 시급한 과제까지 산적한 현실을 고려하면 당장 올해 재정수지 개선을 기대하기 어려운 상황이다. 여기에 총선을 앞두고 민생토론회에서 쏟아낸 감세정책과 각종 지원정책도 재정부담 요인이 됐다. 이에 따라 당장 올해 GDP 대비 관리재정수지 적자비율이 4%를 넘길 수 있다는 우려도 제기되고 있다.

'의료개혁' 두고 정부 vs 의료계 입장차 여전

정부가 각종 행정명령 유보에 이어 대학별 의대 모집인원 자율조정까지 발표하며 '상황진전'을 위해 노력했다는 입장이지만, 의사단체는 이를 진전이라고 받아들이지 않으며 대치하는 상황이 이어졌다. '의대증원 무효화'와 '원점 재검토'만을 진전으로 보는 의사단체는 내부균열 조짐을 보이는 와중에도 여전히 정부정책에는 한뜻으로 맞섰다.

"상황 진전 위해 자율증원" vs "원점 재검토부터"

박민수 보건복지부(복지부) 제2차관은 5월 3일 브리핑에서 "정부는 의료개혁의 성공을 위해 의대증원이라는 원칙을 지키면서도 지금의 상황을 진전시킬 수 있도록 내년도 의대 모집정원의 자율성을 부여하는 정책적 결단을 내렸다"고 말했다. 정부는 2025학년도에 한해 증원분의 50~100%를 대학별로 자율적

박민수 복지부 제2차관

으로 뽑을 수 있게 했는데, 전공의 집단사직으로 빚어진 '의료공백'을 해소하고자 한발 물러났다는 것이다. 정부는 전공의들에 대한 면허정지를 '유연한 처분' 방침 아래 3월 말 이후 계속 미뤄왔으며, 사직과 개별휴진에 나선 의대 교수들에 대해서도 5월 초까지 행정명령을 내리지 않았다.

하지만 의사단체들은 내부의견 조율과정에서 분열 조짐을 보이면서도 '증원 백지화 이후 원점 재검토'라는 점에서는 한목소리를 냈다. 5월 2일 취임한 임현택 대한의사협회(의협) 회장은 잘 알려진 '강경파'로 연일 강도 높은 표현으로 정부를 비판하면서 증원 무효를 주장했다. 임 회장은 같은 달 4일 전국의과대학교수협의회(전의교협)가 연 세미나에서 "의대 정원 2,000명 증원은 절대로 필수·지역 의료의 근본적 해결방안이 될 수 없다"며 "정부의 필수의료정책 패키지 역시 의료현장과 교육현장을 제대로 반영 못 한 것으로 정원확대나 정책패키지 모두 폐기해야 한다"고 말했다.

세미나에서 축사하는 임현택 의협 회장

전의교협과는 별개 단체인 전국의과대학교수 비상대책위원회(전의비)도 5월 10일 전국적 휴진을 진행하기로 하고, 의대증원을 확정하면 1주일간 집단휴진을 하겠다고 예고했다. 대한전공의협의회(대전협)와 대한의과대학·의학전문대학원학생협회(의대협) 역시 정부가 정책을 백지화해야 한다는 입장에 변함이 없다. 의사단체들은 법원이 정부에 증원근거를 제출하고, 법원의 판단이 있을 때까지 증원절차를 멈출 것을 요청함에 따라 5월 말 정원이 최종 확정될 때까지 정부를 더 압박할 것으로 전망됐다.

정부, 필수의료분야 '공정한 보상' 확대 추진

한편 정부는 4월 29일 정부 세종청사에서 주재한 의사 집단행동 중앙재난안전대책본부(중대본) 회의에서 중증심장질환 환자의 혈관스텐트 시술에 대한 수가*를 최대 2배로 높이는 등 필수의료분야의 '공정한 보상' 확대방침을 논의했다. 심장혈관 중재시술은 급성심근경색 등 중증심장질환자에게 긴급하게 시행해야 하는 대표적인 필수의료행위다. 정부는 우선 의료난이도 등이 수가에 합리적으로 반영될 수 있도록 심장혈관 중재술에서 인정하는 혈관개수를 기존 2개에서 4개로 확대하고, 보상수준을 2배 이상 인상하기로 했다. 상급종합병원에서 총 4개의 심장혈관에 스텐트 삽입 등 중재술을 시행할 경우 모든 혈관시술에 수가를 산정하고, 수가도 기존 최대 130%에서 최대 270%로 인상된다.

> **의료수가**
>
> 의사나 약사 등의 의료서비스 제공자에게 제공하는 비용으로 환자가 지불하는 본인부담금과 건강보험공단에서 지급하는 급여비의 합계를 말한다. 의료수가 결정과 인상은 환자에게 제공되는 서비스의 정도와 서비스 제공자의 소득, 물가상승률 등 경제지표 등을 토대로 건강보험정책심의위원회에서 진행한다. 다만 의료수가가 건강보험료 인상 및 건강보험재정 부담에 영향을 미치는 만큼 수가 결정과정에서 각 가입자단체와 건강보험공단이 치열한 협상을 펼친다.

또 응급·당직 시술이 잦은 의료진에게도 정당한 보상이 갈 수 있도록 일반시술의 1.5배 수가가 적용되는 '응급시술' 대상을 확대할 계획이다. 기존에는 심전도검사 등에서 급성심근경색증이 명확하거나 활력징후가 불안정할 경우에만 인정했으나, 앞으로는 임상적으로 응급시술이 필요해 24시간 이내 시행할 경우에도 적용한다. 개선내용은 급여기준 고시를 개정한 후 6월 1일부터 적용할 예정이다.

앞선 3월 29일에는 소아진료체계 개선을 위한 수가 개선방향을 발표하면서 신생아 · 소아 · 산모 · 중증질환 4개 분야에 올해 약 1,200억원의 건강보험 재정을 투입하기로 결정했다. 이에 따라 6월 1일부터 고위험 신생아를 위해 신설된 지역수가가 적용되고, 고위험 · 고난도 소아외과 수술 281개 항목의 연령가산 수준이 최대 300%에서 1,000%로 대폭 확대된다. 고위험 산모 · 신생아 통합치료센터에 대한 사후보상과 공공정책수가도 신설됨에 따라 같은 날부터 고위험 분만 관련 손실분을 사후보상한다. 이때 집중치료실 입원환자 1인당 하루 20만원을 7일간 정액 지원한다. 정부는 앞으로도 대통령 직속으로 출범한 의료개혁특별위원회를 통해 뇌혈관질환, 장기이식 등 고위험 · 고난도 필수의료행위에 대한 보상강화방안의 내용 및 지불제도 개편 등 의료개혁을 지속해서 논의 · 추진할 예정이다.

HOT ISSUE **9위**

높은 물가에 환율 불안까지 …
하반기에도 금리인하 불투명

미국 연방준비제도(연준, Fed)가 5월 1일(현지시간) 추가 금리인상에 선을 그었지만, 여전히 인하에도 신중한 태도를 보임에 따라 한국은행(한은) 역시 기준금리 동결을 결정할 가능성이 커졌다.

연준, "적절 판단 시까지 현재 금리 유지"

연준은 4월 30일부터 5월 1일(현지시간)까지 열린 연방공개시장위원회(FOMC) 정례회의에서 기준금리 목표범위를 5.25~5.50%로 동결했다. 이는 여전히 우리나라(3.50%)보다는 2.00%포인트(p) 높아 두나라 간 금리격차는 역대 최대 수준이다. 연준은 앞서 지난해 6월 약 15개월 만에 금리인상을 멈췄다가 7월 다시 베이비스텝(0.25%p)을 밟았지만, 이후 9 · 11 · 12월과 올해 1 · 3월에 이어 이번까지 여섯 차례 연속 금리를 묶었다.

제롬 파월 미국 연방준비제도 의장

제롬 파월 연준 의장은 이날 "올해 들어 지금까지 경제지표는 우리에게 (인플레이션이 2%로 향하고 있다는) 더 큰 확신을 주지 못했다"며 "더 큰 확신을 얻기까지 종전에 기대했던 것보다 더 오랜 시간이 걸릴 것"이라고 밝혔다. 아울러 "인플레이션은 지난 1년간 완화됐으나 여전히 높은 수준을 유지하고 있다"며 "최근 몇 달간 위원회의 물가목표인 2%로 향한 추가적 진전이 부족하다"고도 했다.

다만 현 물가상황과 금리인하에 대한 부정적 진단에도 불구하고 시장이 우려한 더 강한 매파적(통화긴축 선호) 발언이나 조치는 없었다. 파월 의장은 "현 통화정책 수준은 긴축적이라고 생각한다"며 추가 금리인상 필요성을 일축했고, 연준은 6월부터 월별 국채상환 한도를 축소하는 등 유동성 흡수를 위한 **양적긴축***(QT)의 속도를 줄이기로 결정했다.

한은도 동결 유력, 미국보다 앞선 인하 가능성 낮아

물가의 목표수준(2%) 안착을 확신할 수 없는 것은 우리나라도 마찬가지다. 통계청이 5월 2일 발표한 4월 소비자물가지수 상승률(전년 동기 대비)은 2.9%로 석 달 만에 3%대에서 내려왔지만, 여전히 국제유가와 과일·농산물 가격 탓에 목표수준(2%)을 크게 웃돌고 있다. 앞서 4월 12일 이창용 한은 총재는 금융통화위원회(금통위) 통화정책결정회의 직후 "우리(한은)가 예상한 하반기 월평균 소비자물가 상승률이 2.3%인데, 유가 등이 안정돼 경로가 유지되면 하반기 금리인하 가능성이 있지만, 이 경로보다 높아지면 인하가 어려울 수도 있다"고 밝힌 바 있다.

이창용 한국은행 총재

불안정한 물가뿐 아니라 불안한 환율흐름도 한은이 금리를 섣불리 낮출 수 없는 이유다. 시장의 기대와 달리 미국의 조기 금리인하 가능성이 점차 사라지고 이란·이스라엘의 무력충돌까지 발생하자 4월 16일 원/달러 환율은 장중 약 17개월 만에 1,400원대까지 뛰었다. 이후 다소 진정됐지만, 여전히 1,370~1,380원대에서 크게 떨어지지 않고 있다. 원화가치가 하락(원/달러 환율상승)할수록 같은 수입제품의 원화 환산가격이 높아지는 만큼 인플레이션(물가상승) 관리가 제1목표인 한은 입장에서 환율불안은 통화정책의 주요 고려사항일 수밖에 없다.

이에 따라 전문가들이 예상하는 연준과 한은의 금리인하 시점도 늦춰지는 분위기다. 주원 현대경제연구원 경제연구실장은 "미국은 9월, 우리는 11월 정도에나 금리를 낮출 것"이라며 "지금까지 휘발유가격이 그나마 미국 소비자물가상승률을 억제했는데, 유가가 오르면 물가는 더 안 떨어지고 금리인하 시점도 늦어질 것"이라고 진단했다. 이어 "만에 하나 유가가 100달러를 넘으면 한은은 올해 인하하지 못할 수도 있다"고 덧붙였다.

이상호 한국경제인협회 경제산업본부장 또한 "시장에서 미국 연준의 9월 금리인하 컨센서스(평균적 기대)가 형성됐지만, 늦춰질 개연성도 있다"며 "미국 소비가 호조인데 중동사태로 공급도 불안해지면 물가가 상승할 수밖에 없기 때문"이라고 예상했다. 그는 "한국이 미국보다 먼저 금리를 낮추기는 힘들다"며 "한은이 미국을 보고 10월·11월에 인하할 수 있지만, 내년으로 넘어갈 가능성도 있다"고 말했다.

10위

눈높이 낮췄지만…
'법인세 리스크'에 올해 세수도 암울

지난해보다 26% 낮춰 잡은 법인세 수입이 올해도 위태로워 전체 세수전망도 밝지 않은 실정이다. 코스피 상장사 영업이익은 전년보다 45% 가까이 급감했고, 대장 격인 삼성전자와 SK하이닉스가 영업손실로 법인세를 한 푼도 내지 못하기 때문이다. 세입전망 당시 올해는 종료될 것으로 전제한 유류세 인하조치도 중동위기로 재연장되면서 국세수입에 '마이너스' 요인으로 작용할 것으로 전망됐다.

코스피 영업익 45% ↓ … 삼성전자는 영업적자

앞서 정부는 2024년도 예산안에서 국세수입을 367조 3,000억원으로 전망했다. 지난해 예산안 대비 33조 2,000억원(8.3%) 줄어든 수준으로 대부분 법인세 감소 예상에 기인한 것이다. 정부는 법인세가 올해 77조 7,000억원 걷힐 것으로 예상, 작년보다 27조 3,000억원(26.0%) 줄어들 것으로 봤다. 기업들은 지난해 실적을 기초로 올해 3월 법인세를 신고하는데, 2022년부터 악화한 기업경기는 '56조 세수펑크'의 원인이 됐고 작년에도 크게 개선되지 않았다.

그러나 **결산*** 마감한 상장사들의 영업이익이 전년보다 크게 떨어지면서 정부가 대폭 눈높이를 낮춘 올

해 전망마저 이르지 못할 위기에 처했다. 4월 22일 한국거래소에 따르면 코스피 12월 결산 상장기업 705개의 지난해 개별기준 영업이익은 39조 5,812억원으로 전년보다 44.96% 급감했다. 특히 매출액 비중이 10%를 넘는 삼성전자가 개별기준 11조 5,000억원 규모의 영업적자를 냈다. 삼성전자를 제외하면 이들 상장사 개별 영업이익은 전년보다 9.7% 증가한 것으로 나타났다.

결산

한 회계연도 내에 발생한 수입과 지출을 계산하여 재산상태를 파악할 수 있도록 서류로 작성한 것을 말한다. 크게 '기업회계상 결산'과 '정부회계상(재정상) 결산'이 있다. 기업회계상 결산은 기업이 회계기간의 손익을 산전하고 기말의 재정상태를 명확히 하는 회계적 절차를 말하고, 정부회계상 결산은 한 국가에서 회계연도가 종료된 뒤 예산과 실적을 확정적 계수로 표시하는 것을 말한다.

1~3월 국세 전년보다 2조원 ↓ … '세수펑크' 재현?

실제로 올해 3월까지 국세수입은 '세수펑크'를 냈던 지난해보다 줄어든 것으로 나타났다. 4월 30일 기획재정부(기재부)가 발표한 '3월 국세수입 현황'에 따르면 지난 1~3월 국세수입은 84조 9,000억원으로 집계됐다. 이는 작년 같은 기간보다 2조 2,000억원(2.5%) 적은 규모다. 예산 대비 진도율은 23.1%로 작년(25.3%)보다 줄었고, 최근 5년 평균(25.9%)보다 2.8%포인트(p) 낮다. 역시나 법인세 감소가 주요하게 작용했다. 12월 결산법인이 작년 실적을 기초로 신고하는 법인세 납부실적이 3월에 반영되는데, 기업들의 개별기준 영업이익이 감소하면서 3월 법인세 수입은 15조 3,000억원으로 지난해 같은 달보다 5조 6,000억원(26.9%) 급감했다. 특히 삼성전자와 SK하이닉스 등 법인세 비중이 큰 대기업이 영업손실로 법인세를 한 푼도 내지 못해 타격이 컸던 것으로 분석된다.

1~3월 소득세 수입도 27조 5,000억원으로 작년보다 7,000억원(2.5%) 줄었다. 고금리에 따라 이자소득세가 증가했지만, 주요 기업 성과급이 줄면서 근로소득세가 감소한 영향이다. 1~3월 근로소득세는 16조 8,000억원 걷혀 작년보다 1조 7,000억원 줄었다. 부가가치세는 신고납부 증가, 환급 감소 등에 따라 작년보다 3조 7,000억원(22.5%) 증가한 20조 2,000억원 걷혔다. 다만 회복조짐이 보였던 소비에 고금리·고물가·고환율 '삼중고'가 다시 찬물을 끼얹으면서 위축될 가능성도 있다. 국세수입 대부분을 차지하는 소득세와 법인세가 작년보다 쪼그라들면서 지난해에 이어 올해도 '세수펑크'가 재현되는 것 아니냐는 우려가 제기되고 있다.

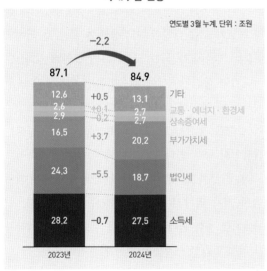

국세수입 현황

연도별 3월 누계. 단위 : 조원

−2.2

	2023년		2024년	
기타	12.6	+0.5	13.1	
교통·에너지·환경세	2.6	+0.1	2.7	
상속증여세	2.9	−0.2	2.7	
부가가치세	16.5	+3.7	20.2	
법인세	24.3	−5.5	18.7	
소득세	28.2	−0.7	27.5	
합계	87.1		84.9	

자료 / 기획재정부

정부는 향후 법인세, 부가가치세, 교통·에너지·환경세 수입이 얼마나 안정적일지를 관건으로 꼽았다. 4월에 법인세를 신고하는 금융지주들의 납부실적도 중요한 변수다. 앞으로의 소비회복세에 따라 부가세 수입도 달라질 것으로 예상된다. 윤수현 기재부 조세분석과장은 "법인세와 근로소득세 성과급 등 전년도의 영향 받는 세금은 줄어들고 올해 영향을 받는 세금은 커지는데, 올해 얼마나 좋아지느냐에 따라 달라진다"고 설명했다.

11위

'어도어 사태'로 드러난 K팝 시스템의 그늘 … 사태 향방은?

걸그룹 '뉴진스'가 소속된 어도어의 민희진 대표와 모회사 하이브 간의 갈등이 격화하고 있다. 이번 사태는 민 대표의 파격적인 기자회견을 계기로 가요계를 넘어 사회적 관심사로 확산했고, 양측은 서로를 향한 고소·고발 난타전을 예고한 상태다.

K팝 키운 멀티레이블 … 포장지 벗겨내니 갈등 잠복

가요계에 따르면 하이브는 빅히트뮤직, 플레디스, 쏘스뮤직, 어도어, 빌리프랩, KOZ 등 여러 레이블을 거느리고 있다. 자회사 격인 각 레이블이 음악 등 콘텐츠제작을 전담하고, 홍보(PR)·법무 등 일부 공통기능은 모회사(하이브)에 모여 있는 구조다. 레이블은 회사운영을 위한 기본적인 인프라를 모회사와 공유해 비용을 절감할 수 있고, 모회사는 업무를 분담할 수 있다는 장점이 있어 최근 다른 기획사에서도 이러한 멀티레이블 체제를 도입하는 추세다. 그런데 민 대표는 4월 25일 기자회견에서 르세라핌 데뷔과정에서의 충돌(쏘스뮤직)이나 아일릿이 뉴진스의 콘셉트를 따라 했다는 주장(빌리프랩) 등을 가감 없이 공개해 일부 레이블 간 갈등을 물 위로 끌어올렸다. 또 하이브가 뉴진스 홍보에 소극적이었으며, 지난 3월 데뷔한 아일릿 소속사 측이 뉴진스의 성공공식(포뮬러)과 키(핵심)안무를 허락도 없이 갖다 썼다고 주장했다.

박지원 하이브 대표이사(왼쪽)와 민희진 어도어 대표

반면 하이브는 이러한 주장들에 대해 사실이 아니라고 반박하고, 민 대표 측이 '노예계약'으로 문제 삼은 '풋옵션*' 문제도 해결됐다는 입장이다. 민 대표는 자신이 보유한 어도어 지분 18% 중 풋옵션을 행사할 수 없는 약 5%를 문제삼았는데, 이 5%에 '하이브의 허락 없이 제삼자에게 매각하지 못한다'는 조항과 '하이브가 (주식) 우선매수권을 갖는다'는 조항이 적용되면서 하이브의 의지에 따라 경업금지라는 족쇄가 영원히 따라붙는다는 주장이었다. 그러나 하이브는 이에 대해 우선매수권을 가지려는 뜻이었을 뿐이라며 계약서 별지를 추가해 모호한 부분이 없도록 정리하겠다는 뜻을 이미 어도어 측에 명확하게 전달했다는 입장인 것으로 알려졌다.

풋옵션

'옵션'이란 선택할 수 있는 권리를 뜻하는데, 이를 파생금융시장에서 살 수 있는 권리를 '콜옵션(Call Option)', 팔 수 있는 권리를 '풋옵션(Put Option)'이라고 한다. 일반적으로 풋옵션은 시장가격에 관계없이 거래 당사자들이 미리 정한 가격으로 장래의 특정시점 또는 그 이전에 특정상품을 팔 수 있는 권리를 매매하는 계약이다. 이러한 '옵션'은 권리만 있고 의무는 없기 때문에 매입자는 해당 옵션을 매도한 사람에게 일정한 대가(프리미엄)를 지불해야 하며, 매도자는 권리행사에 반드시 응해야 할 의무를 갖는다.

민 대표는 기자회견에서 하이브의 멀티레이블 시스템과 지배구조 자체에도 직격탄을 날렸다. 현재 하이브 일부 소속 가수들의 노래에는 작사·작곡가로 방시혁 의장이 들어가 있다. 음악적으로 관여했거나 현재 하고 있다는 의미다. 민 대표는 "의장이 주도하면 알아서 기는 사람이 생겨난다"며 "그런 문제가 생기지 않으려면 최고결정권자가 그냥 떠 있어야 한다. 그래야 자율적으로 경쟁하고 서로 건강하게 큰다"고 주장했다. 그러나 하이브는 오히려 견고한 멀티레이블 체제 덕분에 문제를 사전에 포착해 빠른 조처가 가능했다고 보고 있다.

하이브의 성장통 ··· K팝 발전방향으로 해결해야

이번 사안과 직접적인 관련은 없지만 민 대표가 짚어낸 K팝산업의 '그늘'도 생각해볼 사안이라는 시각도 있다. 현재 K팝시장에서는 음반의 판매량을 올리기 위해 여러 버전으로 발매하는 앨범재킷이나 랜덤 포토카드 등 다양한 '미끼상품'을 넣는 것 외에도 이른바 '밀어내기'를 한다는 의혹이 만연해 있다. 밀어내기란 중간판매상에게 음반물량 일정부분을 구매하게 해 판매량을 올리는 방법인데, 중간판매상은 이 물량을 소진할 때까지 멤버들을 직접 동원하는 팬사인회 등을 연다. 그렇게 되면 가수도 체력적으로 힘에 부치고, 팬들은 팬사인회에 응모하기 위해 '울며 겨자 먹기'로 음반을 반복 구매하게 된다. 밀어내기를 통한 판매량 올리기를 주요 기획사 제작자가 직접 언급한 사례는 이번이 처음이다.

가요계에서는 사태의 원인인 '배임 의혹'과 '주주 간 계약 갈등'의 기저에 하이브의 급격한 성장에 따른 멀티레이블 체제의 파열음이 있다고 보고, 이를 슬기롭게 해결해야 K팝산업이 한층 더 성숙해질 수 있다는 목소리가 나온다. 김도헌 대중음악평론가는 "민 대표의 발언이 판매자가 아니라 K팝 팬 혹은 소비자 편에 선 것처럼 보여 일부 호응이 있는 것 같다"고 짚었다. 그러면서 "이번 사태는 급격하게 커진 하이브의 성장통"이라며 "내부 역학관계에서 비롯된 이번 문제를 K팝에 발전이 되는 방향으로 해결해야 한다"고 강조했다.

헌재 "유산상속 강제하는 '유류분', 위헌·헌법불합치" 결정

학대 등 패륜행위를 한 가족에게도 의무적으로 일정 비율 이상의 유산(유류분*, 遺留分)을 상속하도록 정한 현행 민법이 헌법에 어긋난다는 헌법재판소(헌재)의 판단이 나왔다.

유류분

고인(故人)의 의사와 관계없이 법에 따라 유족들이 받을 수 있는 최소한의 유산비율을 말한다. 고인은 생전 자신의 의사에 따라 재산을 증여하거나 유언을 통해 처분할 수 있는데, 민법에서는 상속받을 사람의 생계를 고려하여 상속액의 일정금액을 법정상속인의 몫으로 인정해왔다. 1977년 제정된 이후 단 한 차례의 개정도 없이 유지돼왔으나, 개인의 재산권 침해 논란을 비롯해 변화한 사회적 분위기와 가족관계를 반영하지 못한다는 비판을 받아왔다.

헌재, "패륜 가족에게도 상속, 상식에 반해"

헌재는 4월 25일 재판관 전원일치 의견으로 유류분을 규정한 민법 1112조 1~3호에 대해 2025년 12월 31일까지만 효력을 인정하고 그때까지 국회가 법을 개정하지 않으면 효력을 잃게 되는 헌법불합치 결정을 내렸다. 또한 형제자매의 유류분을 규정한 민법 1112조 4호는 위헌으로, 특정인의 기여분을 인정하지 않는 민법 1118조에 대해서는 헌법불합치 결정을 내렸다. 현행 민법은 자녀, 배우자, 부모, 형제자매가 상속받을 수 있는 법정상속분을 정하고 있다.

피상속인이 사망하면서 유언을 남기지 않으면 이에 따라 배분한다. 단, 유언이 있더라도 유류분제도에 따라 자녀와 배우자는 법정상속분의 2분의 1을, 부모와 형제자매는 3분의 1을 보장받을 수 있다.

헌재는 유류분제도 자체는 정당하다고 봤다. 또 가족 구성원별로 상속비율을 획일적으로 정한 부분도 심리 지연과 재판비용의 막대한 증가 등의 문제를 고려했을 때 합리적이라고 판단했다. 그러나 헌재는 "피상속인을 장기간 유기하거나 정신적·신체적으로 학대하는 등 패륜적 행위를 일삼은 상속인의 유류분을 인정하는 것은 일반국민의 법 감정과 상식에 반한다"며 "유류분 상실사유를 별도로 규정하지 아니한 것은 불합리하다"고 했다. 다만 "위헌결정을 선고해 효력을 상실시키면 법적혼란이나 공백이 발생할 우려가 있다"며 국회에 개정시한을 부여했다.

헌법재판소

'형제자매 유류분'은 위헌으로 … 즉시 효력 상실

형제자매에게 유류분을 보장하는 민법 1112조 4호는 이번 위헌결정으로 즉시 효력을 잃었다. 헌재는 "형제자매는 상속재산 형성에 대한 기여나 상속재산에 대한 기대 등이 거의 인정되지 않음에도 불구하고 유류분권을 부여하는 것은 그 타당한 이유를 찾기 어렵다"고 밝혔다. 이 밖에 공동상속인 중 상당기간 특별히 고인을 부양하거나 재산형성에 기여한 사람(기여상속인)에게 고인이 증여한 재산을 유류분 배분의 예외로 인정하지 않는 민법 1118조 일부에 대해서도 헌법불합치로 결정했다. 헌재는 "기여상속인이 그 보답으로 피상속인으로부터 재산의 일부를 증여받더라도 해당 증여재산이 유류분 산정 기초재산에 산입되므로 기여상속인이 비기여상속인의 유류분 반환청구에 응해 증여재산을 반환해야 하는 부당하고 불합리한 상황이 발생한다"고 밝혔다.

헌법재판소 '유류분 제도' 위헌 판단

	민법	헌재 판단
1112조 (유류분의 권리자와 유류분)	1호 피상속인의 직계비속은 그 법정상속분의 2분의 1 2호 피상속인의 배우자는 그 법정상속분의 2분의 1 3호 피상속인의 직계존속은 그 법정상속분의 3분의 1	재판관 전원일치로 헌법불합치 결정 (2025년 12월 31일까지만 효력 인정)
	4호 피상속인의 형제자매는 그 법정상속분의 3분의 1	재판관 전원일치로 위헌 결정 (즉시 효력 상실)
118조 (준용규정)	제1001조, 제1008조, 제1010조의 규정은 유류분에 이를 준용한다(피상속인에 대한 기여 대가로 받은 증여분을 유류분 산정 기초재산에 포함).	재판관 전원일치로 헌법불합치 결정 (2025년 12월 31일까지만 효력 인정)

자료 / 헌법재판소

이밖에 공익기부, 가업승계 등 목적으로 증여한 재산도 예외 없이 유류분을 산정하기 위한 '기초재산'에 포함하는 1113조 1항과 유류분권리자에게 손해를 가할 의사로 증여한 경우에는 증여분을 기초재산에 포함하는 1114조는 합헌 판단을 받았다. 고인이 생전에 공동상속인에게 증여한 재산(특별수익)은 증여시기를 불문하고 기초재산에 포함하도록 하는 1118조 일부, 유류분 반환 시 원물 반환을 원칙으로 하는 1115조도 합헌으로 결정했다. 헌재는 2020년부터 접수된 개인이 낸 헌법소원심판 청구와 법원의 위헌법률심판제청 총 47건을 함께 심리한 뒤 이날 결정을 선고했다.

총선 참패 후 대통령실 개편 … 민정수석은 폐지 뒤집고 부활

4·10 총선 이후 개편을 단행한 대통령실이 새 비서실장에 5선 중진인 정진석 국민의힘 의원을, 정무수석에 재선을 지낸 홍철호 전 국민의힘 의원을 각각 임명했다. 이는 총선 패배에 대한 책임을 지고 이관섭 비서실장을 포함해 안보실을 제외한 대통령실 고위급 참모진이 사의를 표명한 데 따른 후속인사다. 여기에 윤석열 대통령은 **민정수석***실을 부활시키며, 새 민정수석으로 김주현 전 법무차관을 임명했다.

민정수석비서관

대통령비서실에 소속된 차관급에 해당하는 공직으로 국민여론과 민심을 수렴하고 이를 대통령에게 전달해 국정기조에 반영토록 한다. 또한 공직사회 기강을 바로잡으며 대통령 친인척 및 공직의 부패를 감찰하는 역할을 한다. 아울러 검찰과 경찰, 국가정보원, 국세청, 감사원 등 5대 사정기관의 정보를 취합해 대통령에게 직접 보고하는 업무를 수행한다.

전·현직 정치인 배치 … 소통 강조

이번 인사의 핵심은 총선 패배의 주요 원인으로 대통령실의 소통, 협치 부족이 꼽히자 정치경험이 풍부한 전·현직 의원을 전면배치한 것이다. 이는 '여의도 정치'와 접점을 확대하려는 윤 대통령의 의중

정진석 신임 비서실장을 소개하는 윤석열 대통령

이 실린 것으로도 해석됐다. 지난 4월 22일 용산 대통령실에서 열린 언론프리핑에서 윤 대통령이 취임 후 처음으로 직접 인선을 발표하며 소개한 것도 신임 비서실장과 정무수석에 힘을 실으려는 것이라는 해석이 나왔다.

윤 대통령은 정 신임 비서실장이 "정계에도 여야 두루 원만한 관계를 갖고 있다"며 "비서실장으로서 용산 참모진들뿐만 아니라 내각, 여당, 야당 또 언론과 시민사회 모든 부분에 원만한 소통을 함으로써 직무를 아주 잘 수행해줄 것으로 기대한다"고 밝혔다. 이어 홍 신임 정무수석에 대해서는 "정치인 이전에 먼저 자수성가 한 기업인"이라며 "제가 당의 많은 분 이야기를 들어보니까 소통과 친화력이 아주 뛰어나다고 해서 추천을 받았다"고 말했다.

민정수석은 폐지 번복하고 부활

아울러 윤 대통령은 5월 7일 현 정부에서 폐지했던 대통령실 민정수석실을 다시 설치하기로 하고 민정수석비서관에 김 전 법무부 차관을 임명했다. 민정수석실에는 기존의 공직기강비서관실과 법률비서관실을 이관하고, 민정비서관실을 신설키로 했다. 윤 대통령은 "정치를 시작하면서 한 언론과 인터뷰를 하면서 '대통령이 되면 민정수석실을 설치하지 않겠다'라고 얘기했다"며 "그 기조를 지금까지 유지해왔는데 민심청취 기능이 너무 취약했다"고 답했다.

김주현 신임 민정수석

이번 민정수석 부활은 자신이 직접 폐지한 조직을 되살리는 것을 넘어 수석에 검사 출신을 임명하는 데 따른 정치적 부담감보다는 효능성을 중시한 것으로 풀이됐다. 윤 대통령 스스로도 민심청취를 부활의 명분으로 내건 만큼 과거와 달리 사정기능보다 민심청취에 방점을 뒀다고 설명했다.

그러나 야당은 민심수렴을 위해서라면 굳이 검찰 출신을 임명할 필요가 없다고 주장하며, 사정기관을 장악하려는 의도에서 검찰 출신을 발탁한 것이 아니냐는 의혹을 제기하고 있다. 야당 일각에서는 이른바 '김건희 여사 특검법' 등 사법리스크 관리를 위한 '방탄수석'이라는 비난도 나온다. 최민석 더불어민주당 대변인은 "민정수석을 통해 민심을 청취하겠다는 것은 어불성설"이라며 "민정수석실은 사정기관 통제와 중앙집권적인 대통령제 강화에 활용돼왔고, 이번에도 그렇게 쓰일 것"이라고 말했다. 이어서 "김 수석은 박근혜정부 당시 법무부 차관으로 우병우 전 민정수석과 함께 사정기관 통제에 앞장선 인물"이라며 "윤 대통령이 총선 민의를 외면한 채 가족을 사법 리스크에서 구하는 데 골몰하겠다는 뜻을 분명히 했다"고 지적했다.

HOT ISSUE　　　　**14위**

러시아 푸틴 장기집권 순항 ⋯ 튀르키예 에르도안은 난항 예상

20년 이상 권력을 쥐고 있는 권위주의 성향의 통치자로 대표되는 블라디미르 푸틴 러시아 대통령과 레제프 타이이프 에르도안 튀르키예 대통령이 2024년 봄에 치러진 선거에서 명암이 갈렸다.

푸틴, 집권 5기시대 돌입 ··· 서방에 서늘한 경고

현대판 '차르(황제)'로 불리는 러시아의 푸틴 대통령이 '종신집권'의 길을 열었다. 2024 러시아 대선에서 압도적 지지를 받으며 5선을 확정한 것이다. 로이터통신 등에 따르면 러시아 중앙선거관리위원회(CEC)는 3월 18일 97.39%를 개표(총투표율 74.22%)한 결과 푸틴 대통령이 득표율 87.34%로 당선을 확정했다. 이로써 푸틴 대통령은 2000 · 2004 · 2012 · 2018년에 이어 이번 대선에서도 승리하면서 2030년까지 6년간 집권 5기를 열게 됐다. 임기를 마치면 집권기간이 30년이 된다.

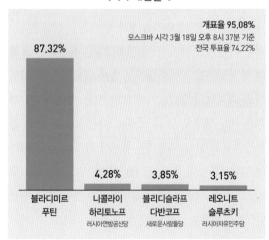

러시아 대선결과

개표율 95.08%
모스크바 시각 3월 18일 오후 8시 37분 기준
전국 투표율 74.22%

- 블라디미르 푸틴 87.32%
- 니콜라이 하리토노프 (러시아연방공산당) 4.28%
- 블리디슬라프 다반코프 (새로운사람들당) 3.85%
- 레오니트 슬루츠키 (러시아자유민주당) 3.15%

자료 / 타스통신

권위주의적인 통치스타일로 독재자를 뜻하는 '스트롱맨*(Strongman)' 평가를 받는 푸틴 대통령은 이번 대선과정에서도 상당한 저항을 받았다. 국내적으로는 투표소 방화와 반정부시위가 있었고, 국외적으로는 우크라이나의 드론 공격 · 접경지 침투시도가 이어졌다. 그러나 ▲ 서방국가들이 러시아를 포위하고 공격하려 한다며 애국주의를 호소해온 점 ▲ 강성했던 러시아제국에 대한 향수가 강하다는 점 ▲ 서방의 강력한 제재에도 불구하고 지난해 국내총생산(GDP) 성장률이 3.6%라는 점 등이 유권자들의 지지를 끌어낸 것으로 보인다. 정부가 정치시스템, 언론, 선거를 엄격히 통제하고 있어 사실상 제대로 된 경쟁후보는 없었다는 점도 요인으로 꼽힌다.

> **스트롱맨**
>
> 강경하고 권위주의 성향의 지도자 또는 군사정권의 지도자를 지칭할 때 흔히 사용되는 용어다. '독재자'의 유의어이기도 하지만, 의미가 확장되어 자국의 이익을 철저히 우선시하고, 외교적 절차와 예식에 구애받지 않으며, 직설적인 화법을 즐겨 구사하고, 강한 남성성을 드러내는 국가 지도자에게도 스트롱맨이라는 수식어가 붙는다. 우파와 좌파를 가리지 않고 정치극단주의에 경도된 이들이 많다. 미국의 도널드 트럼프 전 대통령, 필리핀의 로드리고 두테르테 전 대통령이 대표적인 스트롱맨으로 꼽힌다.

푸틴 대통령은 승리 확정 후 기자회견에서 "강한 러시아"를 강조하면서 북대서양조약기구(NATO, 나토)와의 직접 충돌 가능성 질문에 "현대세계에선 모든 것이 가능하다"며 "그럴 경우 우리는 본격적인 3차 세계대전에서 불과 한걸음밖에 떨어져 있지 않다는 것을 알게 될 것이다"라고 경고했다.

에르도안, 전국단위 지방선거 첫 패배

반면 푸틴 대통령과 마찬가지로 합법적인 선거를 통해 '21세기 술탄'을 꿈꿔온 튀르키예의 에르도안 대통령은 지방선거에서 쓴맛을 봤다. 3월 30일 전국단위로 치러진 지방선거에서 에르도안 대통령이 이끄는 여당인 정의개발당(AKP)이 수도 앙카라와 최대도시 이스탄불을 비롯해 주요 도시에서 모두 참패하면서 2002년 에르도안 대통령 집권 이래 가장 심대한 타격을 입었다. 로이터는 여당이 박빙으로 나타났던 여론조사보다 더 나쁜 결과를 얻었다며 이는 물가폭등으로 정부의 인기가 떨어진 데다가 야당이 기존 지지층을 뛰어넘는 지지층 확대에 성공한 덕분이라고 분석했다.

이번 선거결과로 2028년 차기대선에서 에르도안 대통령의 승리를 장담할 수 없게 됐다는 전망도 나온다. 여당의 압도적 패배 외에도 야당인 공화인민당(CHP)의 에크렘 이마모을루 이스탄불 시장이 재선에 성공하면서 에르도안 대통령의 강력한 경쟁자로 부상했기 때문이다. 당장 이번 선거로 기세를 올린 야당 CHP가 2028년으로 예정된 대선일정을 앞당겨 조기대선을 요구할 것이라는 관측이 안팎에서 나오고 있다.

에르도안 대통령(왼쪽)과 이마모을루 이스탄불 시장

현행 튀르키예 헌법은 대통령 중임까지만 허용하지만, 중임 대통령 임기 도중 조기대선이 치러질 때 다시 한 번 대통령 후보 자격이 주어진다고 규정한다. 에르도안 대통령은 현재 중임 임기 중이다. 따라서 정권의 연장을 위해 여당 쪽에서 조기대선을 요구할 가능성도 있다. 하지만 지난해 대선에서 결선투표까지 가며 간신히 당선된 데다가 경제악화로 지지율이 하락하고 있는 에르도안 대통령으로서는 조기대선이 반가울 수만은 없는 상황이다.

한편 AFP 통신 등에 따르면 현재 세계 최장기 집권자는 적도기니의 테오도로 오비앙 응게마 음바소고 대통령으로 45년을 집권 중이다. 카메룬의 폴 비야 대통령도 42년을 권좌에 앉아 있다. 그 외에도 드니 사수 응궤소 콩고공화국 대통령(40년), 요웨리 무세베니 우간다 대통령(38년), 이사이아스 아프웨르키 에리트레아 대통령(31년), 에모말리 라흐몬 타지키스탄 대통령(30년)이 장기독재에 이름을 올리고 있다. 푸틴 대통령의 통치기간은 올해로 대통령으로서만 20년째, 에르도안 대통령은 22년째다.

국힘 새 비대위원장에 황우여 … '가시밭길' 신임 원내대표는 추경호

총선에서 참패한 국민의힘이 새 비상대책위원회(비대위) 체제를 꾸리고, 새 비대위원장으로 당 대표 출신의 원로인 황우여 당 상임고문을 지명했다. 이번 국민의힘 비대위원장은 차기 전당대회(전대)까지 '관리형 비대위'를 이끌며 차기 지도부 선출을 위한 경선규칙을 정하게 된다. 아울러 새 원내대표*는 이종배(4선, 충북 충주), 추경호(3선, 대구 달성), 송석준(3선, 경기 이천) 의원의 3파전에서 추경호 의원으로 낙점됐다.

원내대표

교섭단체의 대표로 정당에서 자당 의원들이 규율을 지켜 원내 생활을 할 수 있도록 통솔하고, 원내의 당무를 총괄하는 원내 집행기구의 역할을 하는 당내 간부의원을 말한다. 국회 내 다른 교섭단체의 원내대표와 협의해 입법 등 국회활동과 운영을 이끌어가기도 한다. 원래는 원내총무로 불렸으며, 당 소속의원들이 직접 선출한다.

황 비대위원장 "경선 룰 개정, 두루 의견 듣겠다"

그동안 국민의힘 원내대표 겸 당 대표 권한대행을 맡아온 윤재옥 의원은 4월 29일 열린 제22대 국회의원 당선자총회 뒤 황 비대위원장에 대해 "5선 의원, 당 대표를 지낸 분이고 덕망과 인품을 갖춘 분"이라며 "공정하게 전대를 관리할 수 있는 분이다"고 말했다. 5월 3일 취임 기자회견을 연 황 비대위원장은 "재창당 수준을 넘어선 혁신"을 약속했다.

황우여 국민의힘 비대위원장

그러면서 신임 비대위의 주요과제인 전대 당 대표 경선규칙 개정 문제와 관련해선 "모든 의견을 열린 상태에서 다 모아서 당헌·당규 개정요건에 맞으면 할 것이고, 그 절차는 공정하고 불편부당하게 할 것"이라는 입장을 밝혔다. 황 비대위원장은 국민의힘 소장파 모임인 '첫목회'와 5월 7일 만난 자리에서 전대 대표 선출규정에서 일반 국민여론조사 반영비율을 50%로 확대해달라는 요구에 대해 "긍정적으로 검토해보겠다"는 입장을 밝힌 것으로도 전해졌다. 현행 선출규정은 당원투표만 100% 반영하게 돼 있다. 황 위원장은 또한 한 언론인터뷰에서도 현행 선출규정을 유지하자는 의견과 일반 국민여론조사를 30% 이상 반영하도록 바꿔야 한다는 의견이 나오는데 대해 "양론이 다 정치철학적 배경이 있다"며 "후보군이나 우리 당의 전체의견을 보고 국민여론을 반영해서, 어느 쪽으로 가는 게 옳을지 결정하면 될 것 아닌가 싶다"고 말하기도 했다.

원내대표 경선은 3파전, 결과는 TK 승

한편 국민의힘의 새 원내대표 경선은 유권자의 과반인 영남권 당선인들의 표심과 주류 친윤(친윤석열)

계의 응집력이 향배를 가를 것으로 관측됐다. 경선에 나선 세 의원은 각각 출신 지역이 다르고, 친윤 성향으로 분류되면서도 상대적으로 계파색은 옅었다. 투표권을 가진 22대 총선 당선인 108명 중 영남권 인사는 지역구만 59명, 비례대표까지 합치면 그보다 많다. 이들이 TK(대구·경북) 출신인 추 의원에게 표를 몰아줄 경우 그는 경선에서 유리한 고지를 차지할 것이라는 전망이 있었다. 다만 총선 참패 직후 '도로 영남당' 지적이 나올 수 있다는 점에서 지역적 표 쏠림은 없을 것이라는 반론도 있었다. 한 수도권 의원은 당 원내수석부대표, 경제부총리 겸 기획재정부 장관 등을 지낸 추 의원의 경력을 높이 평가하면서도 "'또 영남'이냐는 이야기는 당연히 나올 것"이라고 예상했다.

추경호 국민의힘 신임 원내대표

친윤계의 표 응집력이 다시 나타날지도 변수였다. 윤석열정권의 주류를 형성한 친윤계는 지난해 전당 대회와 원내대표 경선에서 상당한 영향력을 발휘했지만, 총선 참패로 구심력이 약해졌다는 평가가 나온다. 특히 '친윤 핵심' 이철규 의원의 출마설을 놓고도 친윤계의 의견이 엇갈렸던 점을 고려하면 이번에 친윤계의 조직적인 지원이 특정후보에 몰리지는 않을 것이라는 관측이 힘을 받았다. 그러나 5월 9일 국민의힘 22대 총선 당선자총회에서 102명(전체 당선자 108명) 중 70명의 지지로 추 의원이 선택됐다. 이로써 국민의힘 원내 지휘봉을 손에 쥔 추 원내대표는 거대야당을 상대하는 불리한 정치지형에서 22대 국회 임기 첫해에 현 정부 국정과제도 계속 실현해야 하는 어려운 중책을 맡게 됐다. 당장 추 원내대표 앞에는 '채상병 특검법' 대응과 22대 국회 원(院)구성협상이라는 난제가 기다리고 있다.

'쩐의 전쟁' 본격화 …
한국, 글로벌 이커머스 격전지로

중국 전자상거래(이커머스*) 플랫폼 알리익스프레스(알리)발 '쓰나미'가 시작되면서 국내 이커머스시장 구도가 한 치 앞을 내다보기 힘든 안갯속으로 빠져들고 있다. 기존 토종업체가 치열한 생존경쟁을 벌이는 와중에 미국, 중국 등 타 국적 업체까지 가세해 한국이 글로벌 이커머스 격전지가 된 양상이다.

이커머스

컴퓨터(PC)통신 또는 인터넷을 이용해 온라인으로 이뤄지는 전자상거래를 일컫는 말로 'Electronic Commerce'의 약자다. 일상적인 상품거래뿐만 아니라 고객 마케팅이나 광고, 정부의 제품조달, 서비스 등의 거래도 포함하는 개념이다. 스마트폰의 보급 이후 PC를 기반으로 하던 전자상거래시장이 모바일쇼핑으로 빠르게 변화하고 있다.

'초저가 물량공세'로 한국시장 뒤흔드는 C-커머스

2018년 한국시장에 발을 들여놓은 알리는 지난해 플랫폼 마케팅을 본격화하며 인지도를 빠르게 끌어올리는 한편 상품영역을 확대해 한국시장 공략에 열을 올렸다. 이에 이용자수가 급증하면서 올해 2월 기준 알리 앱 월간 사용자수는 818만명으로 역대 가장 많았다. 지난해 2월(355만명)과 비교하면 130%

급증한 것이다. 종합몰 이용자수 순위에서도 11번가(736만명)를 제치고 2위까지 치고 올라와 쿠팡(3,010만명)과 양강구도를 형성했다. 지난해 7월 한국서비스를 개시한 중국계 이커머스 테무도 7개월 만에 581만명의 이용자를 확보하며 종합몰 이용자 순위 4위에 안착했다. 업계에서는 이를 두고 'C-커머스(China+이커머스)의 공습'이라는 말이 회자됐다. 특히 알리의 모기업인 알리바바그룹은 물류센터 설립 등을 포함해 3년간 11억달러(약 1조 4,471억원) 규모의 한국 투자계획을 세운 것으로 드러나면서 업계의 비상한 관심을 모았다.

알리익스프레스·테무·쉬인 앱 사용자 변화

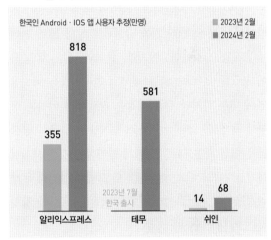

한국인 Android · IOS 앱 사용자 추정(만명) ■ 2023년 2월 ■ 2024년 2월

- 알리익스프레스: 355 / 818
- 테무: 581 (2023년 7월 한국 출시)
- 쉬인: 14 / 68

자료 / 와이즈앱·리테일·굿즈

이러한 알리익스프레스의 대규모 투자계획에 기존 업체들은 바짝 긴장하고 있다. 한국시장에 이미 진입해있는 업체들이 지금까지 쏟아부은 투자액은 공개된 것만 최소 12조원이다. 미국 뉴욕증시 상장사인 쿠팡이 전국 물류망 구축 등에 6조 2,000억원을 투자했고, 신세계그룹은 3조 5,000억원을 들여 G마켓을 인수했다. 11번가는 5,000억원, 컬리는 1조원을 각각 투자받아 사업자금으로 썼다. 이밖에 싱가포르 기반의 글로벌 이커머스 큐텐이 2022~2023년 사이 티몬과 인터파크커머스, 위메프 등 3개 사

를 인수하는 데 쓴 돈은 6,000억원대로 알려졌다. 알리바바가 계획한 투자액까지 포함하면 최소 13조원대의 자금이 한국시장에 몰린 것이다.

C-커머스 공습에 기존 이커머스들 '생존 갈림길'

문제는 쿠팡을 제외한 기존 이커머스들이 천문학적인 자금을 쏟아붓고도 시장점유율을 높이기 위한 무리한 '몸집 불리기' 경쟁 탓에 여전히 손실구조에서 벗어나지 못하고 있다는 점이다. 지난해부터 수익성을 최우선 목표로 두고 체질개선을 위한 작업에 들어가기도 했으나, 아직은 그 효과가 가시화하지 않고 있다. 국내 이커머스 최강자 쿠팡도 초조해하기는 마찬가지다. 지난해 쿠팡은 연 매출 30조원, 영업이익 흑자 6,000억원을 달성하며 창립 13년 만에 '유통제왕'으로 공인받았지만, 알리와 테무, 쉬인 등이 중국산 초저가상품을 내세워 한국시장을 파고들면서 더는 과거와 같은 성장을 장담하기 어려운 상황에 놓였다. 국내 이커머스 업체들은 중국산 공산품을 이들 기업보다 저렴하게 판매하는 것은 사실상 불가능하다고 보고, 해외셀러를 모집해 상품력과 가격경쟁력을 높이고 한국상품의 역직구(수출)를 강화하는 등 대책마련에 고심하고 있다.

레이 장 알리익스프레스 한국대표

한편 중국업체들이 한국시장을 공략하며 많은 이용자를 끌어모으고 있으나 국내법규 준수 정도를 두고

는 뒷말이 적지 않았다. 이들 기업이 '광고' 표기 없이 광고성 앱 푸시 등을 보내거나 앱을 설치·실행할 때 스마트폰 앱 접근권한 고지를 하지 않았는데도 국내 기업들과 달리 별다른 처벌을 받지 않았기 때문이다. 중국계 이커머스를 이용할 때 개인정보가 중국 현지 판매자에게 넘어가 보이스피싱(전화금융사기) 등의 범죄에 악용될 수 있다는 우려가 제기되기도 했다. 이에 따라 개인정보보호위원회는 중국 이커머스 업체들을 겨냥해 개인정보보호 실태조사에 나서는 한편 이들 기업이 국내법규를 지킬 수 있도록 적극 안내하겠다고 밝혔다.

K-배터리, 씁쓸한 1분기 실적 … '전기차 캐즘' 영향 뚜렷

올해 1분기 K-배터리 3사(LG에너지솔루션, 삼성SDI, SK온)가 모두 부진한 실적을 기록하며 전방산업인 전기차시장 성장세 둔화의 뚜렷한 영향이 확인됐다.

더딘 전기차 성장세 회복 … 상반기까지 '힘든 걸음'

4월 30일 업계에 따르면 국내 1위 배터리업체인 LG에너지솔루션의 1분기 영업이익은 1,573억원으

로 작년 동기 대비 75.2% 감소했다. 이는 미국 인플레이션감축법(IRA)상 첨단제조 생산 세액공제(AMPC) 1,889억원이 포함된 것으로 AMPC를 제외한 1분기 영업이익은 316억원 적자다. SK온 역시 1분기 영업손실이 3,315억원이었고, 미국 내 판매 감소에 따라 AMPC 금액도 지난해 4분기 2,401억원에서 1분기 385억원으로 크게 축소됐다. 삼성SDI는 그나마 수요변동 영향을 덜 타는 프리미엄 차량용 배터리 판매가 양호한 수준을 보이면서 자동차 부문 매출과 영업이익이 모두 증가해 상대적으로 선방했다. 그러나 이번에 처음 반영된 AMPC 467억원을 포함해도 전체 영업이익은 2,674억원으로 지난해 대비 29% 감소했다.

전기차 수요 증가세 둔화에 따라 고객사인 완성차 업체들이 재고를 보수적으로 운용했고, 지난해 하반기 내내 하락세를 보인 메탈가격이 판가에 반영된 것이 공통된 부진 요인으로 분석된다. 이런 흐름은 2분기에도 이어질 것으로 보여 상반기까지는 눈에 띄는 실적개선을 기대하기 어려울 전망이다. 전방 수요 둔화에 따른 수익성 대응을 위해 투자속도 조절도 불가피해졌다. LG에너지솔루션은 현재 진행 중인 여러 프로젝트의 수요변화를 검토해 우선순위를 정하고, 투자규모와 집행속도를 조정해 설비투자(CAPEX) 집행규모를 다소 낮추겠다는 방침을

SK온의 어드밴스드 SF배터리를 탑재한 기아 전기차 EV9

밝혔다. SK온도 '전기차 캐즘*(Chasm, 일시적 수요 정체)'에 대응해 글로벌 생산설비 증설 시점을 탄력적으로 운영 중이라고 했다.

캐즘

새로 개발된 제품이나 서비스에 대해 대중이 적응하고 받아들이기 전까지 겪는 침체기를 뜻한다. 원래는 지층에 균열이 생기면서 단절되는 것을 뜻하는 지질학 용어인데, 실리콘밸리에서 활동하던 제프리 무어 박사가 1991년 스타트업의 성장과정을 캐즘에 빗대 설명하면서 경제·경영 용어로 활용되기 시작했다. 주로 정보통신, IT 등 첨단산업에서 발생하며 이를 이겨내지 못하면 업계에서 사라지게 된다.

하반기, 신차 출시·미 AMPC 확대 등 우호적 요인

다만 이러한 수요 성장둔화가 일시적 현상이며, 전기차로의 전환은 '예정된 미래'라는 배터리업계의 인식은 여전히 변함없는 것으로 보인다. 하반기 이후 현대차·기아, 제너럴모터스(GM) 등 주요 완성차 업체의 전기차 신차 출시가 계획돼 있는데, 다양한 전기차 라인업이 새로 등장하면 가격대와 차급 등에 대한 고객들의 선택 폭도 넓어져 수요가 촉진될 것이라는 전망이 나온다. 여기에 리튬, 니켈 등 메탈가격이 지난 2월부터 반등하는 점, 배터리업체들의 북미 생산거점 추가가동 등으로 수익성 개선이 기대되는 점 등도 우호적 요인으로 꼽는다.

LG에너지솔루션은 GM과 합작한 미국 테네시주 얼티엄셀즈 2공장을 최근 본격적으로 가동하기 시작했다. 여기에 내년 이후 미시간주, 애리조나주, 조지아주 등에도 공장을 건설 중이어서 AMPC 수혜액은 큰 폭으로 증가할 전망이다. 아울러 최근 수요가 증가하고 확장성이 큰 원통형 46파이(지름 4mm) 배터리를 8월부터 충북 오창공장에서 양산할 예정이어서 신제품 공급에 따른 이익증대도 예상된다. 삼성SDI도 미국 내 생산제품에 대한 AMPC를 올해 1분기 처음으로 수익에 반영했고, 스텔란티스와의

배터리 합작법인 스타플러스에너지의 인디애나주 1공장이 이르면 하반기 가동될 예정이며, SK온도 향후 미국물량이 다시 상승할 것으로 예상해 AMPC 증가에 따른 수익증가를 기대하고 있다. 다만 오는 11월 미국 대선에서 "임기 첫날 전기차 보조금지원 명령 폐기에 서명하겠다"고 공언한 도널드 트럼프 전 대통령이 당선되면 미국의 전기차보급 확대정책이 대폭 축소될지 모른다는 점은 큰 불확실성 중 하나다.

18위

'KF-21' 기술 빼돌렸던 인도네시아, 이번엔 "분담금 줄이겠다"

인도네시아가 한국형 초음속전투기 KF-21* 개발분담금을 당초 합의한 금액의 3분의 1 정도만 납부하겠다고 우리 정부에 제안한 것으로 5월 6일 확인됐다. 일각에서는 국내에 파견된 인도네시아 기술자들이 KF-21 개발 관련 자료 유출을 시도한 혐의로 수사를 받는 상황이어서 이미 기술을 빼돌려 놓고 분담금 대폭 삭감을 요구하는 것 아니냐는 의혹이 제기됐다. 그런데 우리 정부는 이러한 인도네시아의 제안을 수용하는 쪽으로 가닥을 잡았다.

KF-21

우리나라의 초대형 방위 국책사업으로 개발 중인 한국형 초음속전투기다. 최고속도가 2,200km로 음속의 1.8배에 달하며, 최대 7.7톤의 무장을 탑재할 수 있는 4.5세대급 전투기다. 2022년 7월 첫 시험비행을 성공했으며, 이로써 우리나라는 세계 8번째로 초음속전투기를 개발한 국가가 됐다. 본격적인 실전배치는 2032년부터 이뤄질 계획이다.

분담금 삭감 요구, 수용하는 쪽으로

방위사업청(방사청)은 5월 8일 국방부 기자단에 배포한 자료를 통해 "인도네시아 측은 KF-21 체계개발 종료시점인 2026년까지 6,000억원으로 분담금 조정을 제안했다"며 "인도네시아 측이 납부할 수 있는 6,000억원으로 조정을 추진 중"이라고 밝혔다. 방사청은 국방부와 기획재정부 등 관련부처와 협의를 거쳐 인도네시아 측 제안을 수용할지 결정할 예정이다. 이르면 5월 말 열리는 방위사업추진위원회 회의에서 최종 결론이 날 것으로 관측됐다.

한국형 초음속전투기 KF-21

당초 인도네시아는 2016년 1월 KF-21 전체 개발비의 20%인 약 1조 7,000억원(이후 약 1조 6,000억원으로 감액)을 개발이 완료되는 2026년 6월까지 부담하고, 관련 기술을 이전받기로 했다. 그러나 최근 애초 약속한 금액의 3분의 1 수준인 6,000억원을 2026년까지 납부하는 대신 기술이전도 그만큼만 받겠다고 우리 측에 제안했다. 적게 내고 적게 받겠다는 것이다.

방사청은 "조정된 분담금 규모에 맞춰 인도네시아로의 기술 관련 이전가치의 규모도 조정하는 방안을 추진 중"이라고 설명했다. 방사청은 "체계 개발시기 및 전력화 임박시점에서 인도네시아 측의 분담금 미납 지속으로 개발일정에 영향을 미칠 수 있고, 분담금 관련 의사결정이 지연되면 KF-21 전력화에도 영향이 예상되기 때문"이라며 인도네시아의 제안을 받아들이는 방향으로 가닥을 잡은 배경을 설명했다. KF-21 전체 개발비가 당초 예상보다 줄어든 것도 인도네시아 측 분담금을 대폭 삭감할 수 있다는 판단에 영향을 미친 것으로 보인다.

이미 분담금 1조원 연체 중, 기술 '먹튀' 의혹도

인도네시아는 예산부족 등을 이유로 현재 약 1조원에 이르는 분담금을 연체 중으로 작년 말 분담금 납부기한을 2034년까지 8년 연장해달라고 요청한 바 있다. 이에 KF-21 개발은 2026년에 완료되기 때문에 그때까지 완납해야 한다고 우리 정부가 난색을 표하자 분담금을 대폭 줄이는 대신 2026년까지 완납하겠다고 인도네시아 측이 수정·제안한 것이다. 방사청이 가닥을 잡은 대로 인도네시아의 제안을 받아들이면 KF-21 전체 개발비 8조 8,000억원 중 1조원을 우리 예산으로 추가로 부담해야 할 것으로 보인다.

2021년 공개된 KF-21 시재기

앞서 지난 2월에는 국내에 파견된 인도네시아 기술자들이 KF-21 개발 관련자료 유출을 시도해 수사 중인데, 이 때문에 인도네시아 측에서 이미 기술을

빼돌려 놓고 분담금 삭감을 요구한다는, 이른바 '먹튀' 의혹도 제기된다. 지난 2월 2일 방사청 등에 따르면 KF-21 개발에 참여하기 위해 KAI에 파견된 인도네시아 기술자들이 개발과정 등이 담긴 자료를 이동식저장장치(USB)에 담아 유출하려다가 올해 1월에 적발됐다. KAI 관계자는 "(인도네시아 기술자가) 회사 밖으로 나갈 때 검색대에서 적발됐다"며 "국정원과 방사청, 방첩사 등에 통보했고, 현재 조사기관에서 조사가 진행 중"이라고 설명했다. 당시 이 관계자는 "현재까지 군사기밀이나 방위산업기술 보호법에 저촉되는 자료는 발견하지 못했다"며 "일반자료가 다수인 것으로 안다"고 설명했다.

HOT ISSUE

19위

중국 시진핑 유럽순방 …
유럽의 대중국 '단일대오' 시험

시진핑 중국 국가주석이 5월 5일(현지시각) 오후 프랑스 도착을 시작으로 엿새 동안의 유럽순방을 마쳤다. 이번 유럽 방문은 2019년 이후 5년여 만이며, 미국의 중국 고립시도와 유럽의 중국 친환경산업 견제 움직임이 구체화하는 가운데 이뤄졌다.

시진핑 주석, 5년 만의 유럽순방

시 주석은 유럽순방 첫날 국빈방문을 위해 파리 오를리공항에 도착해 가브리엘 아탈 프랑스 총리의 영접을 받았다. 이어 '도착 연설문'을 통해 "60년 전 두 나라는 냉전의 벽을 뚫고 외교관계를 수립했다"며 "(두 나라는) 서로 다른 사회제도를 가진 국가들의 평화공존과 상생협력의 모델을 만들었다"고 말했다. 그러면서 프랑스 방문의 목적을 ▲ 중국과 프랑스

관계의 새로운 전망 구축 ▲ 중국 개방강화, 그리고 프랑스 및 다른 나라들과의 협력강화 ▲ 세계평화와 안정을 위한 프랑스와의 소통과 조정 등 3가지 핵심 메시지에 있다고 밝혔다.

중국과 프랑스 양국 정상회담(엘리제궁)

아울러 6일에는 에마뉘엘 마크롱 대통령과 파리 엘리제궁에서 정상회담을 갖고 이후 공동 기자회견에서 "유엔 안전보장이사회 상임이사국이자 책임 있는 세계 강국인 중국은 프랑스와 공동으로 올림픽을 계기로 세계휴전을 선언하는 이니셔티브를 제안한다"며 올여름 파리올림픽 기간 동안 휴전을 하자는 마크롱 대통령의 제안엔 긍정적 신호를 보냈다.

친환경사업 견제에 유럽산 브랜디 반덤핑으로 맞불

특히 시 주석은 중국과 EU 간 무역갈등에 대해 "무역문제의 정치화, 이데올로기화, 범 세계화에 반대한다"며 양자가 서로 "경제·무역 협력의 핵심파트너가 되길 기대한다"는 희망도 피력했다. 이에 마크롱 대통령은 "EU의 무역정책은 긴장을 조성하려는 의지가 아니"며 "프랑스는 중국에 더 많은 농산물을 수출하기를 희망함과 동시에 중국에 대한 시장개방을 유지할 것"이라고 밝혔다.

그러나 우르줄라 폰데어라이엔 유럽연합(EU) 집행위원장과 함께한 3자회담에서는 신경전이 오갔다.

EU가 지난 4월 중국산 풍력터빈*에 대한 중국정부의 보조금 조사를 선언하는 등 싼값을 무기로 유럽을 공략하는 중국의 친환경에너지 제품 견제를 본격화하고, 이에 중국은 EU가 원산지인 코냑 등 수입 브랜디에 대해 반덤핑조사에 착수하는 등 맞대응하고 있는 상황 때문이다. 먼저 폰데어라이엔 집행위원장은 회담 후 "중국은 전기차를 비롯해 제조업 부문에 대대적인 지원을 계속하는데 세계는 중국의 과잉생산을 흡수할 수 없다"며 중국정부에 구조적 과잉생산 문제를 해결하도록 촉구했다고 밝혔다. 이에 시 주석은 비공개회담에서 "소위 '중국의 과잉생산 능력 문제'는 비교우위 관점이나 글로벌 수요에 비춰볼 때 존재하지 않는다"는 기존 입장을 고수했다.

중국산 풍력터빈 견제

중국은 2020년에 유럽을 제치고 최대 풍력발전설비 제조국으로 자리매김했다. 현재 가동 중인 전 세계 풍력터빈의 절반 이상을 중국이 차지하고 있을 정도다. 2022년에는 세계풍력협의회가 선정한 전 세계 상위 풍력발전기업 15개 중 10개가 중국기업인 것으로 나타났다. 이처럼 중국이 태양광을 넘어 풍력까지도 시장지배력을 확대해가자 EU는 중국의 불공정무역 관행에 강력히 대응할 필요가 있다면서 보조금 조사로 견제에 나서고 있다.

3자회담의 또 다른 주요 의제였던 우크라이나전쟁에 대해서도 EU와 중국 간 입장차가 드러났다. 폰

통상마찰 문제에 대해 논의한 3자회담 직후

데어라이엔 집행위원장은 "우크라이나에 대한 러시아의 침략전쟁을 종식하기 위해 중국이 러시아에 대한 모든 영향력을 사용할 것으로 기대한다"고 한 동시에 "중국이 군사적 용도로 전용할 수 있는 이중용도 상품의 러시아 공급을 줄이기 위해 더 큰 노력이 필요하다"고 강조했고, 이에 시 주석은 "중국은 우크라이나 위기를 조성하지도 않았고 당사자도 아니다"라고 응수했다.

이처럼 서로 간의 견해차에도 폰데어라이엔 집행위원장은 이날 회담에서 "솔직하고 개방적인 교류와 토론을 가졌다"고 평가했고, 중국 외교부도 "세 정상은 이번 3자회담을 통해 상호이해를 증진하고 협력을 위한 공감대를 형성했으며 문제해결을 위한 방안을 확인했다"고 논평했다. EU와 중국이 통상·안보 현안에 간극이 여전하지만, 정상급 대면접촉을 성사한 것만으로도 의미가 있다고 본 셈이다.

*20*위

롤러코스터 코코아값 … '푸드 슈링크플레이션' 비상

지난해부터 꾸준히 상승해왔던 초콜릿 원료인 코코아(카카오열매 가공품) 선물가격이 지난 3월 사상 처음으로 1톤(t)당 1만달러를 돌파한 데 이어 급기야는 1만 1,000달러마저 훌쩍 넘었다. 그러나 4월 말 단 이틀 만에 30% 급락하는 등 극도의 변동성 장세를 연출하고 있다. 이런 가운데 푸드인플레이션에 이어 식품업계의 **슈링크플레이션***(Shrinkflation)에 대한 우려가 커지고 있다.

슈링크플레이션

영국의 경제학자 피파 맘그렌(Pippa Malmgren)이 고안한 용어로 '줄어든다'는 뜻인 '슈링크(shrink)'와 지속적인 물가상승을 뜻하는 '인플레이션(inflation)'의 합성어다. 가격을 인상했을 때 가격을 올리는 대신 제품의 크기나 용량, 개수를 줄이는 것을 말한다. 패키지 다운사이징이라고도 한다. 우리나라는 8월부터 개정고시된 '소비자기본법' 제12조 제2항에 근거해 가격은 유지하고 용량만 몰래 줄이는 우회적인 가격인상 행위에 대해 과태료를 부과할 예정이다.

가격 폭등, 기후변화로 인한 흉작·병충해 원인

코코아 선물가격은 올해 들어서 폭등세를 이어왔다. 지난 3월 26일(현지시각) 사상 처음으로 1t당 1만달러를 돌파하면서 지난해 12월 말 대비 125.1% 폭등한 데 이어 4월 초에는 1만 1,000달러 선마저 넘어버렸다. 올해 들어서만 173%나 뛰어 오른 셈이다. **코코아 선물가격 급등의 주요 원인으로는 산지의 기후악화와 병충해에 더해 투기세력이 올라탔기 때문이라는 분석**이 나온다.

코코아의 원재료인 카카오열매

코코아의 원재료인 카카오열매의 생육환경은 섭씨 18~32℃의 온도와 연간 1,500~2,000mm 정도의 강수량이 가장 이상적이다. 그런데 전체 코코아 생산의 70%를 차지하는 서아프리카 지역(가나, 카메룬, 나이지리아 등)의 현재 기후상황이 매우 심각하다. 서아프리카 지역에 엘니뇨가 강타하면서 덥고 건조한 이상기후가 지속됐다. 강수량이 많고 습해야 하는 이상적인 기후 대신 덥고 건조한 날씨가 장기간 지속되면서 가뭄을 불러 카카오 생산에 부정적인 영향을 주고 있다.

현지 저임금과 도로사정도 문제다. 현재 서아프리카 지역 카카오농장 농부들은 국제도매가가 아닌, 국제도매가의 1/5밖에 되지 않는 임금을 받고 있어 병충해에 강한 품종개량에 미온적이다. 또한 이상기후로 인한 폭우가 도로상태를 악화시켜 항구나 공항으로 향하는 카카오콩 배송을 방해(지난해 같은 기간 대비 운송량 28~35% 감소)한 데다가 불법채굴로 인한 경작지 훼손 같은 구조적 문제도 중단기적으로 서아프리카 코코아 생산에 악영향을 미치고 있다. 여기에 줄어든 공급량으로 인한 자연적인 가격상승에 투기세력이 붙어 상승속도를 가속시켰다.

제품가격 조정 대신 용량 줄여 … 소비자 우롱

문제는 앞으로도 공급부족 문제가 해결되지 않을 것이라는 점이다. 국제코코아기구(ICO)는 2023~2024년 코코아 공급량이 37만 4,000t 부족할 것으로 전망했다. 이는 1년 전 7만 4,000t 부족했던 것과 비교해 405% 증가한 수치다. 폴 줄스 라보뱅크 원자재 분석가는 "시장이 직면한 구조적 문제를 쉽게 해결할 수 없기 때문에 코코아 가격은 당분간 상승세를 유지할 것"이라고 말했다. 아울러 올해 말이나 내년에는 소비자들에게 비용이 전가될 수 있다고 전망했다. 때문에 제품가격을 그대로 두면서 크기와 중량을 줄이는 슈링크플레이션 현상이 두드러질 것이라는 우려도 나온다. 실제로 초콜릿 업계는 4월 부활절을 앞두고 달걀 모양 초콜릿의 크기를 줄이거나 초콜릿이 아닌 다른 재료로 만든 제품을 출시했다.

슈링크플레이션은 초콜릿만의 문제가 아니다. 기후변화로 수확량에 타격을 입은 게 카카오만이 아니기 때문이다. 사탕수수(설탕 원재료), 커피와 올리브가 기후변화로 생산량이 감소하면서 1년 새 가격이 70%나 급등했고, 유럽산 감자도 연일 최고가를 경신 중이다. 기후인플레이션이라는 말이 나오는 이유다. 특히 고물가시대에 원재료 가격이 상승했을 때 소비자의 저항이 커지기 때문에 기업들은 제품가격 인상보다는 내용량을 줄이는 전략을 선택하는 경향이 있다. 그러나 가격이 동일하더라도 소비자 입장에서는 가격상승과 다르지 않아 일종의 '소비자 기만'이라는 비판이 나온다. 이에 미국은 의회에 '슈링크플레이션 방지법'이 발의돼 있고, 프랑스는 일정량 이상 용량이 줄어든 제품에 대해서 이런 사실을 표기하도록 소매점에 의무를 부과하는 법안을 준비하고 있다.

대형마트 초콜릿 진열대

폭언전화 응대 안 한다 …
공무원 보호 위해 개인정보 비공개

행정안전부(행안부)가 5월 2일 '악성민원 방지 및 민원공무원 보호 강화대책'을 확정해 발표했다. 이번 대책은 지난 3월 악성민원에 고통받다 숨진 채 발견된 경기 김포시 9급 공무원 사건을 계기로 민원공무원 보호를 위한 특단의 조치가 필요하다는 여론에 따라 마련됐다.

수단별 차단장치 마련·과도한 정보공개청구는 종결

정부는 민원신청 수단별로 악성민원 차단장치를 마련하기로 했다. 그동안 전화로 민원인이 욕설하거나 민원과 상관없는 내용을 장시간 얘기해도 민원담당 공무원은 그대로 듣고 있어야 했지만, 앞으로는 민원이 욕설·협박·성희롱 등 폭언을 하면 공무원이 1차경고를 하고, 그래도 폭언이 이어질 경우 통화를 바로 종료할 수 있다. 기관별로 통화 1회당 권장시간을 설정해 부당한 요구 등으로 권장시간을 초과할 경우에도 통화를 종료할 수 있게 한다.

온라인 민원창구로 단시간에 대량민원을 신청해 시스템장애 등 업무처리에 의도적으로 지장을 준 경우에는 시스템 이용에 일시적 제한을 둔다. 다만 이런 경우에도 서면 민원신청은 가능하다. 방문민원도 '사전예약제' 등을 통해 1회 권장시간을 정하기로 했다. 문서로 신청한 민원 역시 폭언이 상당부분 포함된 경우 종결처리할 수 있다. 동일한 내용의 민원이 반복해 제기될 경우 종결할 수 있도록 한 현행 제도도 보완하여 동일 여부 판단 시 내용뿐만 아니라 민원취지, 배경유사성, 업무방해도 등을 종합적으로 고려하도록 했다.

부당·과다하게 제기되는 **정보공개청구*** 도 자체 심의위원회(심의회)를 거쳐 종결할 수 있도록 법령에 근거를 마련한다. 현재 정보공개 청구건수가 많은 상위 10명은 악의적 반복·과다 청구자로 전체 정보공개청구건수(180만건)의 32%(58만건)를 차지한다. 정부는 이런 권리남용적 청구를 제한하고, 심의회를 거쳐 종결처리하도록 정보공개법 개정에 나선

다. 아울러 현재 2,900여 개 모든 기관에 일괄청구가 가능하도록 한 것을 다수기관에 대한 악의적 일괄청구 및 불필요한 업무부담 방지를 위해 1회 청구시 청구 가능한 대상기관을 축소할 방침이다.

통화내용 '전체 녹음'·전담대응팀 운영

한편 악성민원 예방을 위한 방안으로 콜센터 등에서 시행하고 있는 것처럼 통화 시 내용 전체를 녹음할 수 있도록 했다. 행정기관 홈페이지 등에 공개된 담당공무원의 개인정보는 '신상털기(온라인 좌표찍기)' 등에 악용되는 사례가 증가함에 따라 '성명 비공개' 등 기관별로 공개수준을 조정한다. 또 올해 하반기부터 악성민원에 대한 직접적인 대응과 법적조치, 피해공무원 보호 등을 위해 행정기관마다 전담대응팀을 두도록 권장하고, 정부는 '범정부 대응팀'을 운영하면서 이를 지원할 수 있도록 관련 지침을 개정, 관계기관과 협의에 나설 방침이다.

악성민원 희생자 추모 공무원노동자대회

피해공무원은 6일 이내 공무상 병가사유에 이를 명시하고, 일시적으로 업무에서 제외해 휴식시간을 갖도록 했다. 민원담당 공무원의 사기진작을 위해 승진 가점을 받을 수 있도록 민원업무를 직무특성 관련 가점항목으로 명시하고, 난이도와 처리량 등 담당업무 특성에 따라 '민원수당 가산금'도 추가지급한다. 악성민원 대응과정에서 징계가 요구된 경우에는 민원인의 위법행위 여부 등 경위를 참작하고, 피해공무원은 필수보직기간 내라도 전보가 가능하도록 제도를 개선할 계획이다.

아울러 아직 명확한 정의가 없는 '악성민원'에 대한 개념도 정립한다. 폭언과 폭행 등 민원인의 '위법행위(폭언, 명예훼손, 성희롱, 폭행, 기물파손, 협박)'와 '공무방해행위(반복형, 시간구속형, 부당한 요구)' 등 2가지로 규정하고, 유형을 세분화하여 마련한 대응방안을 각급기관에 안내할 방침이다. 이상민 행안부 장관은 "악성민원으로부터 공무원을 보호하는 것은 정부의 책무"라며 "이번 종합대책을 통해 궁극적으로 국민이 안정적으로 민원서비스를 제공받고, 우리 사회에 민원공무원을 존중하는 문화가 자리 잡을 수 있기를 기대한다"고 밝혔다.

22위

일본, 외교청서는 "독도 일본땅" … 역사교과서는 "위안부" 삭제

일본이 외교청서를 통해 "독도는 일본 땅"이라고 거듭 주장했다. 이에 우리 정부는 부당한 주장을 즉각 철회하라고 촉구하고 주한일본대사관 총괄공사를 불러 항의했지만, 일본정부는 우리 측 항의를 받아들일 수 없다며 재반박했다. 앞서 3월 22일에는 일본 문부과학성 교과서 검정심의회를 통과한 중학교 사회과 교과서가 일본의 한반도에 대한 가해역사를 흐리는 방향으로 일부 개악된 것으로도 드러났다.

2024년 외교청서에도 어김없이 "독도 일본땅"

가미카와 요코 일본 외무상은 4월 16일 열린 각의(국무회의)에서 '2024 외교청서'를 보고했다. 일본 외무성은 매년 4월 최근 국제정세와 일본 외교활동을 기록한 백서인 외교청서를 발표한다. 일본정부는 독도에 대해 "역사적 사실에 비춰봐도, 또한 국제법상으로도 일본 고유의 영토"라는 기존주장을 올해 외교청서에도 그대로 담았다. '한국이 독도를 불법 점거하고 있다'는 표현 또한 2018년 외교청서에서 처음 등장한 이후 7년째 유지됐다.

일본정부는 이와 함께 우리나라 대법원이 일제강점기 강제동원 피해 소송에서 일본 피고기업에 배상을 명령한 판결에 대해서도 "결코 받아들일 수 없다"는 입장을 밝혔다. 외교청서에서는 "한국 대법원이 2023년 12월과 2024년 1월 여러 소송에 대해 2018년 판결에 이어 일본기업에 손해배상 지급 등을 명하는 판결을 확정했다"며 "이 판결들과 2024년 2월 일본기업이 한국법원에 납부한 공탁금이 원고 측에 인도된 사안에 대해 일본정부는 지극히 유감으로 결코 받아들일 수 없다며 항의했다"고 적었다.

우리 외교부로 초치된 미바에 주한일본대사관 총괄공사

우리 외교부는 이에 대변인 명의 논평을 내고 "일본 정부가 발표한 외교청서를 통해 역사적·지리적·국제법적으로 명백한 우리 고유의 영토인 독도에 대한 부당한 영유권 주장을 되풀이한 데 대해 강력히 항의한다"며 즉각철회를 촉구했다. 외교부는 서울 종로구 청사로 미바에 다이스케 총괄공사를 **초치*** 해 항의했다. 그러나 일본정부 대변인인 하야시 요시마사 관방장관은 이날 오후 정례 기자회견에서 독도에 대한 한국정부의 항의와 관련해 "일본의 일관된 입장에 입각해 받아들일 수 없다는 취지로 이미 반박했다"고 말했다.

일본 교과서는 "위안부" 없애고, 강제징용 축소

한편 지난 3월에는 올해 검정을 통과한 일본 중학교 사회과 교과서에 임진왜란부터 일제 식민지 지배와 태평양전쟁 시 조선인 강제징용까지 한일 관련 역사 기술이 후퇴한 것으로 알려졌다. 특히 일본 야마카와출판은 일본군 위안부와 관련해 기존 역사교과서에서 "전장에 만들어진 '위안시설'에는 조선, 중국, 필리핀 등으로부터 여성이 모였다(이른바 종군위안부)"고 적었지만, 새 교과서에는 조선 앞에 '일본'을 추가하고 '(이른바 종군위안부)'라는 부분을 삭제했다. 일본정부는 앞서 2021년 4월 각의에서 오해를 초래할 우려가 있다는 이유로 '종군위안부'가 아니라 '위안부'가 적절하다는 방침을 정했다. 그러나 이번에 새 교과서를 만들면서 '종군위안부'라는 단어 자체를 빼면서 가해 역사표현을 후퇴시켰다.

일제 강제징용 노동자 문제에 대해서도 강제성과 관련된 표현이 후퇴한 것으로 평가된다. 이쿠호샤의 기존 역사교과서에서는 "(태평양)전쟁 말기에는 조선과 대만에도 징병과 징용이 적용돼 일본 광산과 공장 등에서 혹독한 노동을 강요받았다"라고 표현했다. 하지만 새 교과서에서는 "(태평양)전쟁 말기에는 조선과 대만에도 일부 징병과 징용이 적용돼 일본 광산과 공장 등에서 혹독한 환경 속에 일한 사람들도 있었다"라고 고쳤다. 강제징용이 식민지에서 광범위하게 강제적으로 시행됐다는 역사적 사실을 애써 축소하려 한 게 아니냐는 비판이 나올 수 있는 대목이다.

HOT ISSUE

23위

정부, 2023년 주택공급통계서 19만가구 누락 … 초유의 통계정정

정부가 생산한 지난해 주택공급통계에 대거 누락이 있었다는 사실이 뒤늦게 확인됐다. 이번처럼 연간 공급통계 전체가 정정된 것은 사상 초유의 일이다.

시스템 전환과정서 누락 … 잘못된 통계 2차례 발표

인허가·착공·준공은 부동산경기를 가늠하는 주요 지표로 주택수요자들의 의사결정과 민간의 사업결정은 물론 정부정책 수립의 근거가 된다. 그런데 국토교통부(국토부)는 4월 30일 주택공급 데이터베이스(DB) 시스템 점검 결과 데이터누락이 확인됐다고 밝히고, 지난해 주택공급통계를 정정했다. 지난해 인허가실적은 42만 8,744가구인데, 3만 9,853가구 적은 38만 8,891가구로 잘못 발표됐다는 것이다. 착공실적은 24만 2,018가구지만, 3만 2,837가구 적은 20만 9,351가구로 발표됐다. 특히 준공실적의 경우 기존 통계와 수정통계의 차이가 무려 12만가구에 이른다. 실적이 31만 6,415가구에서 43만 6,055가구로 11만 9,640가구(38%) 늘어난 것으로 정정됐다. 전체 누락물량을 합치면 무려 19만 2,330가구에 달한다.

국토부가 DB 이상을 감지한 것은 올해 1월 말이다. 지난해 주택공급실적을 점검하는 과정에서 데이터 누락 가능성이 확인돼 자체점검에 들어갔다. 국토부는 그간 중앙정부가 이용하는 **주택공급통계정보시스템***(HIS; Housing Information System)과 지방자치단체가 자료를 입력하는 건축행정정보시스템(세움터)을 직접 연계해 통계를 생산하다가 지난해 7월부터 국가기준데이터를 경유해 두 시스템을 연계하는 것으로 바꿨다. 필요한 행정정보가 국가기준데이터인 경우 이 데이터를 우선 활용하도록 전자정부법이 개정됐기 때문이다. 시스템 전환과정에서 300가구 이상의 주상복합과 재개발·재건축에 따른 주택공급물량이 지난해 7~12월 6개월간 누락됐다.

주택공급통계정보시스템

정부가 주택건설과 인허가, 입주 등 주택공급동향을 한번에 파악하기 위해 2010년 개발한 시스템이다. 2022년 1월 시스템 운영기관이 한국토지주택공사(LH)에서 한국부동산원으로 변경되면서 주택공급통계정보시스템 운영관리 및 유지보수, 주택공급·아파트주거환경 통계 작성 등 주택 관련 정보의 종합관리업무는 모두 한국부동산원에서 수행하고 있다.

국토부 "공급흐름엔 변화 없다 … 정책방향 유지"

준공실적 누락규모가 인허가·착공과 비교해 특히 큰 것은 지난해 9월 주택공급통계정보 업그레이드 과정에서 일어난 시스템버그(오류)가 겹친 탓이라는 게 정부 설명이다. 버그로 인해 사업정보가 중간에 변경된 경우 준공실적으로 집계되지 않았다. 정부가

매달 발표하는 주택통계의 작성마감 뒤 추가된 물량은 제대로 반영되지 않는 등 상시적 통계누락도 있었다. 누락된 19만여 가구 중 10%가량은 이 때문에 발생했다.

국토부는 지난해 공급통계를 기반으로 '9·26 공급대책(2023)'과 '1·10 부동산대책(2024)'이라는 굵직한 대책을 두 차례 발표한 바 있다. 당시 주택공급 위축에 대해서는 '초기 비상상황'이라는 판단을 내놓으며 수도권 신규택지 발표, 3기 신도시 물량 확대, 신축 빌라·오피스텔 매입 시 세제혜택 부여 등 공급위축을 막는 데 매진했다. 주요 정책판단이 부정확한 통계를 기반으로 이뤄진 것이다. 그럼에도 국토부는 이번 통계정정이 정책흐름을 바꿀 만한 정도는 아니라고 주장하고 있다. 공급위축 흐름은 여전히 뚜렷하다는 것이다. 김헌정 국토부 주택정책관은 "공급실적이 과소 집계됐더라도 경향성은 기존과 변화가 없다"며 "인허가의 경우 통계정정 전에는 전년보다 26% 줄지만 정정 후에는 18%가 줄어드는데, 이는 정책방향성을 바꿀 정도의 큰 차이는 아니다"라고 말했다. 정부 정책방향이 8%의 차이에도 변화가 불필요하는 말이다.

주택공급 방향에 대해 발표하는 박상우 국토부 장관

국토부는 지난해 연간 인허가가 전년과 비교해 25.5%, 착공은 45.4%, 준공은 23.5% 줄었다고 발

표했다. 그러나 실제로 인허가는 17.8%, 착공은 36.8% 감소하고, 준공은 줄어든 게 아니라 외려 5.4% 늘었다. 지난해 연간·월간 통계는 변경됐으나, 올해 1~3월 주택공급통계는 그대로 유지됐다. 올해 1월 발표한 공급통계부터는 다시 HIS와 건축행정정보시스템을 직접 연계하는 방식으로 공급실적을 확인했다고 국토부는 밝혔다. 국토부는 공급통계 누락이 없도록 오는 6월까지 DB시스템을 정비하고, 월간 통계작성이 마감된 이후의 공급수치도 반영하는 방안을 마련하기로 했다.

HOT ISSUE

24위

'그림자전쟁' 수면 위로 …
이란-이스라엘 전면전 가나?

4월 13~14일(현지시간) 이란의 이스라엘 공습에 이어 4월 19일 이스라엘이 이란에 대한 맞대응에 나서면서 한 치 앞을 알 수 없는 중동의 위기가 계속되고 있다.

보복·재보복 … 악순환

이란이 4월 13일 이스라엘을 향해 무장 무인기(드론)와 미사일을 쏘며 공습을 전격 감행했다. 뉴욕타임스(NYT)는 이스라엘 당국자들을 인용해 이란이 발사한 드론이 185기, 순항미사일은 36기, 지대지 미사일은 110기에 달한다고 전했고, 워싱턴포스트(WP)는 이란 반관영 타스님통신을 인용해 이스라엘을 향한 드론과 미사일이 이란, 레바논, 이라크, 예멘에서 날아들었다고 전했다. 네 갈래로 공격이 이뤄졌다는 분석이다.

이번 공격은 이스라엘이 4월 1일 시리아 수도 다마스쿠스 주재 이란 영사관을 폭격해 이란혁명수비대(IRGC) 고위급 지휘관을 살해한 지 12일 만에 이루어졌다. 이란은 이번 공격을 이스라엘의 범죄처벌을 위한 '진실의 약속작전'으로 명명했다. 이란의 이번 공습이 이슬람율법의 키사스*(Qisas) 원칙에 따랐다는 의미다.

키사스

피해자가 가해자에게 같은 방법으로 보복하는 이슬람식 형벌원칙으로 '코란(꾸란)'과 마호메트의 언행록 '하디스'에 나온다. '눈에는 눈, 이에는 이(Eye for eye, and tooth for tooth)'라는 맞대응 보복이 대표적인데 고대 바빌로니아왕국의 법전이자 가장 오래된 법전으로 알려진 '함무라비 법전'이 그 출발이다. 이란 외에도 이라크, 파키스탄 등 주변 이슬람국가들도 여전히 이 등가보복법을 처벌방식의 하나로 채택하고 있다.

한편 발사를 즉시 감지한 이스라엘은 긴박하게 움직이며 대응에 들어갔으며, 미국과 영국 등도 이스라엘 방어지원에 나섰다. 이스라엘의 정부는 전시내각회의를 긴급소집해 대응에 나섰고, 항공당국은 이란발 항공무기들이 14일 오전 2시께 도착할 것으로 전망하고 14일 0시 30분부터 영공을 폐쇄했다. 주변국도 발빠르게 움직였다. 요르단과 이라크도 영공을 폐쇄했고, 이집트도 방공 경계태세를 강화했다.

이란-이스라엘, 보복·재보복 과정

❶ 1일 이스라엘, 시리아 주재 이란 영사관 폭격
❷ 13일 이란, 호르무즈해협에서 이스라엘 연관 선박 나포
❸ 13일 밤 이란, 공중무기 300기 이상으로 본토 공격
❹ 이스라엘, 이란에 대한 보복 예고
❺ 19일 새벽 이스파한주 이란 제8육군항공대 군기지 주변 폭발 (이란, 공격받은 자체를 부인)

자료 / 과학국제안보연구소(ISIS)

이후 이스라엘은 "이스라엘 국경 밖에서 요격됐다"고 밝히며 자국 본토에 대한 이란의 공격에 강력대응을 예고했고, 결국 이스라엘은 5차 중동전쟁으로의 확산을 우려한 국제사회의 강력한 반발에도 불구하고 공습 6일 만인 19일 이란 중부 이스파한 일대와 이스파한 북서쪽 가흐자베레스탄을 공습하며 재보복했다. 이스파한은 13일 이란의 이스라엘 공격때 미사일과 드론(무인기)이 발사된 곳 중 하나로 공항과 군기지, 핵시설 등 주요 시설이 위치한 곳이며, 가흐자베레스탄은 이스파한공항과 제8육군항공대 기지가 있는 도시다. 다만 지하 나탄즈 농축시설을 비롯해 이란 우라늄농축 프로그램의 핵심인 핵시설들에는 피해가 없었던 것으로 파악됐다.

약속대련인가? 확전인가?

그동안 이스라엘은 공격의 주체가 드러나지 않는 이른바 '그림자전쟁'을 통해 이란의 핵시설 등을 타격하거나 요인을 암살해왔고, 이란은 이스라엘과 전쟁 중인 가자지구의 하마스, 레바논의 헤즈볼라, 예멘 후티 반군, 이라크 및 시리아의 민병대 등 이른바 '저항의 축'을 통해 이스라엘과 우회적 무력대치를 해왔다. 때문에 이번 보복·재보복 공습이 상대국 본토를 향한 전면공격이었다는 점에서 위기를 고조시켰다.

그러나 본토 공격이었음에도 사상자 피해가 거의 없다는 점, 양쪽 모두 보복에 대한 정보를 사전에 미국 등 관련국과 공유했는 점, 보복을 주고받은 뒤엔 양쪽 다 상황을 악화시킬 수 있는 추가행동에 나서지 않겠다는 뜻을 분명히 한 점 등을 이유로 '약속대련'이었다는 의혹이 커지고 있다. 서로에 대한 공격 이후 가자지구 공격으로 국제적 비난과 반정부시위에 시달리고 있는 베냐민 네타냐후 이스라엘 총리의 지지율이 상승한 것과 이란 최고지도자 아야톨라 알리 하메네이 역시 역내 동맹들에 세력을 과시하는 데 성공했다는 평가가 나오는 것도 약속대련을 의심하게 하는 이유로 작용하고 있다. 즉, 자국 내 정치적 위기를 타개하기 위한 약속된 공격이었다는 것이다.

한편 에브라힘 라이시 이란 대통령이 5월 19일(현지시간) 헬기 추락사고로 사망한 것으로 추정돼 이란 정국이 시계제로 상태에 빠졌다. 라이시 대통령이 하메네이의 유력한 후계자라는 점에서 후계구도를 둘러싸고 격랑에 휩싸일 가능성이 높아졌다. 이란 국영언론 등이 악천후를 사고원인으로 지목한 가운데 일각에서는 내부의 적이나 이스라엘을 배후로 의심하는 시각도 있다. 향후 조사에 따라 진실게임이 벌어지며 세력간 충돌의 소재로 비화할 가능성도 배제할 수 없어 보인다.

HOT ISSUE **25위**

수능 문제 이의심사, 이젠 '사교육 연관성'도 함께 본다

교육부와 한국교육과정평가원(평가원)이 지난 3월 28일 대학수학능력시험(수능)에 사교육업체 모의고사와 유사한 문항이 출제되는 것을 막기 위해 수능 직전 출제진 합숙기간에 발간된 모의고사까지 검증하는 내용을 골자로 한 '수능 출제 공정성 강화방안'을 발표했다.

사설 모의고사 점검해 '사교육 판박이' 잡아낸다

앞서 교육계에서는 2022년 9월 대형 입시학원 사설 모의고사에 나온 영어 지문이 두 달 뒤 치러진 2023학년도 수능 영어영역에 그대로 출제돼 논란이 있었다. 따라서 이러한 문제가 재발하는 것을 막기 위해 교육부와 평가원은 출제과정에서 수능 문항과 사교육 문항 간 유사성 검증을 강화한다는 것이다. 그동안은 유사성 검증자료의 기준이 명확하지 않아 출제진이 출제본부에서 합숙을 시작한 뒤 발간된 사교육업체 모의고사 등은 검증대상에서 빠졌다.

통상 수능 출제위원은 외부와 연락을 차단한 채 40일 안팎의 합숙을 진행하는데, 수능이 11월 중순에 치러지는 점을 고려하면 10~11월에 발간된 사교육업체 모의고사 등에 유사한 문항이 있는지 점검하기 어려웠다. 하지만 앞으로는 평가원이 사교육업체에 공식적으로 자료를 요청해 검증범위를 넓히고, 향후 나올 자료에 대해서도 발간계획을 확인해 점검한다. 교육부는 출제 중인 수능 문항이 사교육업체 자료와 비슷할 경우 현직교사로 구성된 '수능 출제점검위원회'를 통해 들여다본다는 방침이다.

'사교육 연관성' 높은 수능 문항은 이의신청도 가능

문항·정답 이의신청 심사기준에 '사교육 연관성'도 추가한다. 그동안 이의심사는 문항·정답 오류에 대해서만 이뤄졌으나, 앞으로는 사교육 문항과 지나치게 비슷한 문항 역시 현직교사가 참여하는 '수능 평가자문위원회'에서 종합적으로 검증한다. 실제로 2023학년도 수능 직후 평가원이 운영하는 이의신청 게시판에는 영어영역 이의신청이 349건으로 가장

많이 올라왔는데, 23번 문항에 대한 지적이 127건에 달했다. 하지만 당시 평가원은 '문제·정답 오류'에 대한 이의신청이 아니므로 23번 문항은 아예 심사대상이 아니라고 선을 그어 논란이 증폭됐다.

그러나 사교육업체와 현직교사 간 유착 의혹과 관련해 올해 2월부터 실시된 감사원 감사에서 이른바 '사교육 카르텔' 의혹이 사실로 확인됐고, 해당 감사에서 2023학년도 수능 당시 불거진 '영어 23번 논란' 역시 출제자들의 부정행위에 따른 결과라는 사실이 밝혀졌다. 이에 대해 오승걸 평가원장은 "수능 시행을 주관하는 평가원장으로서 엄중하게 상황을 인식하고 있으며 무거운 책임감을 느끼고 있다"며 "국민 여러분께 송구하다는 말씀을 드린다"라고 밝혔다. 다만 그는 이의심사에서 사교육과 연관성이 높다고 최종판단될 경우의 처리방향에 대해서는 "좀 더 전문가들과 협의하고 기준을 마련해나가겠다"며 조심스럽게 답변했다.

교육부와 평가원은 출제인력 관리와 출제진 선정도 체계화하기로 했다. 교육청과 대학 등 관계기관 협조를 받아 일정기준을 만족하는 신규인력을 사전검증한 뒤 이를 인력풀*에 상시등록한다. 출제위원 기준은 대학 조교수 이상의 교원, 연구기관의 연구원, 고교 근무 총 경력 5년 이상의 고교 교사 또는 이와 동등한 자격을 갖춘 사람이다. 사교육업체를 통해 출제경력을 홍보했다가 적발됐거나, 소득 관련 증빙을 통해 사교육 영리행위가 드러난 경우 인력풀에서 배제한다. 최종 출제위원은 이 인력풀에서 전산으로 무작위로 선정할 방침이다. 이번 수능 출제 공정성 강화방안은 올해 6월 치러질 2025학년도 수능 모의평가부터 적용된다. 이주호 부총리 겸 교육부 장관은 "제도 개선을 통해 수능 출제진과 사교육업계 사이의 카르텔을 근절해나갈 것"이라며 "변별력을 확

보하면서도 공교육과정에서 다루지 않는 킬러문항을 배제하는 '공정수능' 원칙을 유지하겠다"고 강조했다.

HOT ISSUE 26위

'채용비리' 선관위, 감사원 감사 조직적 방해·지연에 증거인멸까지

중앙 및 8개 시·도선거관리위원회* 전·현직 직원들이 자녀 등을 대거 특혜채용한 사실이 드러난 가운데 선거관리위원회(선관위) 측이 감사를 사실상 조직적으로 방해하거나 지연한 정황도 확인됐다.

선관위, 파일변조·문서파쇄로 증거인멸 시도

5월 1일 감사원에 따르면 선관위는 이번 채용비리 감사를 받으면서 비리에 연루된 전·현직 직원들의 인적사항을 검은색 펜으로 지운 복사본 서류를 감사관에게 제출했다. 채용비리를 밝혀내려면 관련자들의 인적사항 정보가 필수적인데, 이를 알면서도 감사에 협조하지 않은 것이다. 또 자료를 요구하면 '윗선 결재'를 이유로 일주일을 넘기는 경우가 다반사였고, 컴퓨터 포렌식도 거부하며 최종협의까지 3주 가까이 감사가 지체되는 경우도 있던 것으로 전해졌다. 선관위 직원들의 증거인멸과 은폐시도 사례도 다수 확인됐다. 감사원은 선관위가 감사를 받는 과정에서 채용비리 수법이 담긴 파일을 변조하고, 문서를 파쇄하면서 증거인멸을 시도했다고 전했다.

감사원은 선관위의 채용비리 외에도 조직·인사 분야에서 심각한 복무기강 해이, 고위직 늘리기를 위한 방만한 인사운영과 편법적 조직운영, 유명무실한 내부통제 운영 등의 실태도 확인해 발표했는데, 선관위의 비협조로 3급 이상 고위직에 대한 운영 관련 자료는 끝내 제출받지 못한 것으로 알려졌다. 감사원 관계자는 "최종적으로 감사결과에 지장이 없을 정도의 협조는 받았다"면서도 "선관위의 선별적인 자료제출이나 제출지연으로 자료확보에 상당한 시간이 걸렸다"고 말했다.

감사원, 선관위 전·현직 27명 검찰수사 요청

감사원은 앞선 4월 30일에는 채용비리에 적극적으로 가담한 선관위 전·현직 직원 27명에 대한 수사를 대검찰청에 요청했다고 밝혔다. 당초 중앙선관위는 헌법기관인 선관위가 감사원 감사대상이 아니라며 감사를 거부했다가 여론의 반발에 직면하자 특혜채용 의혹만 감사받겠다고 입장을 바꿨다. 감사원이 지난해 7월 착수한 선관위 감사는 이번 발표까지 약 9개월이 소요됐다. 감사결과 고위직부터 중간간부에 이르기까지 본인의 친인척 및 자녀 채용을 청탁하는 행위가 빈번했고, 채용담당자들은 각종 위법·편법적 방법을 동원해 선거철 경력경쟁채용(경채)을 이들이 손쉽게 국가공무원으로 입직할 수 있는 통로로 이용했다. 경채는 국가공무원법에 따라 지방공무원을 국가공무원으로 채용하는 전형이다.

선관위 채용비리 전수조사 결과 발표(23.9)

감사원은 특혜채용이 주로 지역선관위 경채에서 발생한 정황을 파악하고 2013년 이후 시행된 167회의 경채과정을 전수조사했다. 그 결과 모든 회차에서 규정위반이 있었던 것으로 드러났으며, 확인된 위반 건수만 800여 건에 달했다. 이에 따라 채용기회를 얻지 못한 일반응시자 등 선의의 피해자를 양산하는 등 공직채용의 공정성을 훼손했다고 감사원은 지적했다. 구체적으로 직원 자녀만 비공개 채용, 친분이 있는 내부위원으로만 시험위원 구성, 면접점수 조작·변조, 법령상 필요한 지자체장의 전출 동의요건을 고의로 무시 또는 차별적으로 적용하는 위법·편법이 동원됐다. 감사원은 "신속한 수사착수의 필요성이 크다고 판단해 검찰에 수사를 요청했다"며 "조

직·인사 실태에 대해서도 감사위원회의 심의·의결을 거쳐 신속히 최종 감사결과를 확정할 계획"이라고 밝혔다.

중앙선관위 역시 이날 입장문을 배포하고 "(관련) 수사결과에 따라 필요한 사항을 엄중히 조처하겠다"고 강조했다. 선관위는 지난 1월 채용공고 없이 1인이 응시한 뒤 합격자가 선정되는 '비(非) 다수인 경력채용' 제도를 폐지하고, 시험위원이 응시자와 친인척 관계가 있는 경우 회피할 수 있는 절차를 도입하겠다는 쇄신안을 발표한 바 있다. 또 다수의 외부위원으로 구성된 감사위원회를 설치하고, 감사관을 외부에서 임용하고 있다고 덧붙였다.

27위

"가자전쟁 반대" 대학가 반전시위, 미국 넘어 유럽·중동·아프리카로

미국 동부 뉴욕의 컬럼비아대에서 불거진 반전시위가 미국 전역으로 번진 가운데 대서양을 넘어 유럽과 중동, 아프리카로까지 확산되고 있다.

전쟁반대 텐트시위 vs 공권력 강제진압

지난해 10월 7일 하마스의 공격과 이스라엘의 보복 공격 이후 소규모 집회, 개인적 단식투쟁 등을 이어오던 미국 대학들의 반전운동이 급변했는데, 그 시작에는 올해 4월 초 미누슈 샤픽 컬럼비아대 총장이 캠퍼스 내 반유대주의에 대해 의회에서 한 증언이 있었다. 샤픽 총장의 증언에 항의하는 컬럼비아대 학생 수백명이 뉴욕 캠퍼스에 텐트를 치고 시위를 벌이기 시작한 것이다. 이에 학교 측의 요청에 따

라 4월 18일 뉴욕경찰(NYPD)이 교내에 진입해 시위대 108명을 체포·연행하면서 반전시위에 불을 붙였다.

반전시위대에 강제진압으로 대응하고 있는 미국 경찰

결국 이런 강경진압에 미국 전역의 학생들이 반발하면서 예일대, 뉴욕대, 하버드대는 물론이고 중부의 노스웨스턴대에 이어 서부의 캘리포니아대 버클리(UC버클리)까지 시위가 번졌다. 이 과정에서 컬럼비아대 108명을 시작으로 텍사스대 30여 명, 예일대 60여 명, 뉴욕대 130여 명, 서던캘리포니아대(USC) 93명이 경찰에 연행, 사태악화 20여 일 만에 미국 전역 약 50개 캠퍼스에서 체포된 학생이 약 2,500명에 달하는 것으로 집계됐다. 여기에 이스라엘 지지자들이 맞불집회를 벌여 두 시위대가 충돌하는 일까지 벌어지고 있다.

대학마다 요구사항이 조금씩 다르지만, 학생들은 대체로 자유로운 친팔레스타인 시위 개최 보장을 비롯해 ▲ 이스라엘에 무기를 공급하는 군용무기 제조업체와의 거래중단 ▲ 이스라엘의 군사적 노력을 지원하는 프로젝트에 대한 연구비 거부 ▲ 이스라엘한테 받는 자금의 투명한 공개 등을 요구하고 있다. 이런 상황은 '팔레스타인 정의를 위한 학생연합'이나 '평화를 위한 유대인의 목소리' 같은 학생단체가 주도하고, 다른 대학 단체들이 다시 이들과 연대하며 규

모를 키우고 있다. 특히 1960년대 베트남전에 반대하며 반전운동*을 벌였던 이른바 '베이비붐' 세대 교수를 중심으로 교수와 학생 간 반전 연대활동이 활발하게 이뤄지고 있다.

베트남전쟁 반대 반전운동

반전운동은 정의로운 명분이 존재하지 않는 것을 전제로 특정 국가가 무력충돌을 시작하거나 계속하기로 결정하는 것에 반대하는 사회운동이다. 베트남전쟁과 관련해서는 1964년 미국 대학들에서 천천히, 그리고 소수로 진행되다가 전쟁이 점점 심각해지면서 빠르게, 대규모로 전개돼갔다. 가장 규모가 컸던 시위는 1969년 10월 15일을 '베트남 반전의 날'로 정해 워싱턴을 중심으로 미국 각지에서 일어난 대규모 베트남반전통일행동이다. 한편 집권세력이었던 민주당은 1968년 반전시위 당시 경찰이 시카고 대학생들을 무참히 진압하는 모습이 언론을 탄 뒤 대선에서 패배했다.

반전시위, 전 세계 대학가로 확산

미국 내 대학가에 번지고 있는 반전시위는 이제 유럽과 아시아, 중동, 아프리카 등의 대학에서 항의시위나 연좌농성 등의 형태로 급격히 확산하고 있다. 호주에서는 지난 수주 동안 브리즈번의 퀸즈랜드대 등 7개 대학에서 팔레스타인 지지시위가 벌어졌다. 브리즈번대에서는 약 100미터 사이를 두고 친팔레스타인과 친이스라엘 지지자들이 크고 작은 텐트를 치고 맞섰다. 프랑스에서는 4월 하순 소르본느대 등

미국 매사추세츠공대(MIT) 내 반전 시위텐트

에서 '가자의 홀로코스트' 종식과 이스라엘 대학 보이콧 등을 요구하는 팔레스타인 지지시위가 시작됐고, 인도에서도 뉴델리의 자와할랄 네루대(JNU)와 중동의 레바논 베이루트의 아메리칸대에서도 팔레스타인을 지지하는 시위가 벌어졌다. 이런 분위기 속에서 영국 명문 옥스퍼드대와 케임브리지대에서뿐 아니라 독일의 베를린 훔볼트대(HU)와 뮌헨 루트비히막시밀리안대(LMU) 캠퍼스에서도 친팔레스타인 천막시위 및 연좌농성이 이어지고 있다.

한편 미국 정치권에서는 이번 대학가 반전시위로 인해 가자전쟁이 오는 11월 대선의 가장 큰 쟁점으로 부상했다. 인도주의, 반(反)유대주의, 이슬람 혐오, 표현의 자유 등 거대담론들이 첨예하게 맞물려 있는 이슈로, 특히 이스라엘에 대한 다소 모호한 입장인 민주당에 악재로 평가된다. 가자지구에서 인도주의를 일부 외면하고 있는 이스라엘에 대한 정당한 비판과 반유대주의를 구별하는 기준 등을 시민들이 묻고 있다는 지적이다. 때문에 민주당 내부에서는 공화당 주장과 같이 시위에 반유대주의 프레임을 씌우는 쪽과 시위는 시민들의 평화요구행동이라고 주장하는 쪽이 맞붙고 있다.

HOT ISSUE

뉴스페이스 시대에 발맞춰
5월 27일 '우주항공청' 출범

5월 27일 개청을 앞둔 우주항공청(우주청)의 윤영빈 초대청장 내정자는 5월 2일 내정 후 첫 기자간담회에서 민간이 우주개발을 주도하는 '뉴스페이스' 시대를 여는 것을 우주청의 최대 역할로 내세웠다.

윤영빈 초대청장 내정자(왼쪽), 존 리 임무본부장, 노경원 차장

윤영빈 내정자 "우주사업 주역 맡을 기업 키울 것"

윤 내정자는 "지금까지 기업은 우주분야에서 사업을 통해 용역을 받는 부분적 역할이었다"며 "기업을 키워내야 세계적인 우주산업을 육성할 수 있다"고 강조했다. 이어 그는 다른 나라와 비교해 뒤처지고 있는 우리나라 우주개발의 현실을 지적하고, "얼마나 빨리 쫓아가느냐가 경쟁력"이라며 "그런 마인드를 가진 민간기업이 있다면 그 기업이 우주항공청의 관심을 받을 기업"이라고 강조했다. 윤 내정자는 "(주요 연구임무를 맡을) 부문장 역할이 매우 중요하다고 생각한다"며 부문장 인선에는 다소 시간이 걸릴 것이라고 말했다. 또 우주청 산하로 이전되는 한국항공우주연구원(항우연)과 한국천문연구원에 대해서는 "장기적 계획이나 역할에 있어 역할이 매우 중요하고 당연히 한 팀이 돼야 한다고 생각한다"며 "서로 협업하고 새롭게 일을 진행할 수 있도록 체제를 마련할 계획"이라고 밝혔다.

미국 항공우주국(NASA) 출신으로 우주청의 연구개발(R&D)을 총괄하게 된 존 리 임무본부장 내정자는 협력적 조직문화를 만들어 '원팀'을 구성하겠다며 직원들이 우주청 전체의 목표를 지향하는 큰 그림을 보길 바란다고 강조했다. 노경원 우주청 차장 내정자는 "전문가들과 우주청 비전과 임무, 주요 사업에 대한 전략기획과 검토과정에 있다"며 "준비되면 우주청이 출범한 후 정리해 발표할 수 있을 것"이라고 말했다.

민간이 주도하는 뉴스페이스 시대 … 한국은 어디?

인류가 인공위성을 쏘아 올리기 시작한 1950년대 중반부터 수십년 동안 우주개발은 몇몇 강대국의 국가적 사업이었다. 국가위상 제고나 과학지식 등을 얻겠다는 목표를 가지고 정부자금으로 정부 주도의 장기 프로젝트로 우주개발에 나섰던 이러한 시기를 '올드스페이스'라고 한다. 특히 미국과 구소련이 유인우주선 개발과 달 착륙 등으로 경쟁하던 냉전시대의 우주개발은 체제경쟁을 위한 대리전과 같은 성격이었기에 큰 비용을 들여서라도 가시적 결과를 내는 방향으로 진행됐다. 그러다 구소련이 붕괴하고 냉전이 종식되면서 점차 민간이 우주개발을 주도하는 '뉴스페이스' 시대로 변화하게 됐다.

안형준 과학기술정책연구원(STEPI) 국가우주정책연구센터 팀장은 "뉴스페이스 시대에는 민간자본을 활용해 우주개발사업을 추진함으로써 경제성을 중시하는 것이 큰 특징"이라고 설명했다. 안 팀장은 미국 우주기업 스페이스X를 사례로 소개하며 정부 주도 우주개발에 소수 전문기업이 참여하는 초기단계에서 정부는 투자역할을 맡고 그 범위에서 민간이 개발하는 단계를 거쳐 정부의 개입이나 지원 없이 민간이 개발한 우주서비스를 정부가 구매하는 단계로 변화했다고 분석했다. 또 우리나라는 현재 정부 주도 민간계약 단계에서 정부투자·민간개발 단계로 넘어가는 이행기 정도에 있다고 덧붙였다.

실제 그간 과학기술정보통신부와 항우연 주도로 발사된 한국형 발사체 누리호는 한화에어로스페이스가 기술을 이어받아 내년 4차 발사부터 주도적으로 발사를 진행한다. 우주 스타트업인 이노스페이스는

이노스페이스의 한빛-TLV 비행모델

독자개발한 엔진을 탑재한 국내 첫 민간 시험발사체 한빛-TLV*를 지난해 3월 브라질 알칸타라 우주센터에서 발사에 성공한 데 이어 내년에는 위성을 싣고 첫 상용발사에 나설 계획이다. 발사체뿐 아니라 인공위성 개발과 위성이 수집한 데이터 활용에서도 나라스페이스테크놀로지, 루미르, 카이로스페이스 등 많은 기업이 활약하고 있다. 이처럼 민간 주도의 뉴스페이스가 확립되고 나면 정부는 보다 한 차원 높은 우주개발과 연구에 집중하겠다는 계획이다.

한빛-TLV

이노스페이스가 독자개발한 엔진검증용 시험발사체이자 우리나라에서 개발된 첫 민간발사체로 2023년 3월 19일(현지시간) 발사에 성공했다. 중량 50kg급 탑재체를 고도 500km 태양동기궤도에 투입할 수 있는 2단형 소형위성발사체 '한빛-나노' 발사에 대비하기 위해 1단형 시험발사체로 제작됐으며, 파라핀 소재를 사용한 고체연료와 액체산화제를 이용해 만든 하이브리드 엔진이 장착됐다.

HOT ISSUE **29위**

홍수에 갇힌 사막 … UAE, 하루에 1년 치 폭우

건조한 사막기후인 중동 아랍에미리트(UAE) 두바이에서 1년 치 비가 12시간 동안에 쏟아지며 도로

등이 물에 잠기는 등 도시가 마비됐다. 이에 홍수가 기후변화 영향으로 강해진 것이라는 분석과 함께 인공강우가 한 요인일 수 있다는 의혹이 커지고 있다.

75년 만 파괴적 폭우 … 아라비아반도 전체 영향

두바이공항 기상관측소에 따르면 4월 16일(현지시간) 두바이 인근에 하루 동안 120mm가 넘는 비가 내렸다. 두바이는 매우 건조한 지역으로 유엔(UN) 자료에 따르면 연평균 강수량이 120mm에 그친다. 한 해 동안 내릴 비가 이날 하루 만에 쏟아져 내린 것이다. 갑작스럽게 쏟아진 많은 비에 도로가 물에 잠기면서 운전자들은 차를 버리고 대피했으며, 사회관계망서비스(SNS) 등에는 쇼핑몰과 주택 안으로 빗물이 들이닥치는 영상이 올라왔다.

폭우로 물에 잠긴 두바이 거리

공항도 마비됐다. 두바이공항은 이날 약 30분간 운영을 중단함에 따라 두바이공항에서 출발하는 항공편 수십편이 지연되거나 결항했다. 공항 측은 공항으로 오는 도로 대부분이 물에 잠겼다면서 이 때문에 "앞으로도 공항 운영에 상당 부분 차질이 빚어질 것으로 보인다"고 밝혔다.

두바이에 쏟아진 이례적인 폭우는 아라비아반도를 관통해 오만만으로 이동 중이었던 폭풍전선이 직접적인 원인이었다. 이 전선의 영향을 받아 인근 국가인 오만과 이란 남동부 지역에도 이례적으로 많은 비가 내렸다. 4월 14일부터 며칠째 비가 이어졌던 오만에서는 홍수로만 최소 18명이 목숨을 잃었다. 이에 오만 당국은 5개주의 공공기관과 민간업체의 업무를 중단하고 원격근무를 권고했으며, 6개 주에서 모든 학교가 문을 닫았다.

원인으로 기후변화 지목 … 자연재해? 인재?

우리나라 연평균강수량이 1,200mm가 넘고, 어린이날인 5월 5일 제주도 하루 강수량이 1,000mm가 넘은 것을 생각하면 120mm는 절대적으로 많은 강수량은 아니다. 그러나 덥고 건조한 사막기후인 중동은 평소 강수량이 적어 이에 대비할 만한 하수시설 등 기반시설이 부족하다. 따라서 기습적이고 이례적인 폭우에 피해가 클 수밖에 없었다. 지난해에도 리비아에 폭우가 내려 최소 5,000명 이상의 사망자가 발생했다.

2000년대 들어 잦아지고 있는 중동지역의 폭우의 근본적인 원인으로는 기후변화가 첫 번째로 꼽힌다. 4월 25일 블룸버그는 세계기상기여조직(WWA)을 인용해 UAE와 오만 일대에서 발생한 홍수가 기후변화 영향으로 약 10~40% 강해진 것으로 파악됐다고 보도했다. 기후변화에 관한 정부간협의체(IPCC)에 따르면 기온이 1℃ 오를 때마다 대기 중 수분 수용량은 약 7%씩 오르는데, 이를 기반으로 WWA는 이번과 같은 사태가 대략 25년에 한 번꼴로 발생할 수 있다고 전망했다. 영국 임페리얼 칼리지에서 기후 과학을 가르치는 프리데리케 오토 부교수는 "만약 사람들이 계속 석유, 천연가스, 석탄 등의 화석연료를 계속 태운다면 기후는 점점 더 따뜻해질 것이고, 강우량은 늘어날 것이며, 홍수로 인한 인명피해는 계속될 것"이라고 경고했다.

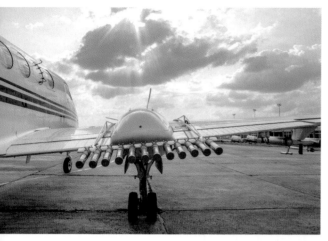
인공강우 작업용 비행기

30위

핵심기술 유출·스토킹·마약 범죄에 '솜방망이 처벌' 막는다

기술유출·마약·스토킹 범죄의 처벌이 너무 가볍다는 여론을 반영해 대법원이 새롭게 마련한 양형기준이 올해 7월 1일부터 시행된다. 3월 26일 대법원 양형위원회(양형위)는 전날 오후 130차 전체회의를 열고 지식재산·기술 침해범죄와 스토킹범죄, 마약 범죄의 양형기준을 최종 의결했다고 밝혔다.

기술유출 최대 징역 18년, 스토킹도 양형기준 신설

양형위는 "기술 침해범죄에 대한 엄정한 양형을 바라는 국민적 공감대를 반영해 법정형이 동일한 유사 범죄 군의 양형기준보다 규범적으로 상향된 형량범위를 설정했다"고 밝혔다. 이에 따라 국가 핵심기술 등 국외유출 범죄는 최대 징역 18년까지 권고한다. 일반적인 산업기술을 유출하는 경우도 국외는 15년, 국내는 9년을 권고하는 등 기존보다 무겁게 처벌할 것을 제안했다. 선고 형량을 높이는 요소인 '가중인자'로는 피해자에게 심각한 피해를 초래한 경우, 비밀유지 의무를 어긴 경우를 추가하고 감경인자는 보다 엄격히 인정하도록 관련 기준을 정비했다. 아울러 지난 2월 16일 개최한 공청회 등에서 제기된 의견을 반영해 형을 감경하거나 집행유예를 선고할 수 있는 주요 사유로 '미필적 고의로 범행을 저지른 경우'를 추가하기로 했다. 양형위는 최근 삼성전자의 반도체기술이 해외로 유출되는 등 관련 범죄가 급증하면서 양형기준을 강화해야 한다는 검찰과 특허청의 의견 등을 참고했다.

마약류 범죄의 권고형량도 상향한다. 특히 최근 마약류 확산과 10대 마약범죄 증가추세에 따른 사회

한편 중동의 폭우가 '구름씨앗*(Cloudseed)' 때문이 아니냐는 추측이 제기되고 있다. 이번 폭우가 있기 일주일 전 기상전문가들이 아라비아만 전역에 홍수 위험이 크다고 경고한 바 있음에도 폭우 전날인 14, 15일에 인공강우용 비행기가 배치된 것으로 확인됐기 때문이다. UAE 소재 칼리파 대학교의 다이애나 프란시스 환경 및 지구 물리학 학과장은 "이렇게 강렬하고 대규모의 기상변화가 예측되면 인공강우 작업을 시행하지 않는다. 보다 강력한 기상변화를 촉진할 필요가 없기 때문이다"라고 의문을 제시했다. 그러나 전문가들은 인공강우는 기껏해야 폭풍에 미미하게 영향을 미쳤을 것이라며, 인공강우에 초점을 맞추는 건 오해의 소지가 있다"고 지적했다. 또한 UAE도 폭우 당일에는 인공강우 작업이 없었다면서 연관성을 부인했다.

구름씨앗

인위적으로 비를 내리게 하려고 구름 안에 뿌리는 요오드화은(아이오딘화은)이나 드라이아이스 같은 인공강우물질을 말한다. 항공기가 요오드화은의 작은 입자를 구름에 떨어뜨리면 수증기가 더 쉽게 응축돼 비로 변해 내릴 수 있게 된다. 구름씨앗은 인공강우 목적 외에도 안개를 지우거나 우박이 내리는 것을 막거나 태풍의 강도를 약화시키는 것 외에 미세먼지를 제거하는 데에도 이용되고 있다. 한편 UAE는 물 부족 문제를 해결하기 위해 지속적으로 구름씨앗을 살포해왔다.

적 우려를 고려해 미성년자를 대상으로 하거나 대량으로 제조·유통하는 경우 최대 무기징역까지 선고할 것을 권고한다. 대마를 단순 소지하거나 투약하는 범행도 더 무겁게 처벌할 것을 권고하기로 했다. 또 상대방의 동의 없이 타인에게 마약류를 제공하거나 성폭력, 강도 등 다른 범죄의 실행수단으로 마약류 범죄를 행한 경우를 가중인자로 추가했다.

살인 등 강력범죄로 이어질 가능성이 큰 스토킹범죄는 함부로 벌금형을 선고하지 못하도록 양형기준을 신설한다. 흉기를 휴대한 스토킹은 가중인자가 많으면 원칙적으로 징역형을 선고하는데, 일반 스토킹범죄와 **스토킹처벌법***상 잠정조치위반죄도 가중인자가 많으면 피해자가 처벌을 원하지 않는 경우에만 예외적으로 벌금형을 선택할 수 있게 했다. 아울러 한국여성변호사회 등의 의견을 반영해 조직 내 계급이나 지휘·감독 관계의 영향으로 취약한 피해자에게 범행한 경우 가중처벌할 수 있도록 했다.

스토킹처벌법

스토킹범죄의 처벌 및 그 절차에 관한 특례와 피해자에 대한 보호절차를 규정한 것으로 '스토킹범죄의 처벌 등에 관한 법률'이라고도 한다. 첫 발의 22년 만인 2021년 3월 24일 국회를 통과해 같은 해 10월 21일부터 시행됐다. 이에 따라 스토킹범죄를 저지른 자는 3년 이하의 징역이나 3,000만원 이하의 벌금에 처해질 수 있으며, 흉기 등 위험한 물건을 이용해 범죄를 저지를 경우에는 5년 이하의 지역이나 5,000만원 이하의 벌금형으로 형량이 가중된다.

사기·보이스피싱·동물학대도 양형기준 신설

대법원은 대표적인 서민피해 범죄인 사기범죄 양형기준도 13년 만에 손질하기로 했다. 각종 신종수법에 따른 피해자가 끊이지 않는 가운데 전기통신금융사기(보이스피싱)와 보험사기, '대포통장'을 거래하는 전자금융거래법 위반 범죄의 양형기준을 신설한다. 이에 따라 관련 법안에 명시된 '법정형 상향' 내

용과 권고형량 범위 등을 반영해 수정하고, 별도 양형기준이 없던 범죄에는 새로 기준을 제시하여 사회·경제적 변화에 따른 범죄양상이나 국민인식의 변화를 반영한다는 방침이다. 결론적으로 사기죄의 형량이 전체적으로 강화되고 집행유예를 선고할 수 있는 요건도 까다로워질 가능성이 있다.

양형위원회를 주재하는 이상원 대법원 양형위원장

이외에도 동물학대는 인간에 대한 범죄로 이어질 가능성이 높고 국민적인 관심도 높아진 점을 고려해 양형기준을 새로 만든다. 성범죄는 지하철 등 공중밀집 장소에서의 추행죄, 업무상 위력에 의한 추행죄 등 기존에 양형기준이 없던 범죄에 대해 기준을 신설한다. 양형위는 올해 8~9월 전체회의를 진행한 뒤 공청회와 관계기관 의견조회 등을 거쳐 내년 3월 각 양형기준을 최종 의결할 예정이다. ⓢ

화제의 뉴스를 간단하게!
간추린 뉴스

윤석열 대통령 장모 가석방 출소 ⋯ 형기 두 달 앞두고 풀려나

법정으로 이동하는 윤 대통령 장모 최은순 씨

법무부 장관 자문기구인 가석방 심사위원회(심사위)가 윤석열 대통령의 장모 최은순 씨에 대해 5월 8일 '가석방 적격'으로 판정, 최씨가 5월 14일 출소했다. 법무부는 "최씨가 '논란의 대상이 돼 국민이 우려하는 것을 원하지 않는다'는 의사를 밝혔지만 가석방 심사위는 나이, 형기, 교정성적, 건강상태 등을 종합적으로 고려해 만장일치로 적격 결정했다"고 설명했다. 이에 더불어민주당은 "국가권력의 사유화"라고 날을 세우며, "법무부가 정상적이라면 대통령 가족에게 더욱 엄정한 처우를 통해 법 앞에 어떤 특권도 있을 수 없음을 보였어야 했다"고 지적했다.

학폭 저지르면 사실상 교사 꿈 포기해야 ⋯ 교대들, 지원제한·불합격 처리

5월 6일 공개된 '2026학년도 대학입학전형 시행계획'을 보면 전국 10개 교대 모두 학교생활기록부(학생부)에 학교폭력(학폭) 이력이 기재된 수험생에 대해 최소 한 가지 이상 전형에서 지원자격을 배제하거나 부적격 처리하는 것으로 나타났다. 지난해 교육부가 발표한 '학폭 근절 종합대책'의 후속조치다. 교대 외 대부분 대학이 학폭 이력을 전체평가에서 일부 감점하거나 정성평가에 반영하기로 한 데 반해 교대는 일반대보다 학폭을 더욱 엄격히 보는 모양새다. 이에 따라 학폭 이력이 있는 학생은 초등학교 교사를 사실상 할 수 없게 될 것으로 보인다.

'슈링크플레이션' 고지 안 하면 과태료 부과 … 공정위 고시 개정

앞으로 소비자에게 알리지 않고 용량 등을 몰래 줄이는 '슈링크플레이션' 행위는 과태료 부과대상이 된다. 공정거래위원회는 5월 3일 이런 내용을 담은 '사업자의 부당 소비자거래행위 지정 고시 개정안'을 발표했다. 개정안은 제품을 제조하는 사업자가 소비자에게 알리지 않고 용량 등을 축소하는 행위를 부당한 소비자거래행위로 명시했다. 또한 단위가격 표시의무 품목과 한국소비자원 및 한국소비자단체협의회의 가격 조사대상 품목 등을 참고해 국민 실생활에 밀접한 품목들을 용량 등의 변경사실을 고지해야 하는 대상으로 선정했다.

삼성전자, 미국서 반도체 보조금 '9조원' 받아 … 파운드리 경쟁 본격화

삼성전자 미국 테일러 반도체공장 부지

미국정부가 4월 15일(현지 시간) 미국에 대규모 반도체 생산시설을 투자하는 삼성전자에 반도체법에 의거해 보조금 64억달러(약 8조 9,000억원)를 지원하기로 결정했다. 미국 상무부는 삼성전자가 향후 미국에 400억달러(약 55조원) 이상을 투자할 것으로 예상된다면서 '이 투자제안은 2만개 이상의 일자리 창출을 지원할 것'이라고 부연했다. 반도체기업에 대한 미국정부의 보조금 책정이 일단락되면서 미국 내 파운드리 경쟁이 새로운 국면에 진입했다. 세계 파운드리 1·2위인 TSMC와 삼성전자, 미국기업 인텔이 막대한 보조금을 등에 업고 미국 내 주도권 경쟁에 나선다.

'노동자 월평균 근무일' 22일에서 20일로 … 대법 21년 만에 기준변경

민사소송에서 배상금을 산정하는 주요기준 중 하나인 '도시 일용근로자의 월평균 근무일수'가 22일에서 20일로 줄었다. 연간 공휴일이 늘고 근로자들의 월평균 근로일이 줄어드는 등 사회적 변화를 고려해 대법원이 21년 만에 기준을 변경한 것이다. 대법원 2부(주심 이동원 대법관)는 4월 25일 근로복지공단이 삼성화재해상보험을 상대로 구상금 지급을 청구한 사건에서 원심판결을 파기환송하며 이같이 변경했다. 대법원 관계자는 "이번 기준변경은 실무례에 미칠 영향이 매우 크다"면서도 "피해자가 적극적으로 증명한 경우에는 20일을 초과해 인정될 수 있다"고 덧붙였다.

대법원 전경

경기북부특별자치도 새 이름 '평화누리'에 '시끌'

경기도가 '경기북부특별자치도' 새 이름 공모결과를 5월 1일 발표한 가운데 분도와 새 이름 공모결과에 반대하는 청원글이 하루 만에 2만 3,000여 명으로부터 동의받는 등 후폭풍이 일었다. 경기도는 새 이름 공모전에서 대상을 받은 명칭이 '평화누리특별자치도'라고 발표했다. 그러나 경기도의 기대와 달리 분도·명칭 반대 청원글이 시민들의 호응을 얻으며 공모전에 대한 비난여론이 들끓었다. 청원인은 "분도가 주민들 의견을 반영한 것은 맞는 것인가"라며 "평화누리자치도라는 이름부터가 이념주의에 찌든 종북팔이 명칭"이라고 비판했다.

아시아나 화물사업 인수에 이스타·에어인천·에어프레미아 3파전

4월 25일 항공업계 등에 따르면 매각 주관사인 글로벌 투자은행 UBS가 아시아나항공 화물사업 매각을 위한 본입찰을 진행해 에어인천, 에어프레미아, 이스타항공 등 3개사로부터 참여의사를 받았다. 화물사업 매각가와 기존 아시아나의 부채를 합치면 최종 인수에 1조원가량이 필요할 것이라는 관측이 나온다. 화물사업 매각은 대한·아시아나 항공의 기업결합에 필요한 선결과제다. 지난해 11월 대한항공은 아시아나 화물사업 매각 등을 포함한 시정조치안을 유럽연합(EU) 집행위원회에 제출했고, EU는 시정조치 실행을 조건으로 양사의 기업결합을 승인했다.

"전 세계 슈퍼리치에 2% 부유세 걷어 불평등 해소해야" G20 내 의견 나와

주요 20개국 정상회의 의장국인 브라질을 비롯한 4개 회원국이 전 세계 억만장자 3,000명을 상대로 재산의 최소 2%에 해당하는 부유세를 걷어야 한다는 의견을 제시했다고 영국 가디언이 4월 25일(현지시간) 전했다. 보도에 따르면 브라질과 독일·스페인·남아공 장관들은 "현재 시스템의 지속적인 허점으로 고액자산가들이 소득세를 최소화할 수 있다"며 "세계 억만장자들은 현재 개인소득세로 자신들 부의 최대 0.5% 정도만 낸다"고 지적했다. 이어 "우리의 세금시스템이 명확성과 충분한 수익을 보장하고 모든 시민을 공정하게 대우하는 것이 중요하다"고 말했다.

22대 전반기 국회의장으로 우원식 예약 … 정치권 예상 뒤엎고 파란

우원식 더불어민주당 의원이 5월 16일 국회에서 열린 민주당 당선인 총회에서 예상을 깨고 재적과반을 득표, 추미애 당선인을 꺾고 전반기 국회의장 후보로 뽑혔다. 애초 추 당선인과 우 의원의 2파전으로 압축된 경선구도에서 추 당선인 쪽으로 무게추가 기울었다는 관측이 지배적이었지만, 실제 개표결과는 예상과는 달랐다. 국회의장은 원내 1당이 내는 것이 관례로, 각 당이 의장 및 부의장 후보를 추천하면 22대 국회 첫 본회의 표결을 거쳐 확정된다. 22대 국회에서 민주당이 압도적 과반을 차지한 만큼 우 의원은 사실상 국회의장석을 예약한 셈이 됐다.

우원식 더불어민주당 의원

초 1·2 '즐거운 생활'에서 체육 분리된다 … 교육과정 변경키로

늘봄학교 일일 강사를 하고 있는 장미란 문체부 제2차관

국가교육위원회는 4월 26일 정부서울청사에서 제29차 회의를 열고 초등학교 1~2학년 '즐거운 생활'에서 신체활동 영역인 체육교과를 약 40년 만에 분리하기로 했다. 이번 안건은 교육부가 상정을 요청한 것으로 앞서 교육부는 지난해 10월 코로나19로 청소년 비만, 체력저하가 심화했다며 초등 1~2학년 신체활동을 강화하기 위해 체육을 별도교과로 분리하겠다는 방침을 밝혔다. 한편 교육현장에서는 이번 분리에 대해 "올해 초등학교에 막 적용을 시작한 교육과정을 학기 내에 다시 바꾸는 것은 학교현장에 혼란을 가져올 수 있다"는 비판도 나왔다.

이탈리아 베네치아, 세계 최초로 '도시 입장료' 부과

이탈리아 관광도시 베네치아가 4월 25일(현지시간)부터 세계 최초로 당일치기 관광객에게 입장료를 부과한다. 이른바 '오버 투어리즘' 현상을 해결하기 위해 시범도입된 이 제도는 이탈리아의 해방기념일인 이날을 시작으로 올해 4~7월 이탈리아의 공휴일과 주말을 중심으로 총 29일간 시행될 계획이다. 시 당국은 당일 일정 방문객을 대상으로 공휴일과 주말에 입장료를 부과함으로써 관광객을 한산한 평일에 방문하도록 유도해 인파분산을 도모한다고 밝혔다. 베네치아는 관광객이 넘쳐나면서 소음과 사생활 침해, 치솟는 집값 등으로 몸살을 앓고 있다.

도시 입장료 부과 시작한 베네치아

RE100 요구 거센데, 국내 수출기업의 55%는 "RE100 뭔지 몰라"

국내 수출기업들이 세계적으로 확산하는 'RE100(재생에너지 100% 사용) 운동'에 제대로 대응하지 못하고 있다는 조사결과가 나왔다. 한국무역협회 국제무역통상연구원이 4월 24일 발표한 보고서에 따르면 지난 2월 14일부터 약 한 달간 100만달러 이상 수출 제조기업 610곳을 대상으로 설문한 결과, 응답기업의 54.8%가 RE100에 대해 모른다고 답했다. 보고서는 애플, 구글 등 RE100에 참여하는 글로벌 기업들이 협력사들에 재생에너지 사용을 적극 요구하고 있는 상황에서 국내 기업들의 대응이 미흡한 것으로 확인된다며 우려했다.

RE100

국산 초소형 군집위성 1호기 발사 성공

정부가 첫 개발한 초소형 군집위성

국산 '초소형 군집위성 1호'가 뉴질랜드 마히아 발사장에서 4월 24일 발사돼 정상작동한 데 이어 지상국과 양방향 교신까지 정상적으로 수행하면서 발사에 공식 성공했다. 초소형 군집위성은 한반도 및 주변 해역을 정밀감시하고 국가안보와 재난·재해에 신속대응하기 위해 2020년부터 한국과학기술원(KAIST) 인공위성연구소가 과학기술정보통신부와 국가정보원의 지원을 받아 개발한 지구관측 실용위성이다. 경량화·저비용화·저전력화에 중점을 둬 개발됐으며, 앞으로 3년 이상 약 500km 상공에서 흑백 1m급, 컬러 4m급 해상도의 광학영상을 공급할 예정이다.

공인중개사, 앞으로 세입자에 권리관계와 보호제도 의무적으로 설명해야

앞으로 공인중개사가 전월세를 중개할 때는 세입자에게 집주인의 체납세금 등을 확인할 수 있다는 점을 반드시 설명해야 한다. 최근 대규모 피해자를 양산한 전세사기를 막기 위한 조치다. 국토교통부가 4월 2일 국무회의에서 밝힌 공인중개사법 시행령 개정안에 따르면 공인중개사는 세입자에게 선순위 권리관계(임대인의 미납세금 정보, 확정일자 부여 현황 정보, 전입세대 확인서 열람)와 임차인 보호제도(소액임차인 보호를 위한 최우선 변제권, 민간임대주택의 임대보증금 보증제도)를 설명해야 한다.

사망한 대구 전세사기 피해자를 추모하는 피해자들

교통비 환급 K-패스 시작 … 버스·지하철·GTX타면 최소 20% 환급

5월 1일부터 교통비 환급 서비스인 K-패스가 시작됐다. K-패스는 기존 알뜰교통카드 서비스를 대체한다. 월 15회 이상 시내·마을버스, 지하철, 광역버스, 수도권 광역급행철도(GTX) 이용 시 다음 달에 지출액의 일정비율(일반인 20%, 청년층 30%, 저소득층 53%)을 돌려주는 서비스다. 예컨대 월평균 7만원을 지출하는 이용자라면 일반인은 1만 4,000원, 청년은 2만 1,000원, 저소득층은 3만 7,000원을 절감할 수 있다. K-패스 혜택 외에 카드사별로 이용실적에 따라 추가혜택을 제공하고 있어 실질적 절감 효과는 더 클 것으로 예상된다.

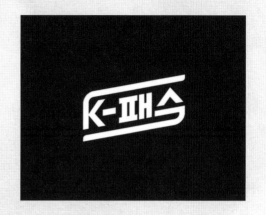

앞으로 맹견 기르려면 시장·도지사 허가 받아야

동물보호법 개정안 시행으로 '맹견 사육허가제'가 4월 27일 도입되면서 맹견을 기르려면 시장·도지사 허가를 받아야 한다. 시장·도지사는 전문가 위원회를 통해 맹견의 기질평가 등을 진행하고, 공공안전에 위험이 되는지를 판단한 뒤 사육허가 여부를 결정한다. 맹견 소유자가 사육허가를 신청할 때는 동물등록, 책임보험 가입, 중성화수술 등 일정조건을 갖춰야 한다. 다만 8개월 미만 강아지는 수의사 진단서가 있으면 경우에 따라 수술을 연기할 수 있다. 맹견 소유자는 실내 공용공간에서 목줄의 목덜미 부분을 잡는 등 개의 움직임을 제한해야 한다.

'상위 20%' 임금이 '하위 20%'의 4.5배 … 2년 연속 격차 커져

4월 30일 고용노동부가 발표한 고용형태별 근로실태조사 결과에 따르면 지난해 임금 상위 20% 근로자와 하위 20% 근로자의 임금 격차(5분위 배율)가 2년 연속 벌어진 것으로 나타났다. 지난해 6월 기준 상위 20%의 월 평균 임금은 856만 4,000원, 하위 20%는 190만 2,000원으로 상위 20%가 하위 20%의 4.5배를 벌었다. 이 '5분위 배율'은 대체로 감소추세였다가 2021년 4.35배, 2022년 4.45배 등 2년 연속 소폭 늘었다. 최근 2년 연속 상위 20%의 월급상승률이 하위 20%보다 높았던 탓으로 분석된다.

'김건희 여사 통화녹음 공개'한 서울의소리, 1,000만원 배상 확정

지난 대선을 앞두고 윤석열 대통령의 배우자 김건희 여사와의 통화내용을 공개한 '서울의소리' 이명수 기자 등 인터넷 언론사 관계자들이 김 여사에게 1,000만원을 배상하도록 한 하급심 판결이 4월 25일 대법원에서 확정됐다. 이 기자가 2022년 1월 김 여사와의 7시간 분량 전화통화 내용을 공개하자 김 여사는 "불법 녹음 행위 등으로 인격권 등을 침해당했다"며 1억원 상당의 손해배상 청구소송을 냈다. 서울의소리 측은 "언론의 정당한 취재"라고 항변했으나 1·2심 법원은 기자들이 공동으로 김 여사에게 1,000만원을 배상하라고 판결했다.

서울의소리 이명수 기자

"건보 부정수급 막자" … 5월 20일부터 병원진료 시 신분증 있어야

병원진료 기다리는 환자들

4월 7일 보건복지부의 발표에 따르면 5월 20일부터 '요양기관 본인확인 강화 제도'가 시행된다. 이에 따라 앞으로 병의원에서 건강보험(건보)으로 진료를 받을 때는 주민등록증, 운전면허증 등 사진이 붙어 있고 주민등록번호 또는 외국인등록번호가 포함돼 본인임을 확인할 수 있는 증명서나 서류를 제시해 신분을 확인해야 한다. 이 제도는 건보 자격이 없거나, 다른 사람의 명의로 향정신성 의약품을 받기 위해 건강보험증을 대여·도용해 진료받는 부정수급 사례를 예방하고자 마련됐다.

조계종, 보스턴미술관 '고려사리' 인수 … 다섯 함 속 상징물 받아

대한불교조계종이 미국 보스턴미술관이 소장하고 있던 고려시대 스님 등의 사리를 4월 16일(현지시간) 돌려받았다. 봉선사 주지 호산스님 등은 이날 미술관을 방문해 부처님 3명과 스님(조사) 2명의 사리 등을 인수했다. 조계종이 받은 사리 등은 각각 가섭불·석가모니·정광불 및 고려시대 스님인 나옹선사·지공선사와 관련됐다고 미술관은 밝혔다. 사리를 돌려받기 위한 미술관과의 논의는 2009년부터 시작됐으나, 2013년에 잠시 중단됐다. 그러다 작년 4월 윤석열 대통령의 방미 때 미술관을 찾은 김건희 여사가 반환논의를 제안한 것을 계기로 최근 재개됐다.

보스턴미술관에서 사리를 마주한 호산스님

독일 Z세대 36% "'유대인에 역사적 책임' 동의 못 해"

4월 25일(현지시간) 디벨트 등 독일 현지언론에 따르면 청년연구자 3명이 독일 전국 14~29세 청년 2,042명을 대상으로 한 설문에서 응답자의 36%가 '독일이 이스라엘, 독일 내 유대인에게 역사적 책임이 있다'는 주장에 동의하지 않는다고 답했다. 아울러 극우정당을 지지하는 청년도 급증한 것으로 나타났다. 연구진은 "최근 청년층은 그 어느 때보다 비관적"이라며 코로나19 팬데믹 이후 청년층 사이에 무력감과 좌절감이 퍼져 우경화한 결과라고 말했다. 극우정당이 동영상 공유 플랫폼 틱톡을 통한 홍보에 효과를 보고 있다고도 분석했다.

은퇴 시사한 나훈아, 마지막 콘서트 투어 시작 … "마이크 내려놓는다"

지난 2월 데뷔 58년 만에 돌연 은퇴를 시사해 가요계 안팎에 충격을 준 '가황(歌皇) 나훈아'가 4월 28일부터 '라스트 콘서트'로 명명한 마지막 콘서트 전국투어를 시작했다. 그는 앞서 2월 입장문을 내며 은퇴를 못 박지는 않았지만 "마이크를 내려놓는다"는 표현을 사용하면서 사실상 올해 콘서트가 그의 마지막 무대라는 점을 명확히 했다. 공연을 열었다 하면 매진행렬을 기록해온 나훈아는 반세기 넘게 독보적인 음악스타일과 창법으로 국민적인 사랑을 받은 가수로 평가받는다. 그는 첫 투어인 인천을 시작으로 독보적인 '은퇴 퍼포먼스'를 이어갈 예정이다.

40년 만에 올림픽 출전 불발된 한국축구 … 정몽규 협회장 사퇴요구 거세

황선홍 감독이 이끈 23세 이하 축구대표팀이 4월 26일(한국시간) 카타르 도하에서 열린 2024 아시아축구연맹 U-23 아시안컵 8강전에서 신태용 감독이 지휘하는 인도네시아와 혈투 끝에 승부차기에서 패배했다. 이로써 1988년 서울 올림픽부터 매번 본선에 올랐던 우리나라는 10회 연속 올림픽 본선진출에 실패했다. 2023 아시안컵 4강 탈락 등 연이은 실패로 대한축구협회를 향한 질책과 4선 도전을 앞둔 정몽규 협회장에 대한 사퇴요구가 거세게 이어졌다. 한국축구지도자협회는 5월 7일 정 협회장의 사퇴를 공식적으로 촉구하기도 했다.

인도네시아 선수와의 경합을 뚫고 드리블하는 정상빈

'출퇴근 20분' 시대 서막
GTX-A 개통

수서~동탄 노선 운행 시작

GTX-A 수서~동탄 구간 운행이 마침내 3월 30일 개시됐다. 2016년 사업 착공 후 8년 만에 이뤄진 이번 GTX 개통은 철도 역사에도 새로운 획을 긋게 됐다.

박상우 국토부 장관은 "그간 70분 이상 걸리던 수서~동탄 구간을 단 20분이면 도착하는 교통혁명이 시작됐으며 우리 삶도 크게 변화할 것"이라고 말했다.

수서~동탄 구간 배차간격 시간은 평소 20여 분이지만 평일 출퇴근 시간대에는 평균 17분 간격으로 운행되며, 정차시간을 포함해 이동에 약 20분이 걸린다.

수서-성남-구성-동탄으로 이어진 노선 중 구성역은 터널 굴착과정에서 암반이 발견돼 6월 말 개통예정이며, 나머지 3개 역에서만 열차가 정차하고 있다.

전문가들은 전체 구간(운정~동탄)이 개통하고 서울 주요 업무지구로 이어지는 서울역과 삼성역이 개통되면 이용자가 눈에 띄게 증가할 것으로 내다봤다.

운정~서울역 구간은 올해 12월, 서울역~수서 구간은 2026년 말 개통예정이며, 삼성역에는 복합환승센터가 완공되는 2028년이 돼서야 정차하게 된다.

핵심 브리핑

수도권 광역급행철도(GTX) 중 가장 먼저 개통한 GTX-A 노선이 수서~동탄 구간에서 3월 30일부터 운행을 시작했다. 해당 구간 기본요금은 3,200원으로 이동구간을 10km 초과하면 5km마다 거리요금 250원이 추가된다. 국토교통부(국토부)는 5월부터 시행된 대중교통 할인서비스 'K-패스'와 자체 할인혜택 등을 적용하면 요금은 더 내려간다고 설명했다. 신대

세월호참사 10주기
우리 사회는 얼마나 안전해졌나?

What?

지난 4월 16일 세월호참사 10주기를 맞아 전국 곳곳에서 추모행사가 열린 가운데 언론에서도 세월호참사와 관련한 각종 보도가 쏟아졌다. 세월호참사 이후에도 밀양 세종병원 화재, 10·29 이태원참사, 오송 지하차도 참사 등 여러 사회적 참사가 반복돼온 만큼 우리 사회 안전망에 대한 화두 역시 다시 한 번 조명됐다.

각종 대책에도 반복되는 참사 … 사고원인도 비슷

2014년 세월호참사 이후 10년이라는 시간이 흘렀지만, 304명이라는 수많은 피해자가 발생하고 사고상황이 실시간으로 보도됐던 만큼 우리 사회에 남긴 아픔도 여전하다. 특히 침몰원인이 명확하게 밝혀지지 않았고, 사고 당시 대응에 일부 책임이 있는 공직자에 대한 처벌마저 제대로 이루어지지 않아 여전히 피해자와 유족들이 고통을 호소하고 있다. 세월호참사 이후 정부에는 재난대응을 총괄할 컨트롤타워가 들어섰지만, 잊을 만하면 터지는 대형사고에 과연 제 기능을 하고 있는지 묻는 이들이 적지 않다. 서울 한복판에서 벌어진 '10·29 이태원참사'는 우리 사회가 여전히 안전 사각지대에 놓여 있음을 드러낸

'인재(人災)'였고, 오송 지하차도 참사와 제2경인고속도로 방음터널 화재사고는 초동대처만 제대로 했다면 피할 수 있던 사고였다.

"제2의 참사 없다" 외쳤지만, 되풀이되는 '인재'

재난은 언제 어디서나 벌어질 가능성이 있지만, 이를 예방하고 조기에 차단하려는 노력에 따라 그 결과는 판이하게 나타난다. 신속한 현장대응 여부는 '골든타임'을 가르는 중대요소이기도 하다. 그러나 세월호참사 이후 최악의 재난으로 기록된 10·29참사는 인파밀집 사고에 대한 예방과 차단, 사후대응에 모두 실패한 인재로 지적된다. 주최자가 없는 축제의 관리책임이 모호했던 탓에 기관별로 안전대책

이 제대로 검토되지 않았고, 사람들이 끝없이 몰리는 상황에도 통제는 이뤄지지 않았다. 이태원 거리에서 112신고가 폭주했지만, 사고위험은 간과되며 지자체와 경찰 등 관계기관의 대응이 늦어졌고 이는 결국 골든타임을 놓치는 원인이 됐다.

재난대응 타워를 자임했던 행정안전부(행안부)는 사고 당시 경찰은 물론 서울시, 용산구에서조차 제때 보고를 받지 못해 사고 대응체계에 큰 허점을 노출했다. 이 같은 부실대응은 이상민 행안부 장관의 탄핵사태를 초래하기도 했다. 헌법재판소는 이태원참사의 책임을 이 장관에게만 지우기는 어렵다며 탄핵청구를 기각했지만 "각 정부기관이 대규모 재난에 대한 통합 대응역량을 기르지 못한 점 등이 총체적으로 작용한 결과"라며 참사원인을 제시한 바 있다. '재난 및 안전관리 기본법'은 물론 그 상위법인 헌법에는 국가가 각종 사고를 예방하고 피해를 줄이기 위해 노력해야 한다는 점을 명시적으로 규정하고 있다. 10·29참사는 국가가 가장 기본적인 의무인 국민보호를 이행하지 않을 경우 구성원들이 어떤 재앙에 직면할 수 있는지를 극명하게 보여준 사례다.

사고원인을 찾는 과정에서 '안전불감증'만큼 자주 거론되는 말도 없다. 불법, 편법인 줄 알면서도 '괜찮겠지'라며 지나쳐 버리는 일이 대형참사로 이어지곤 했다. 2017년 제천 스포츠센터 화재(29명 사망, 40명 부상), 2018년 경남 밀양 세종병원 화재(45명 사망, 147명 부상), 2020년 경기 이천 물류창고 공사현장 화재(38명 사망, 10명 부상), 2022년 광주 화정 아이파크 붕괴사고(6명 사망, 1명 부상) 등 끔찍했던 사고의 배경에는 항상 안전불감증이 자리하고 있었다. 비상구에 물품을 쌓아둬 대피로가 차단됐고, 방화문을 임의로 철거해 유독가스가 삽시간에 건물 전체로 확산했다. 공사현장 매뉴얼을 지키지 않았다가 붕괴를 촉발했고, 화재예방이나 피난교육은 유야무야했다.

조직·법·제도, '사후대응 → 예방' 전환해야

세월호참사 이후 재난 컨트롤타워의 필요성이 제기되며 정부조직에 일대 변화가 시도됐다. 법과 제도를 대폭 손질해 제2의 참사를 막기 위한 노력을 이어왔으나, 반복되는 재난을 비켜 가지 못 했다. 또한 약 1조 5,000억원이 투입돼 경찰과 소방, 군, 지자체, 의료기관 등이 재난상황 시 소통할 수 있는 전국 단일 통신망인 '재난안전통신망'이 구축됐지만, 결정적인 상황에서 작동하지 않는 오류도 반복됐다.

이를 두고 전문가들은 재난대응 방식에 본질적인 변화가 필요하다고 입을 모은다. 사고 수습, 복구, 대책마련도 중요하지만 무엇보다 재난대응의 초점은 '예방 중심'에 맞춰 가야 한다는 것이다. 일본 등 재난대응 선진국의 경우 재난예방과 대비에 70%를 투자하고 대응복구에 30%를 투자하지만, 우리나라는 정반대인 상황이다. 또 재난이 발생했을 때 정부조직을 이끌고 사고를 수습할 의무가 있는 공직자들의 역량강화 실천을 주문하는 목소리도 나온다. 아울러 안전에 대한 국가의 책무만큼이나 안전수칙을 지키려는 개인의 책임감도 중요하다고 강조했다. 시대

Fact! ▶

세월호참사 이후 각종 대책과 사고대응에 관한 법과 제도 등이 마련됐지만, 전문가들은 이러한 사후대처보다 '사고예방'에 초점을 맞춰 재난대응 방식의 본질적인 변화가 필요한 시점이라고 목소리를 높였다.

노인도 외국인도 최저임금보다 낮게
거꾸로 간 최저임금 차등

지난 5월 14일 3년의 임기를 시작하는 최저임금위원회(최임위) 13대 위원 27명(공익·근로자·사용자 위원 각 9명)이 처음 모여 위원장을 선출하고 정부의 최저임금 심의요청을 접수하는 절차를 통해 심의를 공식 개시, 2025년 최저임금 심의를 시작했다. 이번 최저임금 심의의 최대 관전 포인트는 사상 처음으로 1만원을 넘어설지 여부이지만, 업종별 '차등적용'도 핵심쟁점이 될 것으로 보인다. 그 결과에 따라 노인과 외국인 돌봄인력은 최저임금보다 더 낮은 임금을 받게 될 수도 있다.

최임위 등에 따르면 이정식 고용노동부 장관이 3월 29일 최임위에 내년도 최저임금 심의를 요청했지만 노·사·공익 위원 대부분 임기가 5월 13일 끝나면서 새 위원회 구성 후인 14일 전원회의를 개최키로 했다. 최저임금 심의 법정시한은 정부로부터 심의요청을 받은 날부터 90일 이내로 올해는 6월 27일이다. 최저임금은 매년 8월 5일까지 결정 고시하는데 이의신청 등 절차를 고려할 때 7월 중순에는 의결돼야 한다.

시한이 촉박한 가운데 올해는 업종별 차등적용 문제가 급부상하면서 험난한 심의를 예고하고 있다. 최저임금법에 '사업의 종류별로 구분해 정할 수 있다'라고 규정하고 있지만, 노사 간 이견이 첨예해 실제 적용된 사례는 제도 시행 첫해인 1988년 한 차례뿐이다. 지난해는 지급능력이 떨어지는 편의점과 택시 운송업, 숙박·음식점업 등 3개 업종에 대한 차등화를 요구했지만 부결됐다.

올해 업종별 차등적용에 있어 최대 쟁점은 노인과 외국인 돌봄인력에 대해 최저임금보다 낮은 임금을 허용할 것인가 하는 것이다. 노인 차등적용 문제는 지난 2월 서울시의회 의원 38명이 노인들을 최저임금법 적용 제외대상으로 하자는 최저임금법 개정 촉구 건의안을 발의한 것이 계기가 됐다. 외국인 돌봄인력의 차등적용과 관련해서 멀게는 2023년 9월 오세훈 서울시장이 "월 38만~76만원 수준의 외국인 육아도우미 도입"을 건의하자 조정훈 시대전환(현 국민의힘) 의원이 '월 100만원 외국인 가사도우미' 법안을 발의하면서부터이고, 가깝게는 지난 3월 한국은행(한은)이 '돌봄서비스 인력난·비용부담 완화 보고서'에서 보건·육아 서비스 수요증가 대비 차원에서 외국인 돌봄인력의 최저임금을 상대적으로 낮게 설정하는 방안을 제안하면서부터 논란이 됐다.

노인, 일자리 나누고 … 외국인, 자국 임금수준 맞게

❖ 동일 임금총량으로 더 많은 일자리 제공
❖ 위기 겪는 자영업자들에게 숨통을
❖ 수요증가에 따른 노동력 부족 대비

윤기섭 국민의힘 소속 서울시의원을 비롯한 38명은 지난 2월 5일 '노인 일자리 활성화를 위한 최저임금법 개정 촉구 건의안'을 발의했다. 이들은 "현실적으로 민간시장에서 최저임금법에 따른 동일 임금을 주는 경우 고용주는 노인보다 젊은층을 선호할 수밖에 없고, 이러한 동일 임금체계 속에서는 노인들이 일자리를 구하기 어려운 실정"이라고 건의안 발의배경을 설명했다. 이어 "최저임금 적용 제외대상에 노인층을 포함하는 방향으로 최저임금법과 시행령을 개정할 것을 강력히 건의한다"고 덧붙였다. 즉, 노인들의 최저임금이 낮아지면 청년층보다 더 많은 일자리 기회가 생길 것이고, 업주의 입장에서도 동일한 비용으로 더 많은 일자리를 만들 수 있어 서로에게 이익이 될 수 있다는 것이다.

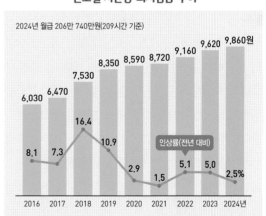

연도별 시간당 최저임금 추이

2024년 월급 206만 740만원(209시간 기준)

자료 / 최저임금위원회

노인 최저임금 차등적용이 제안된 것은 이번이 처음이 아니다. 2008년 김성조 전 한나라당(국민의힘 전신) 의원이 지역별 최저임금제 도입을 포함해 수습

근로자의 수습기간을 3개월에서 6개월로 연장, 60세 이상 고령자에게 최저임금 감액적용 내용을 담은 최저임금법 개정안을 발의했다. 그보다 앞선 1990년에도 최임위가 60세 이상 고령근로자에 최저임금 차등적용을 요구했다. 그러나 이 법안들은 사회적 반발이 커서 입법으로 이어지지 못했다. 가장 최근으로는 2020년 9월 송언석 미래통합당(현 국민의힘) 의원이 대표발의한 최저임금법 개정안에도 연령별 차등지급안이 담겼지만, 합리적인 이유 없이 연령을 이유로 한 임금차별을 금지한 '고용상 연령차별금지 및 고령자고용촉진에 관한 법률'과 정면으로 충돌할 수 있다는 이유로 본회의에 상정되지 못한 채 5월 29일 21대 국회 종료와 함께 폐기됐다.

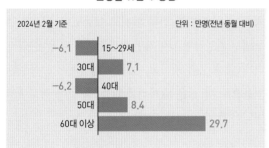

연령별 취업자 증감

2024년 2월 기준   단위 : 만명(전년 동월 대비)

구분	증감
15~29세	-6.1
30대	7.1
40대	-6.2
50대	8.4
60대 이상	29.7

자료 / 통계청

외국인 돌봄인력, 구체적으로는 외국인 육아도우미를 도입해야 한다는 말을 처음으로 꺼낸 건 2022년 오세훈 서울시장이었다. 그는 다음 해 9월 27일 국무회의 도중 외국인 육아도우미 도입을 건의하기도 했다. 이때 오 시장은 "경제적 이유나 도우미 공급 부족 때문에 고용을 꺼려왔던 분들에게는 반가운 소식일 것"이라며 "외국인 육아도우미는 양육에 초점을 맞춘 정책이다. 홍콩과 싱가포르는 1970년대 이 제도를 도입했고, (그 뒤) 여성의 경제활동 참가율은 뚜렷한 상승세를 보였다"고 설명했다. 아울러 "한국에서 육아도우미를 고용하려면 월 200만~300만원이 드는데 싱가포르의 외국인 가사도우미는 월 38만

~76만원 수준"이라며 경제적 부담을 덜 수 있는 점을 강조했다. 여성의 경제활동 참가율이 높아지더라도 저렴한 비용에 육아가 가능해지면 그로 인해 낮아진 출산율을 회복시킬 수 있다는 주장이다.

특히 한은이 돌봄서비스 차등적용의 근거로 내세운 것은 관련 인력난이다. 한은은 '2042년 돌봄서비스직 노동공급 부족규모 최대 155만명(수요의 약 30% 수준)으로 대폭 확대 → 비용상승 유발 → 개인의 비용부담 확대'로 이어지는데, 이로 인한 직·간접 비용이 유발한 경제적 손실액이 GDP의 3.6%에 달한다고 했다. 이에 한은은 외국인을 직접 고용하는 방안도 제안했다. 사적 계약방식이기 때문에 최저임금을 적용하지 않아도 돼 비용부담을 낮출 수 있다는 이유에서다. 이는 홍콩과 싱가포르, 대만 등이 주로 활용하는 방식인데, 홍콩과 싱가포르의 외국인 돌봄 노동자에 대한 시간당 평균 임금은 우리나라 가사도우미 시급 대비 15~24% 수준에 불과하다.

경영계 또한 코로나19 여파에 물가상승으로 중소기업과 자영업자가 큰 어려움을 겪고 있는 가운데 최저임금마저 올라 인건비를 감당하지 못하는 자영업자들이 늘어나고 있고, 이러한 자영업자들이 고용을 포기하면서 결국 고용시장과 실업률에도 영향을 미치고 있다며 차등적용을 주장하고 있다. 업종마다 기업의 지급능력과 생산성 등에서 현저한 격차가 나타나므로 한계상황에 도달한 업종에 대해 최저임금을 구분 적용해야 한다는 것이다.

연령·국적 차별 …국내법·ILO협약 모두 위배

❖ 최저임금은 그야말로 최소한의 임금
❖ ILO, 업종별 차등적용 시 최저임금보다 높게
❖ 최저임금 미만율이 차등적용 근거일 수 없어

노동계는 차등적용에 반대하고 있다. 한국노총은 5월 1일 "최저임금 차별적용 시도를 즉각 포기하라"면서 "정부가 최임위를 통해 차별적용을 시도한다면 모든 파국의 책임은 정부에 돌아갈 것"이라고 강조했다. 민주노총은 "최저임금을 차등적용해 저임금 노동자에게 더 낮은 임금을, 이주노동자에겐 더 큰 차별을 하겠다고 한다"고 경고했다. 실제로 21대 국회에서 발의됐던 차등적용이 담긴 근로기준법 개정안의 경우 심의과정에서 고령근로자의 생활안정 도모, 고령근로자의 임금수준 하락 우려, 노동력의 고령화 추세 등을 이유로 본회의에 상정되지 못하다가 5월 30일 21대 국회 종료와 함께 폐기됐다.

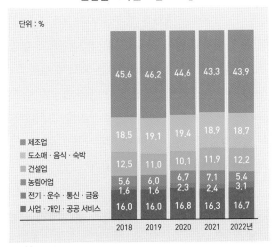

산업별 외국인 취업자 비중

단위 : %

	2018	2019	2020	2021	2022년
제조업	45.6	46.2	44.6	43.3	43.9
도소매·음식·숙박	18.5	19.1	19.4	18.9	18.7
건설업	12.5	11.0	10.1	11.9	12.2
농림어업	5.6	6.0	6.7	7.1	5.4
전기·운수·통신·금융	1.6	1.6	2.3	2.4	3.1
사업·개인·공공 서비스	16.0	16.0	16.8	16.3	16.7

자료 / 통계청, 법무부

2008년에도 국가인권위원회는 "60세 이상 고령자에 대한 최저임금의 감액은 사회권규약 및 국제노동기구(ILO) 제111호 '고용 및 직업에 있어서 차별대우에 관한 협약'상 '비차별과 동등한 고용보호를 보장할 의무'를 위반할 소지가 있다"며 "경제개발협력기구(OECD) 회원국 중 우리나라의 노인빈곤율이 가장 높은 수준으로 고령자의 빈곤문제가 매우 심각한 수준이라는 점에서 바람직하지 않다"고 의견을 냈다. 노인임금 차등적용은 노인빈곤화를 더 악화시킬 수 있다는 의미다. 제111호 협약은 '이 협약을 비준한 국가가 고용 및 직업에 관한 모든 차별을 철폐하고 기회와 대우의 평등을 증진하기 위한 정책을 추구해야 한다'는 내용을 담고 있는데, 우리나라는 1998년에 이 협약을 비준했다.

ILO가 2016년 8월에 발간한 '최저임금 정책 가이드(Minimum Wage Policy Guide)'를 보면 최저임금을 업종별로 구분(차등)해 적용할 때는 국가가 정한 하한(최저임금)보다 높게 설정하도록 권고하고 있다. 아울러 국가 하한보다 낮은 수준으로 적용하면 ILO의 '차별금지 협약'에 위배될 수 있다는 가이드라인도 제시하고 있다. 전 세계가 차등 없게, 더 높은 임금을 추구하는데 우리만 시대를 역행한다는 비판이 나오는 이유다.

임금을 차등해서 적용한다는 것은 합리적인 이유 없이 연령임금 차별을 금지한 '고용상 연령차별금지 및 고령자고용촉진에 관한 법률'과 정면으로 충돌한다. 무엇보다 최저임금을 낮춘다고 해서 노인일자리가 늘어난다고 보긴 어렵다는 게 노동계 입장이다. 또한 돌봄서비스 비용이 저렴해진다고 출산율이 올라간다고 장담할 수도 없다. 저출산은 주거문제, 가족 내 성평등 문제, 교육환경, 정서적 부담 등 경제적·사회적·문화적 요인이 복합적으로 작용한 결과이기 때문이다. 그리고 우리 사회에서 이미 노인과 외국인은 불공평한 대우뿐 아니라 불공평한 임금을 받고 있다. 이런 상황에서 차등적용을 법으로 명시하게 되면 더 낮은 임금, 더 열악한 근무환경을 제공해도 된다는 신호로 작용할 수도 있다. 🗞

또 터진 정부 행정망 사고,
국민은 불안할 뿐

정부24에서 개인정보 유출사고, 뒤늦게 알려져

정부의 온라인 민원서비스를 제공하는 '정부24'에서 타인의 민원서류가 발급되는 오류가 발생해 다수의 개인정보가 유출된 것으로 뒤늦게 밝혀졌다. 행정안전부(행안부)에 따르면 지난 4월 초 정부24에서 성적증명서 및 납세증명서 등을 발급받을 때 민감한 개인정보가 담긴 타인의 서류가 발급되는 오류가 발생했다. 행안부가 정확한 유출규모나 유출시기, 원인 등은 밝히지 않아 구체적 내용은 확인되지 않았지만, 일부 매체의 1,400건이라는 보도에 대해 "그것보다는 적다"고 행안부가 밝힌 점을 미뤄볼 때 유출규모가 1,000건 내외일 것으로 보인다. 그러나 정부 행정망과 관련한 이런저런 사건사고가 끊이지 않고 있는 것은 우려를 낳을 만한 문제다.

지속되는 사고로 국민 불안은 가시지 않아

행안부는 이번 사고에 대해 "시스템 점검을 통해 연계 시스템상 오류 등으로 일부 민원증명서가 오발급된 사실을 확인했다"며 "오발급 된 민원서류는 즉시 삭제했고, 관련 절차대로 당사자들에게 이런 사실을 신속히 알렸다"고 설명했다. 그러면서 당시 오류원인을 파악해 시스템 수정 및 보완을 했고, 현재는 서류가 정상발급되고 있다고 밝혔다.

이런 설명대로라면 일시적이거나 단순한 오류에 기인한 사고일 수도 있겠다. 그렇다고 이를 단순한 사고로 가볍게 넘길 일은 아니다. 지난해 6월 개통한 교육부의 4세대 교육행정정보시스템(NEIS)의 잦은 오류가 문제가 됐고, 작년 11월에는 행정전산망 장애로 읍면동 주민센터의 민원서비스가 한때 전면중단되는 등 일대 혼란에 빠지기도 했다.

또 올해 2월 개통한 지방세와 세외수입 업무처리를 하는 차세대 지방세입정보시스템도 개통 후 한 달 넘게 크고 작은 오류가 반복되며 국민과 공무원들에게 불편을 끼쳤다. 정부 전산망에 크고 작은 오류가 이어지며 신뢰를 떨어뜨리는 상황에서 어떻게 이를 이용하는 국민이 불안해하지 않을 수 있겠는가.

디지털정부 자처한다면 시스템 꼼꼼히 살펴야

이번 개인정보 유출 이후 행안부의 사후대처가 적절했는지도 짚어볼 문제다. 유출사고 직후 행안부가 해당 사실을 구체적으로 언론에 먼저 공개한 내용은 없다. 디지털정부를 표방하고 있을수록 정보 투명성이 높아져야 함은 두말할 필요가 없다.

개인정보보호위원회가 이번 개인정보 유출사고와 관련해 행안부를 대상으로 신고절차의 위법성 여부와 유출규모 등을 들여다보고 있다고 전해졌다. 조사관을 배정하고 현장조사를 벌이는 한편 관련자료 제출을 요구하는 등 구체적인 개인정보 유출규모와 경위 등을 파악할 방침으로 알려졌다.

사고 이후 신고과정이 적절했는지도 확인할 방침이라고 한다. 철저한 조사를 바탕으로 재발방지 등 필요한 후속조치를 다 해야 한다. 사고원인이 운영상의 실수인지 시스템의 문제인지 꼼꼼히 확인하고 책임소재를 규명하는 한편, 시스템 전반의 허점 여부를 재점검하는 계기로 삼아야 한다. 🔲

재선 나서는 트럼프
"한국, 방위비 더 내야"

도널드 트럼프 전 미국 대통령

트럼프, "한국은 우리를 제대로 대우해라"

도널드 트럼프 전 미국 대통령이 재선도 전에 벌써부터 우리나라에 대한 방위비 분담금 대폭 증액을 요구하고 나섰다. 트럼프는 타임지와의 인터뷰에서 "그들(한국)은 매우 부자나라가 됐다. 그런데도 우리는 본질적으로 그들 군대 대부분을 무상으로 지원했다"고 밝혔다. 방위비 분담금 증액 필요성을 직접 거론한 것이다. 타임지는 그의 발언이 "주한미군 철수 가능성을 시사한 것"이라고 보도했다.

도널드 트럼프 전 미국 대통령이 재집권 시 한국의 방위비 분담금 대폭 증액을 거세게 몰아붙일 것임을 시사했다. 트럼프는 4월 30일(현지시간) 보도된 미국 시사주간지 타임지와의 인터뷰에서 "한국이 우리를 제대로 대우하길 원한다"면서 한국이 분담하는 주한미군 주둔비용을 대폭 늘려야 한다고 주장했다. 트럼프가 재선 도전에 나선 뒤 선거과정에서 방위비 분담금 증액을 직접 거론한 것은 사실상 처음이다. 이에 따라 트럼프가 당선되면 '전액 부담'에 가까운 분담금 대폭 증액을 우리나라에 요구하면서 주한미군 철수 등을 검토했던 트럼프 1기의 '트라우마'가 재연될 수 있다는 우려가 나온다.

트럼프는 재임 당시 방위비 협상과 관련해 "나는 한국에 한발 나아가 돈을 내야 할 때라고 말했다"면서 "그들은 매우 부자나라가 됐다. 그런데도 우리는 본질적으로 그들의 군대 대부분을 무상으로 지원했다"고 밝혔다. 그러면서 "그들은 수십억달러를 내기로 동의했고, 군 주둔의 대가로 수십억달러를 지불했다"면서 "그런데 내가 이임했기 때문에 그들은 아마 거의 돈을 내지 않고 있을 것"이라고 주장했다. 이어서 "이것은 말이 안 된다. 왜 우리가 다른 사람을 방어하느냐"고 반문했다. 타임지는 '주한미군을 철수할 것이냐'는 질문에 대한 트럼프의 이런 답변에 대해 '한국이 북한 방어를 위해 더 많은 방위비를 부담하지 않을 경우 주한미군을 철수할 수 있음을 시사한 것'으로 보도했다.

CNN "트럼프 방위비 관련 발언, 사실과 달라"

한편 트럼프의 방위비 분담금 발언이 오류투성이라는 비판이 미국언론에서 나왔다. CNN 방송은 5월 5일(현지시간) 자체 팩트체크를 통해 트럼프의 인터뷰를 분석, 최소 32개의 오류를 확인했다고 보도했다. 특히 "바이든행정부가 한국정부에 '사실상 아무 것도' 내지 않도록 했다는 것은 사실에 근접조차 하지 않은 내용"이라며 "한국은 바이든행정부와 협상을 통해 트럼프행정부 때보다 더 많은 분담금을 내고 있다"고 밝혔다. 이어서 "한국은 2021년 방위비 분담금을 13.9% 인상해 약 10억달러에 가까운 금액을 부담했으며, 2022년부터 2025년까지 한국의 방위비 증액과 연동해 분담금을 올리기로 합의했다"고 설명했다.

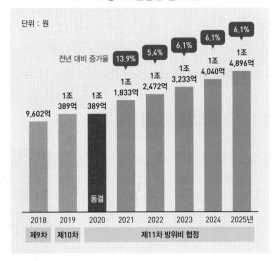

제11차 방위비분담금 합의 규모

단위 : 원

연도	금액	전년 대비 증가율
2018 (제9차)	9,602억	
2019 (제10차)	1조 389억	
2020 (동결)	1조 389억	
2021	1조 1,833억	13.9%
2022	1조 2,472억	5.4%
2023	1조 3,233억	6.1%
2024	1조 4,040억	6.1%
2025년	1조 4,896억	6.1%

(2021~2025년: 제11차 방위비 협정)

'트럼프 리스크' 대처 준비해야

트럼프의 발언은 한미동맹에 대해 전략적 가치 대신 철저히 거래관계로 접근하는 '거래의 동맹관'이 거듭 확인된 것이라 우리로서는 특히 우려스럽다. 또한 "한국이 아마 거의 돈을 내지 않고 있을 것"이라는 거짓 주장을 펼치는 것도 걱정스런 지점이다. 우리가 한 해에 1조원이 넘는 분담금을 부담하고 있는 사실을 애써 눈 감은 것이다. "왜 우리가 다른 사람을 방어하느냐"는 등 잘못되거나 거친 그의 언사를 단순히 선거용이라고 평가절하하기도 어렵다. 트럼프는 집권 1기 때 이미 종전 대비 5~6배 수준의 분담금 대폭 인상을 요구했는가 하면 주한미군 감축에 대해 거론했다가 참모들 만류로 뜻을 관철하지 못했다고 전해진 바 있다. '트럼프 리스크'가 확인된 만큼 우리정부 또한 치밀하게 대응해야 한다.

한미는 2026년 이후 적용할 새 방위비분담특별협정(SMA) 첫 회의를 지난 4월 처음 열었다. 그런데 연내 합의가 나오더라도 트럼프가 백악관에 복귀한다면 방위비 재협상을 강하게 요구할 가능성이 제기된다. 여러 시나리오에 대비하는 정부의 전략적 검토가 있어야 한다. ⚡️

"출산동기 부여 vs 해결책 안 돼"

찬성

직접적이고 효과적

코로나19 때 재난지원금이 그랬던 것처럼 극한의 상황에서는 산발적이고 간접적인 지원보다 즉각적이고 직접적인 경제지원이 더 큰 효과를 가져올 수 있다. 지금 우리사회의 저출산은 장기적인 계획으로 천천히 개선해나가야 하는 단계가 아니다. 주거난, 고용불안, 노후빈곤에 대한 사회정책이 자리잡기까지는 긴 시간이 필요하다. 그러나 이미 세계 최저의 출산율을 찍은 우리사회는 당장의 효과가 절실하다.

2005년 '저출산·고령사회 기본법'을 제정할 때 출산을 망설이는 가장 큰 이유로 자녀 보육비·교육비 부담이 꼽혔다. 통계청이 지난해 12월 발표한 '한국의 사회동향 2030'에서도 20~30대가 결혼과 출산을 꺼리는 가장 주된 이유로 '경제적 여건'을 꼽았다. 결국 출산의 가장 큰 걸림돌은 경제적 어려움인 셈이다. 또한 워킹맘 지원강화, 신생아 특례대출, 고운맘카드와 난임부부 시술비 지원 등 다양한 저출산정책이 존재하지만, 워킹맘이 아닌 여성도 있고 난임부부가 아닌 경우도 있듯이 각자 처한 여건과 환경에 따라 혜택을 누리지 못할 수도 있다. 그런 의미에서 1억원은 출산과 육아, 돌봄 과정에서 들어가는 경제적 요소를 해결해줌으로써 청년들의 부담을 덜어주는 확실한 정책이 될 것이다. 폴란드도 둘째 자녀를 낳으면 매달 17만원씩 18년 동안 지급하고 있다.

국민권익위원회(권익위)가 출생·양육 지원금 1억원을 직접 지원하는 것에 대한 대국민설문조사를 진행했다. 조사는 4월 17일부터 26일까지 진행됐다. 권익위는 "2006~2021년 동안 저출산대책으로 약 280조원의 재정이 투입되었음에도 출산율은 여전히 감소 추세"라 지적하고, "그동안 정부의 저출산대책이 유사사업 중첩·중복 내지, 시설 건립·관리비 등 간접지원에 치중되어 있기 때문이라는 의견도 있다"며 "산모(또는 출생아)를 수혜자로 지정하고 출산·양육 지원금 직접지원을 확대하는 제도개선의 필요성에 대해 국민 여러분의 의견을 구한다"고 설명했다.

구체적인 설문문항은 ▲ 사기업(부영그룹)의 출산지원금 1억원 사례와 같이 정부가 파격적인 현금을 지원해준다면 출산에 동기부여가 되는지 ▲ 1억원을 지급할 경우 연간 약 23조원의 재정이 투입될 것으로 예상되는데 동의하는지 ▲ 출산·양육 지원금 지급을 위해 다른 유사목적의 예산을 활용하는 것에 대해 어떻게 생각하는지 등으로 구성됐다. 다만 권익위는 이번 설문조사가 "소관 부처에 정책제안 여부를 판단하기 위한 국민의견 수렴과정"이라며 "정책 채택 여부와는 무관하다"고 선을 그었다.

출산·양육비 1억원 지원

이번 조사로 정부가 부영그룹 출산지원금 사례를 정책에 차용하는 방향으로 나아갈지 관심이 모인다. 앞서 부영그룹이 출산한 직원들에게 지원금 1억원씩(최대 2회)을 지급하는 파격적인 정책을 내놓자 기획재정부는 출산지원금 전액에 비과세하도록 소득세법 개정을 추진하기로 한 바 있다. 직원이 기업의 지원혜택을 온전하게 누릴 수 있게 하려는 취지다.

부영그룹은 2021년 이후 태어난 70명의 직원자녀 1인당 1억원씩, 총 70억원을 지급했다. 이때 직원들의 세 부담을 줄이기 위해 세율이 낮은 '증여'방식을 택했다(1억원 증여 시 세율 10%). 더 나아가 부영그룹 측은 '출산장려금 기부 면세제도'를 제안하기도 했다. 2021년 1월 1일 이후 출생아에게 개인 및 법인이 3년간 1억원 이내로 기부할 경우 지원받은 금액을 면세해주자는 것이다. 기부자에게도 기부금액만큼 소득·법인세 세액공제혜택을 주는 방안도 덧붙였다. 그 외 인천시도 인천에서 태어나는 아동에게 18세까지 1억원을 지급하는 '1억 플러스 아이드림' 사업을 추진하고 있고, 충북 영동군도 1월부터 '1억 성장 프로젝트'를 시행하고 있다. 한편 산모·출생아에게 현금 1억원을 직접 지급할 경우 2023년 출생아 수 기준으로 연간 약 23조원의 예산이 투입될 전망이다. 시대

YES!
"육아휴직 시 돈에 대한 압박이 줄어"
"출산 동기를 높이는 데 효과적일 것"

NO!
"결혼을 안 하는데 아이는 어떻게 낳아?"
"지원금 노린 출산이 생길 수도"

반대

육아, 돈만이 문제 아냐

지난 2월 베이징 정책연구기관은 1인당 국내총생산(GDP) 대비 18세까지 자녀 1명을 키우는 데 들어가는 비용이 가장 높은 나라로 우리나라를 선정했다. 양육비가 한화로 3억원 이상이 필요하다는 것이다. 결국 '나라가 키워줄 테니 일단 낳아라'라는 방식은 통하기 어렵다. 또한 우리나라 저출산은 단순히 양육비 부담 때문이 아니다. 지나친 경쟁사회에 높은 집값, 불안정한 직장 등 경제적인 문제 외에 가정에서의 성평등 문제, 가부장적인 가족문화 등 사회·문화적인 문제가 복합적으로 얽혀 있기 때문이다. 이런 문제의 해결이 없다면 출산율은 고사하고 결혼율부터 걱정해야 할 것이다.

1억원을 받는다 해도 현실은 육아휴직을 마음대로 쓸 수도 없다. 민주노총 민주노동연구원의 연구에 따르면 '남녀 모두 육아휴직 신청은 가능하지만 부담을 느끼거나 눈치가 보인다'는 답변이 응답자의 50.1%로 절반이 넘었다. 인사고과, 승진 등 직장생활에 불이익을 받을 수 있기 때문이다. 세계에서도 손꼽히는 노동시간도 문제다. 아이와 함께할 시간이 절대적 부족한 것이다. 아이는 돈으로만 키울 수 없다. 근로여건이 개선되지 않으면 1억원이 출산율로 이어질 일은 거의 없다. 또한 당장 역대급 세수결손이 예정돼 있는 상황에서 예산은 어떻게 조달할 것인지에 대한 우려도 크다.

"미래 에너지원 vs 작아도 원전"

찬성

차세대 에너지원의 출발

한국전력에 내는 1년 치 전기요금의 경우 삼성전자는 2조 5,000억원, SK하이닉스는 1조 2,000억원을 초과한다. 안정적이고 충분한 전력의 뒷받침 없이는 반도체산업이 발전할 수 없다는 의미다. 자동차, 조선, 화학 등 중화학산업은 물론이고 데이터산업 역시 전력비용이 산업의 경쟁력을 좌우한다. 따라서 핵심산업에서 경쟁력을 유지하고 약진하기 위해서는 비용단가가 적게 드는 전력을 더 많이 생산할 필요가 있다. 그렇다고 탄소발생을 억제하자는 글로벌추세에 역행할 수도 없다. 결국 이런 조건에 부응하는 전력은 현재로서는 사실상 원자력이 유일하다.

SMR은 규모가 작고 공기만으로 냉각이 가능해 산업단지나 도시 인근에 건설할 수 있다. 따라서 송전시설 건설비용을 크게 아낄 수 있다. 또한 방사능 유출 등 사고확률도 대형원전 대비 1만분의 1 정도여서 재앙적 원전사고도 피할 수 있다. 때문에 국제원자력기구(IAEA)도 SMR에 대해서는 일반 원전과 다른 규제를 적용할 것을 권고한다. 미국은 2020년 뉴스케일파워에 SMR 설립을 허가하면서 '원전 230m 안에 비상대피구역 마련' 정도의 조건만 달았을 정도다. 그런 의미에서 기존 대형원전처럼 20~30km 안에 거주하는 주민들에게 사전동의를 받아야 하는 규제는 미래로 가는 데 방해물일 뿐이다.

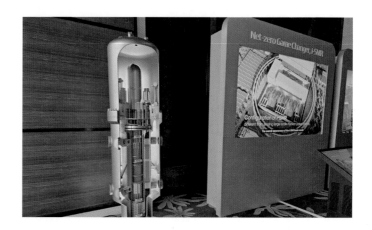

윤석열 대통령은 지난 2월 22일 경남 창원에서 14번째 민생토론회를 갖고 "정부는 원전산업 정상화를 넘어 올해를 원전 재도약 원년으로 만들기 위해 전폭 지원을 펼치겠다"고 밝혔다. 총선이 47일 앞으로 다가온 가운데 문재인정부의 '탈원전 정책'이 "세계 일류의 원전기술을 사장시키고 기업과 민생을 위기와 도탄에 빠뜨렸다"고 비판하며, 원전 생태계 복원을 위해 대대적 지원에 나서겠다고 강조한 것이다. 이어 경남과 창원을 '소형모듈원전(SMR) 클러스터'로 만들겠다면서 "원전산업이 계속 발전할 수 있도록 SMR을 포함한 원전산업지원특별법을 제정하겠다"고 밝혔다.

윤 대통령의 원전산업지원특별법에는 ▲ 3조 3,000억원 규모 원전 일감 제공 ▲ 1조원 규모 특별금융 지원 ▲ 5년간 4조원 이상 원자력 연구개발(R&D) 예산 투입 ▲ 원전산업 지원 특별법 제정 ▲ 2050년 중장기 원전 로드맵 수립 ▲ 각종 세제혜택 등의 내용이 담겼다. 특히 2028년 개발을 목표로 한 한국형 SMR인 'i-SMR' 개발 가속화를 위해 예산을 전년 대비 9배 증액하고, '공장에서 원전을 만들어 수출하는 시대'에 대비하기 위해 SMR 위탁생산시장 선점을 위한 전략에 박차를 가하겠다고 밝혔다.

소형원전 건설

SMR이라고 하는 이 소형원전은 단일 용기에 냉각재 펌프를 비롯한 원자로, 증기발생기, 가압기 등 주요 기기를 모두 담아 일체화시킨 원자로다. 전기출력 300MW 이하의 전략생산이 가능한데, 후쿠시마 원전사고 이후 대형원전에 대한 우려가 커지면서 글로벌 SMR 시장이 확대되는 추세다. 그동안 원자력발전은 대형 원전사고와 높은 개발비용 때문에 태양열·조력·풍력·지열 등 다른 재생에너지에 비해 주목받지 못했지만, 국제에너지기구(IEA)는 글로벌 전력생산량의 약 10%를 차지하고 있는 원자력이 SMR 발전소 확대에 따라 더욱 증가할 것이라고 밝혔다. 4·10 총선을 앞두고 여당이 SMR을 핵심공약으로 내세운 근거이기도 하다.

한편 '챗GPT의 아버지' 샘 올트먼 오픈AI 최고경영자(CEO)가 상장을 추진한 소형원전 개발 스타트업 '오클로'의 주가가 뉴욕증시 데뷔 첫날인 5월 10일 전날보다 53.65%나 떨어졌다. 전날 18.23달러였던 주가는 이날 15.5달러로 거래를 시작했지만, 마감시간 기준 8.45달러에 그쳤다. 오클로는 SMR 관련 스타트업으로서 15MW급의 소형원전을 개발하고 있는데, 현재 가동 중인 원전은 없으며 2027년 첫 가동을 목표로 하고 있다. ▣

"건설비 절약, 건설기간 단축"
"가까운 곳에 필요한 만큼"

"미국에서도 실패한 걸 왜 한국에?"
"작아도 원전은 원전! 사고는 못 피해"

한반도를 원전실험장으로?

원전이 대형화된 이유는 규모가 클수록 경제적 효율이 높기 때문이다. 원전의 규모가 작아질수록 건설단가는 높아진다는 말이다. SMR은 대량 제작 및 조립을 통해 건설 기간 및 비용을 최소화할 수 있다고 자랑하지만 실제 수십 내지 수백기를 건설해야 경제성을 확보할 수 있다. 결국 소형이 소형이 아닌 셈이다. 또한 우리 정부와 경제계에서는 "뉴스케일파워의 SMR이 설계인증을 획득하고 아이다호주 국립연구소 내에 발전소 건설을 확정했다"고 하지만, 실제 미국 에너지부의 승인은 어디까지나 '조건부'이고, 이때 건설하게 되는 SMR도 실험형 시설이며, 원전부지 확정도 못한 상태다. 심지어 미국 내 첫 소형모듈원전사업으로 주목받던 뉴스케일파워의 유타발전소 프로젝트는 지난해 11월 비용문제로 중단됐다.

최근 주목받는 SMR용 소듐냉각고속로(SFR) 또한 냉각을 위해 사용되는 소듐이 공기와 수분에 노출됐을 때 폭발과 화재의 위험성이 크다는 리스크를 해결하지 못한 상태다. 무엇보다 SMR이 규모가 작다고는 하지만 엄연히 원전이다. 이 분야에서 가장 앞선 미국에서도 실제 상용화는 2030년을 목표로 한다. 따라서 불안전한 위험시설을 우리나라에 선제적으로, 그것도 대도시 외곽이나 산업단지와 200m 정도의 이격거리에 건설한다는 것은 합리적이지 않다.

한 달 이슈를 퀴즈로 마무리!

01 4월 10일 치러진 총선에서 더불어민주당이 압승을 거두면서 22대 국회에서도 (   ) 구도가 이어지게 됐다.

02 일본정부의 압박으로 (   )이/가 네이버의 라인야후 지분 인수에 나서면서 경영권 향방에 이목이 쏠렸다.

03 (   )(이)란 물가변동이 심한 품목을 제외하고 산출하는 물가지수를 말한다.

04 윤석열 대통령은 취임 2주년 기자회견에서 야당 주도로 국회 본회의를 통과한 '채상병 특검법'에 대한 (   ) 행사를 시사했다.

05 (   )은/는 연금 보장성을 보여주는 지표로서 국민연금 납부액 대비 노후소득 보장비율을 말한다.

06 2023년 관리재정수지가 당초 계획보다 크게 악화하면서 윤석열 대통령이 공언한 (   )은/는 결국 지키지 못하게 됐다.

07 (   )은/는 환자가 지불하는 본인부담금과 건강보험공단에서 지급하는 급여비의 합계를 말한다.

08 미국 연방준비제도가 6월부터 월별 국채상환 한도를 축소하는 등 유동성 흡수를 위한 (   ) 속도를 줄인다고 밝혔다.

09 삼성전자 등 (   ) 비중이 큰 대기업이 지난해 영업손실로 (   )을/를 내지 못해 국세수입에 타격이 큰 것으로 나타났다.

10 최근 K팝시장에서 운영비용 절감, 업무분담 등의 이유로 (   ) 체제를 도입하는 기획사가 증가하는 추세다.

11 헌법재판소는 패륜행위를 한 가족에게도 의무적으로 (   )을/를 상속하도록 한 현행 민법이 헌법에 어긋난다고 판단했다.

12 (   )은/는 국민여론과 민심을 수렴하고 이를 대통령에게 전달해 국정기조에 반영될 수 있도록 하는 등의 업무를 수행한다.

13 (   )은/는 강경하고 권위주의 성향의 지도자를 지칭할 때 사용하는 용어다.

14 최근 중국계 전자상거래 업체가 국내시장을 뒤흔들면서 업계에서는 '(   )의 공습'이라는 말이 회자됐다.

15 (   )(이)란 새로 개발된 제품 또는 서비스에 대해 대중이 적응하고 받아들이기 전까지 겪는 침체기를 말한다.

16 인도네시아가 (   ) 개발분담금을 1/3 수준으로 삭감하겠다고 우리 정부에 제안한 가운데 이미 기술을 유출해 놓고 이런 제안을 한 것이 아니냐는 의혹이 제기됐다.

17 중국이 유럽을 제치고 최대 풍력발전설비 제조국으로 자리잡으면서 현재 가동 중인 전 세계 (   )의 절반 이상이 중국제품인 것으로 알려졌다.

18 (   )은/는 가격을 인상하는 대신 제품의 크기나 용량 등을 줄이는 것을 말한다.

19 정부는 그동안 명확하게 정립되지 않았던 악성민원의 정의를 민원인의 위법행위와 (   ) 등 2가지로 규정하여 발표했다.

20 일본정부가 매년 국제정세와 일본 외교활동을 기록한 (   )에 올해도 '독도는 일본땅'이라는 문구가 포함된 것으로 알려졌다.

21 (   )에 포함되는 인허가 · 착공 · 준공 실적은 부동산경기를 가늠하는 주요 지표로 주택수요자들의 의사결정과 민간의 사업결정은 물론 정부정책 수립의 근거가 된다.

22 지난 4월 이란과 이스라엘이 무력충돌한 것을 두고 그간 공격의 주체가 드러나지 않았던 (   )이/가 수면 위로 드러나는 것이 아니냐는 우려가 제기됐다.

23 (   )은/는 선거 및 국민투표의 공정한 관리와 정당에 관한 여러 사무를 관장하기 위해 설치된 헌법기관이다.

24 윤영빈 우주항공청 초대청장은 민간이 우주개발을 주도하는 (   )을/를 여는 것을 우주청의 최대역할이라고 밝혔다.

25 (   )은/는 인위적으로 비를 내리게 하기 위해 구름 안에 뿌리는 인공강우물질이다.

26 대법원 (   )은/는 강력범죄로 이어질 가능성이 큰 스토킹범죄에 함부로 벌금형을 선고하지 못하도록 양형기준을 신설했다. 핫이

전기 기사·산업기사 자격전망 소개!

SD에듀 유튜브 채널 토크레인 인터뷰 영상 보러가기

전기기능사 → 전기산업기사 → 전기기사 → 전기 관련 기술사

전기공사산업기사 → 전기공사기사

전기기능장

※ 전기 분야 자격증 관계도

Q 전기 기사·산업기사 자격을 취득해야 하는 이유는?

많은 사람들이 '전기 기사·산업기사를 취득하면 무슨 장점이 있지?'라는 생각을 합니다. 전기공학이나 관련 분야를 전공한 사람들은 이 자격이 얼마나 중요한지 알겠지만, 다른 직종이나 분야에 종사했던 사람들은 '내가 이걸 따게 되면 무슨 일을 할 수 있지?'라고 생각하는 경우가 되게 많아요.

전기기사·전기산업기사는 이직을 생각하는 근로자나 미취업자들에게 특히 좋은 자격증이라 할 수 있습니다. 전기를 안 쓰는 산업이 없고, 아파트나 공장 등 전기를 사용하는 곳에는 전기설비를 담당하는 책임자가 반드시 있어야 하기 때문에 공사 설계부터 감리, 시공, 관리 등 진출할 수 있는 분야가 굉장히 다양합니다.

Q 실제 현장에서 인력 수요가 많은지?

코로나19의 영향으로 산업이 전반적으로 위축되긴 했지만, 우리나라에서 어떤 산업이 개발되고 진행되면서 건설 분야가 사라진 적은 없어요. 다만 꼭 알아야 할 것은 전기 분야 자격증의 경우 공사와 시공 관련 분야보다는 관리·감독에서 더 중요한 업무를 맡고 있다는 겁니다. 그래서 어떤 건물에 대한 전기설비가 제대로 유지되는지, 화재위험성은 없는지 등을 확인하는 안전관리 대행업 같은 분야에서 수요가 조금 더 많은 편입니다.

자격 취득요건은?

학력과 경력, 관련 자격 소지 여부에 따라 시험응시 조건이 다릅니다. 관련 경력은 있는데 이론적 지식이 없어 망설이고 있는 경우에도 기초이론과 현장에서 활용되는 내용들을 잘 공부하면 됩니다.

구분	기술자격 소지자	관련학과 졸업자	순수 경력자
기사	• 동일(유사)분야 기사 • 산업기사 자격 소지+1년 경력 • 기능사 자격 소지+3년 경력 • 동일종목 외 외국자격 취득자	• 대졸(졸업예정자) • 3년제 전문대졸+1년 • 2년제 전문대졸+2년 • 기사 수준의 훈련과정 이수자 • 산업기사 수준의 훈련과정 이수+2년	4년 (동일 · 유사분야)
산업기사	• 기능사 자격 소지+1년 경력 • 동일(유사)분야 산업기사 • 동일종목 해당 외국자격 취득자 • 기능경기대회 입상자	• 전문대졸(졸업예정자) • 산업기사 수준의 훈련과정 이수자	2년

※ 군대에서 관련 분야의 업무를 수행한 경우 한국산업인력공단 확인 후 경력으로 인정 가능

 ## 과목별 공부방법은?

전기는 하나의 분야를 세분화시켜서 공부하는 것이기 때문에 모든 과목이 다 연관성이 있습니다. 그래서 어떤 과목을 먼저 공부해야 하는지 정하기는 어렵지만, 굳이 얘기하자면 기초전기와 계산기 사용법을 먼저 공부하라고 말씀드립니다. 보통 어려운 과목을 공부하다 포기하는 경우가 되게 많아요. 그래서 기초전기를 먼저 공부하고 회로에서 직류와 교류, RLC 파트까지 먼저 공부한 다음 전기기기와 전기공학을 같이 공부하면 좋을 것 같네요. 그다음 전기회로 나머지 부분과 전자자기학, 마지막으로 암기과목인 KEC 한국기준을 공부하면 됩니다. SD에듀에서 제공하고 있는 OT강의를 보시면 과목별 전략을 어떻게 짜는지 설명돼 있으니 참고해보시면 좋을 것 같습니다.

전기(산업)기사 류승헌

자격	전기기사, 전기기능장
경력	A전기학원/H전기아카데미 부원장
현	베스트전기기술학원 원장
현	SD에듀 전기 대표 전임교수

필수
시사상식

화제의 용어를 한자리에!
시사용어브리핑

더블헤이터(Double Hater) 두 명의 후보 또는 정당 모두에게 거부감을 가진 유권자

▶ 국제·외교

선거에 출마한 두 명의 유력 후보 또는 정당을 모두 싫어하는 유권자를 가리키는 말로 이들은 '어떤 후보가 더 싫은가'에 기준을 두고 판단한다. 특정 정당이나 인물에 대한 지지의사가 없더라도 후보자의 공약 등에 따라 투표하는 중도층과는 근본적인 개념 자체가 다르다. 투표결과가 발표되기 전까지 이들이 어떤 선택을 했을지 예측하기 어려워 선거의 변수로 작용하기도 하며, 특히 주요 후보나 정당에 대한 부정적 인식이 높을수록 이들이 승패를 좌우하는 경우가 많다.

왜 이슈지?

2024년 11월 치러질 미국 대통령선거에서 조 바이든 대통령과 도널드 트럼프 전 대통령의 리턴매치가 확정된 가운데 두 후보 모두 고령자라는 점과 대통령을 한 번 역임했던 인물이라는 점에서 **더블헤이터**가 어느 때보다 많은 것으로 나타났다.

포획위성 우주쓰레기를 포획하거나 인공위성 등에 연료를 주입해 수명을 연장시키는 위성

▶ 과학·IT

임무를 마친 뒤 수명이 다한 인공위성의 잔해 같은 우주쓰레기에 접근해 포획하거나 연료 등을 주입해 수명을 연장시키는 역할을 하는 소형위성을 말한다. 로봇팔이나 그물 등을 이용해 우주쓰레기가 되어 떠도는 위성을 붙잡아 지구 대기권으로 진입시켜 소각시키는 것이 가능하고, 연료보급이나 수리, 궤도변화 등을 통해 위성의 임무수명을 연장시키는 용도로도 주목받고 있다. 최근 민간회사들의 우주개발이 활발해짐에 따라 우주쓰레기도 급증해 심각한 문제로 떠오르고 있다. 이에 따라 주요국은 우주쓰레기를 제거하기 위한 포획위성 개발에 나선 상황이다.

왜 이슈지?

과학기술정보통신부는 능동제어기술 중 위성 포획과 지구 재진입 기술을 갖춘 500kg 이하 소형 **포획위성**을 개발하고, 2027년 누리호 6차 발사에 포획위성을 실어 실증에 나설 계획이라고 밝혔다.

엔시티피케이션(Enshittification) 플랫폼이 수익창출을 우선시하면서 품질과 사용자 경험이 떨어지는 현상

▶ 문화·미디어

사용자에게 양질의 콘텐츠와 편익을 제공하던 플랫폼이 점차 더 많은 이익을 창출하는 것에 몰두하면서 플랫폼의 품질과 사용자 경험이 모두 저하되는 것을 말한다. 배설물을 뜻하는 'shit'를 써서 플랫폼의 변질을 꼬집은 용어로 '열화(劣化)'라고도 한다. 페이스북, 인스타그램 같은 플랫폼들이 본래 추구하던 콘텐츠보다 광고나 가짜뉴스 같은 스팸성 게시글이 넘쳐나면서 전체적으로 플랫폼의 질이 떨어지고, 이에 따라 사용자가 이탈하고 있는 현상을 설명하기 위해 제시된 개념이다.

왜 이슈지?

최근 세계 이커머스시장을 빠른 속도로 잠식해나가고 있는 '테무', '쉬인', '알리익스프레스' 등의 중국의 대형 이커머스업체들이 천문학적인 광고비를 지출하면서 플랫폼의 **엔시티피케이션**을 가속화하고 있는 것으로 나타났다.

바이브세션(Vibecession) 실제 상황과 관계없이 경제에 대한 비관론이 퍼지는 분위기

▶ 경제·경영

감정이나 태도를 뜻하는 'vive'와 경기침체를 뜻하는 'recession'의 합성어로 실제 객관적인 경제상황과는 관계없이 경제에 대한 비관론이 널리 퍼지는 분위기, 즉 '심리적 불경기'를 가리킨다. 경제에 대한 낮은 소비자 심리를 나타내는 비기술적 용어로 바이브세션 기간에는 경제를 두고 비관적으로 느끼는 사람이 많다. 2022년 여름 인플레이션이 40년 만에 최고치를 기록하며 미국 소비자심리가 현저히 낮았던 당시 처음 등장했다. 일부 전문가들은 전쟁과 같은 정치적·사회적 혼란이 극심할수록 사람들이 경기불황이나 경제위기가 있다고 착각할 수 있다고 보고 있다.

왜 이슈지?

CNBC가 한 여론조사 기관과 미국과 영국, 호주, 독일 등 9개국 4,300명 이상의 성인을 대상으로 실시한 조사에 따르면 싱가포르(79%)와 멕시코(74%)를 제외한 대부분의 국가는 절반 이하만이 개인의 재정을 낙관적으로 전망해 **바이브세션**을 겪고 있는 것으로 나타났다.

차일드 페널티(Child Penalty) 여성이 출산으로 인해 고용상 불이익을 겪는 것

▶ 사회·노동·교육

경제학에서 여성이 출산으로 인해 받는 고용상 불이익을 뜻하는 용어다. 여성이 출산 및 육아로 경력이 단절되는 것이 대표적 예다. 2011년 경제협력개발기구가 발행한 보고서 '가족을 위한 더 나은 일'에서 언급된 이후 노동시장에서 널리 활용되고 있다. 한국개발연구원(KDI)에서 발간한 'KDI 포커스 : 여성의 경력단절 우려와 출산율 감소' 연구에 따르면 상대적으로 육아부담이 여성에게 치우친 한국의 현실이 출산율 하락원인에 40%가량을 차지한다는 분석이 나왔다.

왜 이슈지?

KDI의 연구에 따르면 **차일드 페널티**의 증가가 2013~2019년 출산율 하락원인에 40%가량을 차지하는 것으로 나타나면서 출산율을 높이기 위해서는 부모가 아이를 기르면서도 커리어를 이어갈 수 있도록 '일·가정 양립환경 정책'을 개선해야 한다는 주장이 제기됐다.

런웨이(Runway) 스타트업이 보유자금으로 생존할 수 있는 기간

스타트업이 보유한 자금으로 사업을 지속할 수 있는 기간을 가리키는 말로 그동안 신규수익이나 투자유치를 하지 못할 경우 폐업할 수 있다는 경고의 의미도 있다. 원래 '런웨이'는 비행기가 이륙하는 활주로를 뜻하는데, 비행기를 스타트업에 비유하여 확보한 자금이 떨어지기 전 안정기에 접어들어야 한다는 의미로 사용한다. 런웨이는 예산책정과 비즈니스모델 조정, 자금 조달시기 등 스타트업의 존폐를 결정하는 중요한 의사결정 요소이므로 정확한 예측과 체계적인 관리가 필요하다.

왜 이슈지?

최근 경기불황으로 신규투자 유치가 어려워지면서 **런웨이**를 이전보다 길게 잡아야 생존에 유리하다는 전문가들의 판단하에 런웨이를 통상 12개월 이내로 계산하고 운영하는 스타트업이 많아지는 추세다.

사이버 복원력 사이버공격에 노출된 경우 신속하게 시스템 기능을 복구할 수 있는 능력

사이버공격이 이뤄졌을 시 각 기관·기업 등에서 보관하고 있는 자산과 데이터, 시스템을 보호하고, 만약 공격에 노출되더라도 신속하게 대응해 시스템기능을 복구할 수 있는 능력을 뜻한다. 디지털기술에 대한 사회적 의존도가 높아짐과 동시에 사이버공격 빈도가 증가하고 그 형태도 다양해지고 있어 사이버 복원력의 중요성 역시 커지고 있다. 단순히 데이터를 보호하는 것에서 그치는 것이 아니라 유사시 신속한 복구와 예방에 중점을 두고 있다는 점에서 '사이버 보안'과 다르며, 사이버 복원력의 수준이 높을수록 공격으로 인한 업무중단 시간과 그에 따른 재정적 손실을 줄이고 이용자들의 신뢰를 얻을 수 있다.

왜 이슈지?

최근 해킹 등 사이버공격이 증가함에 따라 사이버보안에 대한 기술개발 및 연구가 활발히 진행되고 있는 가운데 정부와 기관 등에서는 **사이버 복원력**을 확보·강화하는 것이 중요하다고 보고 관련 대책을 세우고 있다.

화이트 사이트(White Site) 시행자가 토지용도를 자유롭게 제안하는 제도

기존의 도시계획으로 개발이 어려운 지역을 사업시행자가 원하는 용도와 규모로 개발하는 것을 허용하는 제도를 말한다. 화이트 사이트 제도를 활용하는 국가로는 싱가포르가 있으며, 1995년부터 토지 이용 효율성을 극대화하기 위해 도입해 도시계획 정책에 적용하고 있다. 대표적으로 마리나베이 일대를 개발할 당시 이 제도를 활용했는데, 이는 일종의 '규제 프리존'이라 별도의 용도지역규제가 없는 상태에서 기업이 원하는 개발계획을 추진할 수 있도록 한 것이다.

왜 이슈지?

지난 3월 서울시가 발표한 '강북권 대개조' 프로젝트는 강북권을 중심으로 '상업지역 총량제' 해제와 대규모 유휴부지에 **'화이트 사이트'** 제도를 최초로 도입하는 한편 노후아파트 대단지는 안전진단 없이 재건축이 가능하게 해 신도시급으로 빠르게 변모시킨다는 계획이다.

틱톡금지법 중국의 숏폼 플랫폼 '틱톡'을 미국 앱스토어에서 퇴출할 수 있도록 한 법안

국제·외교

정식명칭은 '외국의 적이 통제하는 앱으로부터 미국인을 보호하는 법안'으로 미국 하원이 안보 우려를 이유로 지난 3월 중국 숏폼 플랫폼인 '틱톡(TikTok)'을 미국 앱스토어에서 퇴출할 수 있도록 한 틱톡금지법을 통과시켰다. 중국계열 모회사 '바이트댄스'가 소유하고 있는 틱톡은 현재 미국에서만 1억 7,000만명의 이용자를 보유한 인기 플랫폼이지만 이용자정보 유출 및 국가안보 위협 등과 관련해 지속적으로 문제가 제기돼 왔다. 조바이든 미국 대통령 역시 틱톡 사용에 관한 우려에 공감해 2023년 연방정부 전 기관에 사용금지령을 내리기도 했으나, 틱톡을 강제 매각하는 법안이 발의·통과된 것은 이번이 처음이다.

왜 이슈지?

틱톡금지법은 외국의 적이 통제하는 앱의 배포 및 유지, 업데이트를 불법화하는 내용이 담겨 있는데, 4월 24일 바이든 대통령의 서명으로 법안이 발효됨에 따라 틱톡은 미국 사업권을 270일 내에 매각해야 하고 이를 이행하지 않으면 미국 내 서비스가 전면 금지된다.

조모증후군(JOMO Syndrome) 사회에서 고립됨으로써 찾을 수 있는 즐거움

사회·노동·교육

조모(JOMO)란 'Joy Of Missing Out'의 약자로 '잊히는 즐거움'이라는 뜻이다. 사회로부터 고립되어 혼자만의 시간을 보내면서 느낄 수 있는 긍정적인 감정을 의미하는 용어로 다른 사람들이 즐기는 일에 참여하지 않는 행위를 통해 스트레스를 줄이고 혼자 보내는 시간을 소중히 여기는 사람들이 증가하는 현상을 설명할 수 있다. 이러한 행동양식을 실천하는 조모족은 스마트폰에서 소셜미디어(SNS) 앱을 삭제하고 온라인상에서 맺어지거나 지속되는 관계에 의미를 두지 않는다.

왜 이슈지?

최근 사회 주류와 달리 홀로 고립되는 사람이 증가하고 온라인을 통해 맺는 관계나 SNS에서의 경험을 멀리하는 'SNS 디톡스' 등이 유행하는 것은 조모증후군으로부터 비롯된 현상이라고 볼 수 있다.

AI 얼라이언스(AI Alliance) 신뢰할 수 있는 개방형 AI 생태계 구축을 목표로 출범한 국제단체

과학·IT

2023년 12월 인공지능(AI) 분야의 개방성 향상과 업계 간 협력촉진을 위해 출범한 국제단체다. 누구나 AI기술을 활용할 수 있는 개방형 AI 생태계를 구축하고 보안을 강화하여 신뢰할 수 있는 AI기술을 만드는 것을 목표로 한다. 메타, 인텔, IBM 등 기업 및 산업계와 도쿄대, 예일대 등 학계 및 연구기관, 미국 항공우주국(NASA)을 비롯한 정부기관 등 100여 개의 기업·기관이 협력하고 있다. AI기술을 더 정교하고 효과적으로 발전시키기 위한 다양한 연구·개발 사업 및 오픈소스 프로젝트를 추진함으로써 AI 생태계 발전 도모와 글로벌 기준을 마련하고, 이를 바탕으로 안전하고 신뢰할 수 있는 AI기술을 구축할 것으로 기대하고 있다.

왜 이슈지?

카카오는 지난 4월 12일 국내기업 중 최초로 AI 분야의 개방형 혁신과 연구·개발 지원을 위한 글로벌 오픈소스 커뮤니티인 AI 얼라이언스에 가입했다고 밝혔다.

녹색피로 친환경소비 노력에도 기후변화에 유의미한 결과를 느끼지 못한 소비자들의 활동의욕이 꺾이는 현상

소비자가 환경보호를 위한 친환경소비를 하는 등의 노력에도 불구하고 기후변화에 유의미한 결과를 체감하지 못하자 이에 따른 피로가 누적되어 활동의욕이 꺾이는 현상을 의미한다. 영어로는 '그린퍼티그(Green Fatigue)'라고 한다. 이러한 피로가 누적되면 소비자는 기후변화 문제해결의 책임을 소비자에게 떠넘기는 기업에 분노하게 되고, 그린워싱 등 기업의 친환경활동에 대해서도 불신할 수 있다. 업계에서는 이러한 현상이 결국 소비자와 기업 간 신뢰를 무너뜨리는 부작용을 초래할 수 있다며 경계하고 있으며, 실제 해외의 경우 친환경 관련 사업의 리스크가 증가하고 있는 것으로 나타났다.

왜 이슈지?

최근 미국과 유럽을 중심으로 소비자들의 **녹색피로** 증대로 인해 친환경사업을 앞세운 기업들이 평판 저하와 수익 감소 등의 리스크가 확대되고 있다는 분석이 나왔다.

홍콩 기본법 23조 홍콩 내 반정부행위 처벌을 강화한 홍콩판 국가보안법

반정부세력에 대한 통제 및 처벌을 대폭 강화하는 내용을 담은 법이다. 홍콩 입법회(의회)가 지난 3월 국가 분열과 전복, 테러, 외국세력과 결탁 등 39가지 안보범죄와 이에 대한 처벌을 담은 국가보안법(기본법 23조)을 만장일치로 통과시켰다. 앞선 2020년 중국정부가 제정한 홍콩 국가보안법을 보완하기 위해 홍콩정부에서 자체적으로 만든 법안으로 반역이나 내란 등의 범죄에 최대 종

신형을 선고하는 내용이 담겨 있다. 다만 법안의 기준이나 범위가 모호하다는 점이 문제점으로 지적된다.

왜 이슈지?

홍콩 기본법 23조가 3월 23일부터 시행됨에 따라 홍콩인뿐만 아니라 홍콩을 여행하려는 외국인들도 법의 적용대상이 될 수 있어 주의가 요구되고 있다.

스패머플라지(Spamouflage) 게시글 내용을 스팸처럼 만들어 온라인에서 가짜정보를 유포하는 수법

광고성 온라인 게시물을 뜻하는 '스팸(spam)'과 위장을 뜻하는 '커머플라지(camouflage)'의 합성어로 온라인 상에 대량의 스팸 게시물을 퍼뜨려 가짜정보를 퍼뜨리는 것을 말한다. 서방에서 중국정부의 온라인 여론조작 캠페인을 가리키는 용어로 주로 사용하고 있다. 실제로 중국과 러시아, 북한 등이 사이버공간에 조작된 정보를 흘려 다른 국가의 선거를 방해하려는 시도가 빈번해지고 있다는 조사결과가 나오기도 했다. 특히 '슈퍼선거의 해'로 불릴 만큼 여러 국가에서 선거가 치러지는 2024년 들어 이러한 스패머플라지 행위가 더 활발히 일어나고 있어 주의가 요구되고 있다.

왜 이슈지?

올해 우리나라를 포함한 전 세계 70여 개국에서 선거가 치러지는 가운데 온라인을 중심으로 유권자들의 판단을 흐리게 하는 조작된 정보를 의도적으로 유포하는 '**스패머플라지**' 행위가 급증하면서 대책 마련이 시급하다는 목소리가 나온다.

스캠코인(Scam Coin) 사기를 목적으로 만들어진 가상화폐

사기를 뜻하는 'scam'과 동전을 뜻하는 'coin'의 합성어로 사실과 다른 내용으로 투자자를 속이기 위해 만들어진 가상화폐를 말한다. 투자금 환급 등을 내세운 미신고 거래소나 유명인과의 친분을 앞세워 투자자들의 신뢰를 높인 뒤 투자금만 챙겨 사라지는 방식이 대표적이며, 실체가 없는 스캠코인을 발행해 상장한 뒤 허위공시 및 시세조종 등을 통해 자금을 편취하기도 한다. 오는 7월부터 가상자산이용자보호법이 시행되지만 피해를 막기에는 부족하다는 지적이 나온다.

왜 이슈지?

최근 비트코인 가격이 급등하면서 가장자산 범죄가 급증하고 있는 가운데 유명인을 앞세운 **스캠코인** 피해가 늘어나 지난 3월 금융감독원이 금융소비자를 대상으로 '주의등급'의 소비자경보를 발령하기도 했다.

블랙웰(Blackwell) 엔비디아가 2024년 3월 공개한 신형 AI 반도체

인공지능(AI) 반도체의 선두주자로 불리는 엔비디아가 지난 3월 공개한 신형 AI 반도체다. 2022년 엔비디아가 출시한 호퍼(Hopper) 아키텍처의 후속기술로 흑인으로서 미국 국립과학원(NAS)의 첫 회원이었던 통계학자이자 수학자인 '데이비드 헤럴드 블랙웰'을 기리기 위해 붙인 이름으로 알려져 있다. 세계 최대 파운드리업체인 대만 TSMC를 통해 제품을 공급받을 계획이며, 연내 출시될 예정이다. 2,080억개의 트랜지스터가 집약된 역대 그래픽처리장치(GPU) 중 최대 크기인 블랙웰 B200은 800억개의 트랜지스터로 이루어진 호퍼 기반의 기존 H100칩보다 연산속도가 2.5배 빠르고 전력 대 성능비는 25배 개선된 제품이다.

왜 이슈지?

젠슨 황 엔비디아 최고경영자(CEO)는 지난 3월 18일 미국에서 열린 연례 개발자 콘퍼런스 'GTC(GPU Technology Conference) 2024'에서 **블랙웰** B200을 공개하며 AI 반도체 왕좌 굳히기에 나섰다.

커리어 노마드(Career Nomad) 다양한 직장 또는 직무를 찾아 일자리를 옮기는 사람을 가리키는 용어

'직업'이라는 뜻의 영단어 'career'와 '유목민'이라는 뜻의 'nomad'의 합성어로 하나의 조직이나 직무에만 매여 있지 않고 다양한 직장이나 직무를 찾아 일자리를 옮기는 사람을 가리킨다. '잡(Job)노마드'라고도 한다. 최근 불안정한 고용환경과 자기개발을 중시하는 사회적 분위기가 맞물리면서 과거 평생직장이나 평생직업을 선택하던 것에서 벗어나 다양한 경력활동을 추구한다는 특성이 있다. 이를 통해 개인의 발전기회를 높일 수 있으나 고용안정성과 전문성이 떨어진다는 단점도 있다.

왜 이슈지?

한 곳의 직장이나 직무에서 오래 일했던 과거와 달리 직업관에 대한 인식의 변화와 불안정한 취업시장으로 인해 **커리어 노마드**를 추구하는 사람들이 증가할 것으로 관측되고 있다.

시사상식 기출문제

01 다음 중 정부가 벤처캐피털에 투자하는 재간접펀드는?

[2024년 이투데이]

① 모태펀드
② 헤지펀드
③ 사모펀드
④ 퀀텀펀드

해설

모태펀드(Fund of Funds)란 투자자가 개별기업이 아닌 투자조합에 출자하여 간접적으로 투자하는 펀드를 말한다. 재간접펀드라고도 하며, 우리나라의 경우 중소기업이나 벤처기업 육성을 위해 투자재원 공급과 정책적 산업 육성, 일자리 창출 등을 목표로 조성된 정부 주도의 펀드를 가리킨다. 창업이나 벤처기업의 경우 자금 공급이 원활하지 않을 때 이를 해결하기 위한 대안으로 모태펀드가 결성된다.

02 2023년 노벨 경제학상을 수상한 인물은?

[2024년 이투데이]

① 벤 버냉키
② 클로디아 골딘
③ 데이비드 카드
④ 폴 밀그럼

해설

2023년 노벨경제학상은 여성과 남성의 노동시장 참여도와 임금수준이 차이 나는 이유를 규명한 미국의 노동경제학자 클로디아 골딘 하버드대 교수가 수상했다. 골딘은 200년이 넘는 기간 동안 축적된 미국의 노동시장 관련자료를 분석해 시간의 흐름에 따라 성별에 따른 소득과 고용률 격차가 어떻게 변화하는지를 살피고 이러한 차이가 나타나는 원인을 규명해냈다.

03 소상공인의 폐업, 사망 등으로 인한 피해구제를 지원하는 중소기업중앙회의 제도는?

[2024년 이투데이]

① 진심동행론
② 버팀금융
③ 노란우산공제
④ 희망리턴패키지

해설

노란우산공제는 소기업·소상공인이 폐업이나 노령 등의 생계위협으로부터 생활의 안정을 기하고 사업재기 기회를 제공받을 수 있도록 중소기업중앙회가 운영하는 사업주의 퇴직금(목돈마련)을 위한 공제제도다. 2007년 출범했으며, 소상공인 등이 폐업 또는 사망 등으로 생계위협에 처했을 때 가입기간이나 연령에 상관없이 공제금을 지원받을 수 있다.

04 한국은행의 통화신용정책의 주요사항을 심의·의결하는 정책결정기구는?

[2024년 이투데이]

① 중앙재정경제위원회
② 조세재정연구원
③ 금융통화위원회
④ 금융소비자보호처

해설

금융통화위원회는 한국은행의 통화신용정책에 관한 주요사항을 심의·의결하는 정책결정기구로서 한국은행 총재 및 부총재를 포함하여 총 7인의 위원으로 구성된다. 한국은행 총재는 금융통화위원회 의장을 겸임하며 국무회의 심의와 국회 인사청문을 거쳐 대통령이 임명한다.

05 영국 옥스퍼드 영어사전이 선정한 2023년 올해의 단어는?　　　　[2024년 이투데이]

① 프롬프트(Prompt)

② 시츄에이션십(Situationship)

③ 스위프티(Swiftie)

④ 리즈(Rizz)

해설

영국 옥스퍼드 영어사전(OED)은 2023년 올해의 단어로 '리즈(Rizz)'를 선정했다. 리즈는 1990년대 중반부터 2010년대 초중반에 출생한 'Z세대' 사이에서 쓰이는 유행어로 '이성을 끌어당기는 매력'이라는 신조어다. 옥스퍼드 출판부는 미국과 영국 등에서 수집된 220억개 영단어를 분석해 리즈를 올해의 단어로 골랐다고 설명했다.

07 제22대 국회에서 원내정당이 아닌 당은?　　　　[2024년 뉴스1]

① 녹색정의당

② 조국혁신당

③ 개혁신당

④ 진보당

해설

2024년 4월 10일 치러진 제22대 총선 투표 결과, 녹색정의당이 지역구와 비례대표에서 한 석도 차지하지 못하면서 창당 12년 만에 원외정당으로 밀려나게 됐다. 유일한 지역구 의원이었던 심상정 의원 또한 5선 도전에 실패하면서 정계은퇴를 선언했다. 정의당과 녹색당의 선거연합 정당인 녹색정의당은 새 지도부를 꾸리고 당이 나아갈 방향을 새롭게 논의하겠다고 밝혔다.

06 공정거래위원회가 공시대상 기업집단으로 지정하는 자산규모의 기준은?　　[2024년 이투데이]

① 시가총액 1조원 이상

② 시가총액 5조원 이상

③ 시가총액 7조원 이상

④ 시가총액 10조원 이상

해설

공정거래위원회는 동일 기업집단 소속 국내회사들의 직전 사업연도 재무상태표상의 자산총액 합계액이 5조원 이상인 기업집단을 '공시대상 기업집단'으로 지정하고 있다. 여기서 기업집단이란 '동일인이 사실상 사업내용을 지배하는 회사의 집단'으로 최소 2개 이상의 회사로 구성된 것을 말한다. 공정거래위원회는 매 사업연도 말을 기준으로 대규모 기업집단에 소속된 계열사들의 지분율과 재무제표를 제출받아 매년 발표한다.

08 1969년 노벨문학상을 수상한 사무엘 베케트의 대표적인 희곡작품은?　　[2024년 뉴스1]

① 욕망이라는 이름의 전차

② 고도를 기다리며

③ 갈매기

④ 세일즈맨의 죽음

해설

아일랜드 출신의 작가 사무엘 베케트는 1969년 노벨문학상을 수상했다. 프랑스 파리에서 주로 활동한 그는 소설로 처음 문학가의 길에 들어섰고, 제2차 세계대전이 종전될 때쯤 완전히 파리에 정착하여 왕성한 작품활동을 이어나갔다. 그의 대표적 희곡인 〈고도를 기다리며〉는 부조리극의 대명사로서 이전에는 볼 수 없었던 새로운 구성의 희곡으로서 찬사를 받았다.

09 우리나라가 193번째로 정식 수교를 맺은 국가는?

[2024년 뉴스1]

① 캄보디아
② 모나코
③ 북마케도니아
④ 쿠바

> **해설**
> 우리나라는 지난 2월 외교관계가 없었던 쿠바와 정식 수교를 맺게 됐다. 쿠바는 우리나라의 193번째 수교국으로 1959년 쿠바의 사회주의 혁명 이후 교류가 단절됐었다. 외교부는 쿠바와의 수교를 통해 양국 간 경제협력 확대 및 국내기업 진출을 위한 제도적 기반을 마련함으로써 실질적인 협력 확대에 기여할 것으로 예상된다고 밝혔다.

10 2023년 11월 북한이 발사한 인공위성의 이름은?

[2024년 뉴스1]

① 천리마 1호
② 광명성 1호
③ 만리경 1호
④ 광명성 3호

> **해설**
> 북한은 2023년 11월 군사정찰위성인 만리경 1호를 발사해 성공적으로 우주궤도에 진입시켰다고 발표했다. 북한은 2024년 내에 추가로 3개의 정찰위성을 더 발사하겠다고 밝히기도 했다. 우리 정부는 이러한 북한의 위성발사가 탄도미사일 기술을 활용한 것으로, 명백한 유엔 안전보장이사회 대북제재 결의 위반이라며 규탄에 나섰다.

11 다음 중 국세에 해당하지 않는 것은?

[2024년 뉴스1]

① 자동차세
② 소득세
③ 법인세
④ 부가가치세

> **해설**
> 국세는 국가가 국가 업무의 수행에 소요되는 경비를 충당하기 위해 국민에게 부과·징수하는 조세다. 크게 내국세와 관세, 목적세로 구분되며, 내국세는 다시 직접세와 간접세로 구분된다. 소득세와 법인세, 상속세와 증여세, 부가가치세, 교육세 등이 있다. 자동차세는 지방세에 해당한다.

12 영화나 소설 등 기존 작품에서 세계관을 차용해 새로운 작품을 만드는 것을 뜻하는 용어는?

[2024년 뉴스1]

① 리메이크
② 리부트
③ 클리셰
④ 스핀오프

> **해설**
> 스핀오프(Spin Off)는 기존의 작품에서 파생된 작품을 의미하며, 기존작의 세계관 등을 차용해 새로운 작품을 만들어내는 것을 말한다. 초기에는 단순히 파생작을 뜻했지만, 현재는 부수적으로 나오는 부산물이라는 개념을 포함해 그 뜻이 넓게 쓰이고 있다.

13 가을철에 농사를 짓느라 매우 바쁨을 의미하는 속담은? [2024년 광주광역시도시공사]

① 가을에는 부지깽이도 덤벙인다.

② 가을 추수는 입추 이슬을 맞아야 한다.

③ 밤송이 맺을 때 모 심어도 반밥 더 먹는다.

④ 가을멸구는 볏섬에서도 먹는다.

해설

'가을에는 부지깽이도 덤벙인다'는 속담은 가을 추수철에 온 식구가 농사일에 달려들어도 일손이 모자라, 부엌에서 불을 뒤적이는 부지깽이도 일을 한 손 거든다는 표현이다. 가을철 농사일이 매우 바쁘다는 의미를 담고 있다.

14 조선시대 세종대왕 재임 중 발명되지 않은 것은? [2024년 광주광역시도시공사]

① 신기전

② 침금동인

③ 혼상

④ 병진자

해설

군사무기인 로켓추진 화살 '신기전'은 1448년(세종 30년)에 제작됐고, 별의 위치와 별자리를 표시한 '혼상'은 1437년(세종 19년)에 제작됐다. 또한 세계최초의 납 활자인 '병진자'도 1436년(세종 18년)에 세종대왕의 명으로 제작된 것이다. '침금동인'은 조선후기의 기술자인 '최천약'이 발명한 것으로 조선시대 의관들이 침과 뜸을 연습하던 의료기기다.

15 12인승 이하의 승합자동차가 고속도로에서 버스전용차로를 이용하기 위해서는 최소 몇 명이 탑승해야 하는가? [2024년 대구의료원]

① 2명

② 3명

③ 4명

④ 6명

해설

9인승 이상 12인승 이하의 승합자동차가 고속도로에서 버스전용차로를 이용하기 위해서는 최소 6명 이상이 탑승해야 한다. 이를 위반할 경우 벌점 30점과 승용차는 범칙금 6만원, 승합차는 7만원을 부과받게 된다.

16 다음 중 작가와 해당 작품의 연결이 올바른 것은? [2024년 대구의료원]

① 외딴 방-공지영

② 아리랑-조정래

③ 우리들의 일그러진 영웅-신경숙

④ 봉순이 언니-이문열

해설

〈외딴 방〉은 1994년 겨울부터 계간지 〈문학동네〉에 연재된 신경숙의 장편소설이다. 〈우리들의 일그러진 영웅〉은 1987년 발표된 중편소설로 이문열의 대표작이며, 〈봉순이 언니〉는 1998년 나온 공지영의 장편소설이다.

🔒 09 ④ 10 ③ 11 ① 12 ④ 13 ① 14 ② 15 ④ 16 ②

17 예고편의 한 형식으로 영화의 장면을 조금만 보여주거나, 전혀 보여주지 않는 것을 뜻하는 용어는? [2024년 대구의료원]

① 스포일러
② 틸트업
③ 티저 트레일러
④ 테일 리더

해설
티저 트레일러(Teaser trailer)는 예고편의 한 형식으로 영화 또는 방송의 장면을 조금만 보여주거나, 전혀 보여주지 않는 것으로 관객의 호기심과 호감을 자극하는 영상물을 의미하는 용어다.

18 둘 이상의 자회사의 주식을 갖고 있으면서, 그 회사의 경영권을 가지고 지휘 · 감독하는 회사는? [2024년 대구의료원]

① 지주회사
② 주식회사
③ 합명회사
④ 합자회사

해설
지주회사는 둘 이상의 다른 회사(자회사)의 주식을 갖고 있으면서, 회사의 경영권을 가지고 지휘 · 감독하는 회사다. 콘체른형 복합기업의 대표적인 형태로서 모자회사 간의 지배관계를 형성할 목적으로 자회사의 주식총수에서 과반수 또는 지배에 필요한 비율을 소유 · 취득하여 해당 자회사의 지배권을 갖고 자본적으로나 관리기술적인 차원에서 지배관계를 형성한다.

19 우리 국회에서 원내 교섭단체를 구성할 수 있는 인원수는? [2024년 의정부도시공사]

① 15명
② 20명
③ 25명
④ 30명

해설
교섭단체는 국회에서 정당 소속의원들의 의견과 정당의 주장을 통합하여 국회가 개회하기 전에 반대당과 교섭 · 조율하기 위해 구성하는 단체로, 소속 국회의원 20인 이상을 구성요건으로 한다. 하나의 정당으로 교섭단체를 구성하는 것이 원칙이지만 복수의 정당이 연합해 구성할 수도 있다. 교섭단체가 구성되면 매년 임시회와 정기회에서 연설을 할 수 있고 국고보조금 지원도 늘어난다.

20 2023년 개봉한 영화 〈서울의 봄〉의 배경이 되는 역사적 사건은? [2024년 의정부도시공사]

① 5 · 16 군사정변
② 12 · 12 군사반란
③ 사사오입 개헌
④ 5 · 18 민주화운동

해설
2023년 개봉한 영화 〈서울의 봄〉은 1979년 육군 사조직 '하나회'의 전두환과 노태우가 신군부를 구성해 일으킨 12 · 12 군사반란의 과정과 결과를 담고 있다. 신군부는 군사반란을 성공시킨 뒤 정권장악을 위해 5 · 17 내란을 일으켰다. 이후 내각을 총사퇴시키고, 최규하 대통령을 하야하게 해 전두환정부를 수립했다.

21 이슬람력의 9월에 해당하며, 이슬람교도들이 의무적으로 금식을 하는 신성한 기간은? [2024년 의정부도시공사]

① 이드 알 아드하
② 이맘
③ 메카
④ 라마단

해설
라마단(Ramadan)은 이슬람력에서 9월에 해당하며, 아랍어로는 '더운 달'을 의미한다. 이슬람교에서는 이 절기를 대천사 가브리엘이 선지자 무함마드에게 〈코란〉을 가르친 달로 생각해 신성하게 여긴다. 이 기간에 신자들은 일출부터 일몰까지 해가 떠 있는 동안 금식하고 하루 다섯 번의 기도를 드린다.

22 다음 중 세계 3대 신용평가기관에 꼽히지 않는 것은? [2024년 의정부도시공사]

① 무디스(Moody's)
② 스탠더드 앤드 푸어스(S&P)
③ 피치 레이팅스(Fitch Ratings)
④ D&B(Dun&Bradstreet Inc)

해설
영국의 피치 레이팅스, 미국의 무디스와 스탠더드 앤드 푸어스는 세계 3대 신용평가기관으로서 각국의 정치·경제 상황과 향후 전망 등을 고려하여 국가별 등급을 매겨 국가신용도를 평가한다. D&B(Dun&Bradstreet Inc)는 미국의 상사신용조사 전문기관으로 1933년에 R. G. Dun&Company와 Bradstreet Company의 합병으로 설립됐다.

23 상담이나 의사소통을 통해 구축된 상호신뢰관계를 뜻하는 심리학 용어는? [2024년 폴리텍]

① 라포
② 그루밍
③ 메타인지
④ 모글리 현상

해설
라포(Rapport)는 상담 또는 교육, 의사소통을 바탕으로 구축된 상호신뢰관계를 뜻하는 말이다. 주로 상담과정에서 상담자와 내담자 사이에 쌓이는 친근한 인간관계를 지칭할 때 쓰인다. 라포는 공감대 형성과 상호협조가 필요한 상담·치료·교육과정에서 성공을 이끌어 낼 수 있는 필수요소로 꼽힌다.

24 다음 중 범죄 성립의 3요소에 해당하지 않는 것은? [2024년 폴리텍]

① 구성요건 해당성
② 위법성
③ 모욕성
④ 책임성

해설
범죄 성립의 3요소에는 구성요건 해당성, 위법성, 책임성이 있다. 어떠한 행위가 범죄로 성립하려면 형법에서 범죄로 규정하고 있는 구성요건에 해당이 되어야 하며, 전체 법질서로부터 위법적인 행위라는 판단이 가능해야 한다. 또한 범죄 행위자가 법이 요구하는 공동생활상의 규범에 합치할 수 있도록 의사결정을 할 수 있는 능력인 책임능력을 갖추고 있어야 한다.

시사상식 예상문제

01 주식시장에서 선물매매가 현물시장을 흔들어 직접 영향을 주는 현상은?

① 언더독
② 웩더독
③ 숏커버링
④ 리오프닝

해설
웩더독(Wag the Dog)은 '개의 꼬리가 몸통을 흔든다'는 뜻으로, 주식시장에서 선물시장(꼬리)이 현물시장(몸통)에 큰 영향을 미치는 현상을 가리킬 때 보통 사용한다. 웩더독은 '주객전도'의 의미로서 정치·사회 등의 분야에서도 사용된다.

02 다음 중 우리나라의 9차 헌법개정으로 이루어진 것은 무엇인가?

① 대통령 4년 중임 중심제
② 대통령 3선 연임 제한 철폐
③ 대통령 7년 단임 간선제
④ 대통령 5년 단임 직선제

해설
우리나라의 제9차 헌법개정은 1987년에 이루어졌으며 10월 29일에 공포됐다. 이는 전두환정부의 호헌선언과 강압적인 독재정치, 서울대생이었던 박종철군의 고문치사 사건 등으로 폭발한 6월 항쟁의 결실이라 할 수 있다. 이 개헌으로 대통령의 임기와 선출은 5년 단임의 직선제로 시행하게 됐다.

03 4대 공적연금에 해당하지 않는 것은?

① 국민연금
② 사학연금
③ 공무원연금
④ 기초연금

해설
공적연금은 국민이 소득상실 또는 저하로 생활의 위기에 빠질 가능성을 해소하기 위해 국가가 지급하는 연금이다. 우리나라의 공적연금으로는 국민연금, 공무원연금, 군인연금, 사립학교교직원연금(사학연금)이 운영되고 있다.

04 다음 문장에서 밑줄 친 외래어의 표기가 틀린 것은?

① 올해 이곳에서 컨퍼런스가 개최된다.
② 이탈리아 요리인 리소토에는 향신료인 사프란이 들어간다.
③ 그는 아주 기발한 콘텐츠를 개발했다.
④ 그녀는 그라피티 예술가를 꿈꾸고 있다.

해설
공통의 전문적인 주제를 가지고 비교적 긴 시간에 걸쳐 열리는 대규모 회의를 뜻하는 'Conference'는 '콘퍼런스'로 표기하는 것이 옳다.

05 전기 · 상수도 · 도시가스 사용량을 절약하고 그만큼의 인센티브를 받는 제도는?

① 생태발자국
② 탄소발자국
③ 탄소배출권 거래제
④ 탄소중립포인트 에너지

해설

탄소중립포인트 에너지는 기후위기 대응을 위해 온실가스를 줄일 수 있도록 가정과 상업 등에서 전기 · 상수도 · 도시가스 사용량을 절감하고 감축률에 따라 탄소포인트를 제공하는 제도다. 환경부가 정책지원 및 제도화 추진을 맡아 총괄하고, 한국환경공단이 운영센터 관리와 기술 · 정보를 제공하며, 지방자치단체가 운영 · 관리한다.

06 다음 중 무기질에 대한 설명으로 틀린 것은?

① 필요 정도에 따라 다량 무기질과 미량 무기질로 나뉜다.
② 인체는 스스로 무기질을 합성할 수 있다.
③ 주로 골격과 조직, 체액에 포함되어 있다.
④ 영어로는 'Mineral'이라고 한다.

해설

무기질(Mineral)은 무기 화합물의 성질이나 그 성질을 가진 물질을 말한다. 생명체의 골격과 조직, 체액에 포함되어 있는 칼슘, 인, 철, 아이오딘 등이 있다. 생명 유지에 필수적으로 있어야 하는 영양소로, 필요한 정도에 따라 다량 무기질과 미량 무기질로 구분된다. 사람을 비롯한 생명체는 무기질을 체내에서 합성할 수 없어 반드시 외부로부터 섭취하여 얻어야 한다.

07 다음 중 남북한 정상이 최초로 한 정상회담과 관련 있는 사건은?

① 판문점 선언
② 6 · 15 남북 공동선언
③ 7 · 4 남북 공동성명
④ 10 · 4 남북 공동선언

해설

남북한의 정상이 최초로 만나 정상회담을 가진 것은 우리나라의 김대중정부 때다. 2000년 6월 15일 김대중 대통령이 평양을 방문해 북한의 김정일 국방위원장과 만나 첫 회담을 가졌다. 이 회담에서 남북한의 통일에 관한 각자의 견해를 공유하고 통일에 힘을 모으기로 하며 경제협력 등을 약속한 6 · 15 남북 공동선언을 발표했다.

08 선호하는 것에 깊이 파고드는 소비자의 행동이 관련 제품의 소비로 이어지는 현상은?

① 디깅 소비
② 클라우드 소비
③ 보복 소비
④ 윤리적 소비

해설

디깅 소비는 '파다'라는 뜻의 '디깅(digging)'과 '소비'를 합친 신조어로 청년층의 변화된 라이프스타일과 함께 나타난 새로운 소비패턴이다. 소비자가 선호하는 특정 품목이나 영역에 깊이 파고드는 행위가 소비로 이어짐에 따라 소비자들의 취향을 잘 반영한 제품들에서 나타나는 특별 수요현상을 설명할 때 주로 사용된다. 특히 가치가 있다고 생각하는 부분에는 비용지불을 망설이지 않는 MZ세대의 성향과 맞물려 청년층에서 두각을 드러내고 있다.

🔒 01 ② 02 ④ 03 ④ 04 ① 05 ④ 06 ② 07 ② 08 ①

09 다음 중 일제가 대한제국의 외교권을 강탈한 불평등조약은?

① 을사조약
② 시모노세키조약
③ 강화도조약
④ 한일신협약

해설

을사조약은 1905년 일제가 대한제국의 외교권을 강탈하고 통감부 설치를 강행한 불평등조약이다. 제1차 한일협약이라고도 하며, 일제는 대한제국을 보호국으로 명시했지만 사실상 식민지로 삼으려는 신호탄이라고 볼 수 있다. 이 조약에 찬성한 대한제국의 대신들을 을사오적이라고 한다. 을사조약 체결 후 이에 반발한 의병활동이 일어났으며, 고종황제는 조약의 부당함을 알리기 위해 헤이그특사를 파견했다.

11 신흥 강대국과 기존 강대국의 필연적인 갈등을 뜻하는 용어는?

① 치킨호크
② 데탕트
③ 투키디데스의 함정
④ 네포티즘

해설

새로운 강대국이 떠오르면 기존의 강대국이 이를 견제하여 부딪칠 수밖에 없는 상황을 의미하는 이 용어는 아테네와 스파르타의 전쟁에서 유래한 말이다. 미국 정치학자 그레이엄 앨리슨은 2017년에 낸 저서 〈예정된 전쟁〉에서 기존 강대국이던 스파르타와 신흥 강대국이던 아테네가 맞붙었듯이 현재 미국과 중국의 세력 충돌 또한 필연적이라는 주장을 하면서 이런 필연을 '투키디데스의 함정'이라고 명명했다.

10 다음 중 재정건전성 지표가 일정 수준을 넘지 않도록 관리하는 규정은?

① 재정건전성준칙
② 재정지표규범
③ 재정관리규범
④ 재정준칙

해설

재정준칙은 국가의 재정건전성 지표가 일정 수준을 넘지 않도록 관리하는 규정을 말한다. 각 국가에서는 가령 'GDP의 몇 퍼센트 이내'의 식으로 구조적 재정적자의 기준점을 세우고 있다. 이 기준이 넘을 경우 재정을 건전화할 대책을 마련하게 된다. 우리나라도 2020년 문재인정부 당시 한국형 재정준칙을 마련했고, 윤석열정부가 2022년 9월부터 정식 입법을 추진 중이지만 논의가 지지부진한 상황이다.

12 다음 중 우리나라의 5부 요인에 해당하지 않는 직위는?

① 대통령
② 국무총리
③ 국회의장
④ 중앙선거관리위원회위원장

해설

우리나라의 국가의전 서열은 외교부의 의전 실무편람을 따른다. 서열 1위는 대통령, 2위는 국회의장, 3위는 대법원장, 4위는 헌법재판소장, 5위는 국무총리다. 그러나 우리나라에서 말하는 5부 요인에서 의전서열 1위인 대통령은 국가 그 자체를 대표하는 인물이므로 제외된다. 따라서 의전서열 2위부터 6위인 중앙선거관리위원회위원장까지 5부 요인에 포함된다.

13 투자자의 은퇴시점을 목표로 삼고 포트폴리오를 자동으로 조정하는 펀드는?

① ETF
② TDF
③ ETN
④ ELW

해설
TDF(Target Date Fund)는 투자자의 은퇴시기를 타깃(목표)으로 설정하고 그의 생애주기에 따라 포트폴리오를 조정하며 운용되는 펀드다. 은퇴준비 상품의 하나로서 생애에 따라 적극적 투자에서 안정적인 투자로 재조정되는 경향을 띤다.

14 SNS를 통해 비슷한 성향의 사람들끼리 모여 식사를 하는 문화는?

① 다이닝 룸
② 서스펜디드 커피
③ 디너랩
④ 소셜다이닝

해설
소셜다이닝(Social Dining)은 SNS로 비슷한 성향과 관심사를 공유하는 사람들이 직접 만나 식사를 하고 인간관계를 쌓는 문화를 말한다. 1인 가구의 증가로 혼자 식사를 하는 사람들이 늘어남에 따라 이러한 문화를 통해 사람들과 소통하고 인간관계를 넓혀가려는 시도로 해석된다.

15 디지털기기 이용자가 화면을 조작하면서 엄지 손가락을 반복 사용해 붓고 통증을 느끼는 현상은?

① 에펠탑 효과
② 타임 슬라이스
③ 블랙베리 증후군
④ 팝콘 브레인

해설
블랙베리 증후군은 스마트폰 같은 디지털기기를 이용하는 사람들이 화면 터치 등 기기를 조작할 때 반복적으로 엄지 손가락을 사용하게 되면서 손가락이 붓고 통증을 느끼게 되는 현상을 말한다. 미국의 전자기기 기업인 '블랙베리'가 스마트폰을 출시하고 이러한 증상을 느끼는 이용자가 늘어나면서 등장하게 된 용어다.

16 동종업계 기업을 연달아 인수해 회사의 가치를 끌어올리는 전략은?

① M2E
② 볼트온
③ 죽음의 소용돌이
④ 워크 자본주의

해설
볼트온(Bolt-on)은 기업을 인수하고 동종·유사업계의 기업을 연달아 인수하거나 전후방 사업체를 인수하여 시장경쟁력을 끌어올리는 전략이다. 이른바 '규모의 경제'를 겨냥한 전략인데, 신규업종의 기업에 투자하는 것보다 위험이 적고 관리가 용이하다는 장점이 있다.

17 다음 중 국제박람회기구의 본부가 위치한 도시는?

① 네덜란드 암스테르담
② 독일 함부르크
③ 영국 맨체스터
④ 프랑스 파리

국제박람회기구(BIE ; Bureau International des Expositions)는 국제박람회(EXPO) 개최를 원활하게 수행하기 위한 기구로 1928년 설립되었고, 본부는 프랑스 파리에 있다. 이 기구에서는 국제박람회를 등록박람회와 인정박람회의 두 종류로 구분하고 있다. 우리나라는 1987년에 가입했고, 현재 183개국이 가입되어 있다. 1년에 2회, 상반기와 하반기에 총회를 개최한다.

18 유권자가 직접 헌법개정안이나 법률안 등을 제출할 수 있는 제도는?

① 국민발안제
② 국민제안제
③ 국민소환제
④ 직접제안제

국민발안제는 일정 수의 유권자(국민)가 직접 헌법개정안이나 중요한 법률안 또는 그 밖의 의안을 제출할 수 있는 제도를 말한다. 직접민주주의의 한 형태로서, 국민창안제라고도 한다. 제안이 곧바로 국민투표에 부의되는 직접발안과 의회의 의결 후에 국민투표에 부의되는 간접발안으로 구분된다. 스위스에서 실시하고 있다.

19 다음 중 한국은행이 설정하는 물가안정목표치 기준은 전년동기 대비 소비자물가 상승률의 몇 %인가?

① 1%
② 2%
③ 5%
④ 7%

한국은행은 「한국은행법」 제6조 제1항에 의거해 정부와 협의하여 물가안정목표를 설정하고 있다. 2019년 이후 물가안정목표는 소비자물가 상승률(전년동기 대비) 기준 2%이다. 한국은행은 중기적인 관점에서 소비자물가 상승률이 물가안정목표치에 근접하도록 통화신용정책을 펼치고, 소비자물가 상승률이 이에 벗어나지 않도록 고려한다.

20 다음 중 조선 말 흥선대원군의 정책 하에 발행한 화폐의 이름은?

① 상평통보
② 당백전
③ 건원중보
④ 유엽전

조선 말엽 흥선대원군은 왕실의 위엄을 되살리기 위해 경복궁을 중건했는데, 막대한 공사비를 충당하기 위해 원납전이라는 성금을 걷고, 당백전을 발행했다. 당백전은 당시 1전 동전의 가치를 100배로 부풀려 발행한 것으로, 이로 인해 극심한 인플레이션과 경제적 혼란이 발생했다.

21 선진국에 비해서는 기술력에 밀리고, 개발도 상국에는 가격경쟁에서 밀리는 상황을 뜻하는 용어는?

① 어닝쇼크
② 네덜란드 병
③ 마천루의 저주
④ 넛 크래커

넛 크래커(Nut-cracker)는 어떤 한 국가가 선진국에 비해서는 기술력과 상품의 품질면에서 밀리고, 후발 개발도 상국에는 가격경쟁 면에서 뒤처지는 경제상황을 뜻하는 용어다. 넛 크래커는 호두를 양쪽에서 눌러 까는 호두까기 기계를 말하는데, 1990년대 우리나라가 기술이 뛰어난 일본과 저렴하고 풍부한 노동력을 가진 중국 사이에 낀 모습을 이에 빗대어 표현하면서 쓰이게 됐다.

22 분쟁 당사자 중 어느 한쪽이 양보하지 않을 경우 양쪽 모두 파국으로 치닫게 되는 극단적인 게임이론은?

① 하얀 헬멧
② 징고이즘
③ 치킨게임
④ 스핀닥터

치킨게임(Chicken Game)은 분쟁 당사자들의 어느 한쪽도 양보하지 않을 때 결국 모두 파국으로 치닫게 되는 극단적 게임이론이다. 1950~1970년대 미국과 소련 사이의 극심한 군비경쟁을 꼬집는 용어로 사용되면서 국제정치학 용어로 정착되었다. 그 예로는 한 국가 안의 정치나 노사협상, 국제외교 등에서 상대의 양보를 기다리다가 파국으로 끝나는 것 등이 있다.

23 다음 중 뉴욕 자유의 여신상에 대한 설명으로 옳지 않은 것은?

① 미국의 독립을 기념하기 위해 만들어졌다.
② 유네스코 세계유산으로 지정됐다.
③ 본래 명칭은 '세계를 비치는 자유'다.
④ 파리 에펠탑의 설계자가 제작한 것으로도 유명하다.

뉴욕을 넘어 미국의 상징이라고 할 수 있는 '자유의 여신상'은 프랑스의 조각가 '프레데리크-오귀스트 바르톨디'가 제작했다. 이 조각상은 미국의 독립선언 100주년을 기념해 1886년 프랑스가 선물한 것이다. 본래의 명칭은 '세계를 비치는 자유'이나 자유의 여신상으로 더 널리 불리고 있다. 1984년에 유네스코 세계유산으로 지정됐다.

24 다음 중 국제연합에서 정한 세계인권선언기념일은 언제인가?

① 12월 1일
② 12월 5일
③ 12월 10일
④ 12월 15일

세계인권선언기념일 즉, 세계 인권의 날은 12월 10일이다. 이 날은 1948년 12월 10일 프랑스 파리에서 열렸던 제3회 국제연합(UN)총회에서 세계인권선언(UDHR)을 채택한 것을 기념하여 지정됐다. 1950년 제5차 UN총회에서 선포되었으며, 세계인권선언은 제2차 세계대전을 치르며 전 세계가 겪었던 인권 유린과 침해를 반성하고 인간의 기본적 권리를 존중할 것이라는 UN의 설립취지를 담고 있다.

🔒 17 ④ 18 ① 19 ② 20 ② 21 ④ 22 ③ 23 ④ 24 ③

01 인공지능이 인공신경망을 통해 문제를 해결하는 것처럼, 생물학적 신경망에서 뉴런들을 연결하고 자극에 의한 흥분이 전달되는 부위는? [장학퀴즈]

정답

시냅스(Synapse)는 뉴런과 같은 신경세포 간 신호를 주고받는 연결부위를 뜻한다. 최근 다양한 분야에서 활용되는 인공지능의 경우 생물학적 신경 네트워크를 모사한 인공신경망 속에 인공뉴런이 연결돼 있다.

02 다음 보기 중 틀린 것은? [우리말 겨루기]

① 얼쑹덜쑹
② 추근덕거리지
③ 남사스러우니

정답

'추근덕거리다'는 '치근덕거리다'의 잘못된 표현이다. '추근거리다' 혹은 '추근대다'다 올바른 표기법이다.

03 제시된 지문에 띄어쓰기를 올바로 적용하면? [우리말 겨루기]

> 그날그날일들을본대로보고했을뿐인데
> 사장은몇날며칠을법대로하라며안하무
> 인격으로나왔다.

정답

지문에 띄어쓰기를 올바로 적용하면 '그날그날 일들을 본 대로 보고했을 뿐인데 사장은 몇 날 며칠을 법대로 하라며 안하무인격으로 나왔다.'가 된다.

04 지진이 자주 발생하는 일본에서는 최근 엘리베이터 내부에 이것을 설치하는 사례가 증가하고 있다고 한다. 이것은 무엇일까? [옥탑방의 문제아들]

정답

재난 시 대처 매뉴얼이 잘 갖춰져 있기로 유명한 일본에서는 최근 지진이 발생해 사람이 엘리베이터 안에 갇히는 사태를 대비해 간이 화장실이 설치된 엘리베이터가 증가하는 추세다.

05 세계적인 대문호 괴테의 자전적 이야기를 담은 이 작품은 독일 문학의 걸작으로 불린다. 이 작품은 무엇인가? [유 퀴즈 온 더 블럭]

정답

〈젊은 베르테르의 슬픔〉은 괴테가 친구의 약혼녀를 짝사랑했던 경험과 실연을 당한 다른 친구의 자살을 소재로 쓴 소설이다. 발표 당시 주인공 '베르테르'를 따라 자살한 젊은이가 많았을 만큼 사회적으로 큰 반향을 불러일으켰다.

06 이것은 혁신적인 아이디어로 업계의 판도를 뒤바꾼 사건이나 인물을 뜻하는 말이다. 이것은 무엇인가? [유 퀴즈 온 더 블럭]

정답

게임체인저(Game Changer)는 어떤 일에서 결과나 흐름의 판도를 뒤바꿀 만한 중요한 역할을 한 인물이나 사건 등을 일컫는 말이다. 애플의 스티브 잡스, 메타의 마크 저커버그, 넷플릭스의 리드 헤이스팅스가 대표적인 게임체인저로 꼽힌다.

07

다음을 보고 [7★4]를 구하시오

[문제적 남자]

> 2★3=9
> 5★4=26
> 6★2=13

정답

공통으로 적용된 규칙을 찾아 풀어야 하는 문제다. 보기에 제시된 수식에서 규칙을 찾아보면 ★을 중심으로 앞에 제시된 숫자부터 뒤에 제시된 수만큼 연속으로 숫자를 더해 등호 뒤의 값을 구할 수 있음을 알 수 있다. '2★3=9'를 예로 들면, 2+3+4=9가 된다. 따라서 '7★4'에 같은 규칙을 적용하면 7+8+9+10=34가 되므로 정답은 34이다.

08

물음표에 들어갈 숫자는? [문제적 남자]

> 124－479－462－586－248－2?1－355

정답

'세 자리 수'로 제시된 각각의 숫자에서 두 번째 자리에 들어간 숫자에 7을 곱해 나온 '두 자리 수'가 첫 번째 자리와 세 번째 자리에 순서대로 들어간다는 것을 알 수 있다. 즉, '124'에서 가운데 자리인 2에 7을 곱하면 14가 되므로 1을 맨 앞에, 2를 중간에, 4를 맨 뒤에 배치해 124가 되는 것이다. 같은 방식으로 물음표에 들어갈 수를 구하면 '7×?=21'이 되므로 물음표에 들어갈 숫자는 3이다.

09

현무는 지석으로부터 다음과 같은 쪽지를 받았다. 쪽지 내용은 무엇일까?

[문제적 남자]

> 현무에게
>
> J ➡ N ➡ P ➡ B ➡ H
>
> 지석이가

정답

쪽지에 적힌 알파벳이 일정한 순서로 배치된 것이 아니므로 제시된 알파벳을 이용해 창의성을 발휘해야 하는 문제다. 아래의 표는 알파벳을 순서대로 나열한 것이다.

A	B	C	D	E	F	G	H	I	J	K	L	M
N	O	P	Q	R	S	T	U	V	W	X	Y	Z

※ 쪽지에 제시된 알파벳은 파란색으로 표기함

쪽지의 화살표 방향을 참고해 표를 살펴보면 쪽지에 적힌 각각의 알파벳 사이에 다른 알파벳이 온다는 것을 알 수 있다. 그중 정중앙에 오는 알파벳을 조합하면 답을 구할 수 있다. 즉, J와 N 사이의 정중앙에 오는 알파벳은 'L'이고, N와 P 사이에서는 'O', P와 B 사이에서는 'V', B와 H 사이에서는 'E'가 된다. 따라서 답은 'LOVE'이다.

A	B	C	D	E	F	G	H	I	J	K	L	M
N	O	P	Q	R	S	T	U	V	W	X	Y	Z

※ 파란색으로 표기된 각각의 알파벳 사이에서 정중앙에 오는 알파벳은 빨간색으로 표기함(쪽지 화살표 방향 참고)

취업!
실전문제

최종합격 기출면접

삼성그룹은 '열정·창의혁신·인간미/도덕성'을 기반으로 하여 '끊임없는 열정으로 미래에 도전하는 인재, 창의와 혁신으로 세상을 변화시키는 인재, 정직과 바른 행동으로 역할과 책임을 다하는 인재'를 인재상으로 내세우며, 이에 적합한 인재를 채용하기 위한 면접전형을 시행하고 있다. 채용기관별 면접전형의 차이는 있으나 최근 대기업의 인성면접 비중이 늘어남에 따라 삼성그룹 역시 인성면접의 비중이 커지고 있는 추세다.

1 기술면접

기술면접은 삼성그룹의 기술직군에 지원한 지원자에 한하여 진행되는 면접으로, 주로 실무와 관련된 기술을 평가하는 면접이다. 대표적으로 프로그래밍 코딩이나 기술용어, 이론과 관련된 질문이 주어지므로 평소 자신이 앞으로 지원하게 될 분야의 용어 및 이론, 코딩 작업 등을 연습해 두는 것이 중요하다.

기출문제

삼성전기

- 다이오드는 무엇인가?
- 파워서플라이는 무엇인가?
- 아날로그와 디지털이 무엇이고 차이는 무엇인가?

삼성디스플레이

- 퀀텀닷의 크기에 대해 설명해 보시오.
- 중국이 최근 디스플레이 분야에서 무섭게 따라붙고 있다. 이에 대하여 삼성디스플레이에서 해야 할 일은 무엇이라고 보는가?
- 트랜지스터의 종류에 대하여 설명해 보시오.
- LG에서 OLED TV 제품은 Flexible한 건지 Rigid한 건지 설명해 보시오.
- LCD/OLED/QLED 구조 차이가 무엇인지 설명해 보시오.
- OLED와 LCD의 풀네임을 말해 보시오.

삼성LED

- 기계공학과 선반의 차이를 말해 보시오.
- LED 공정에 대해서 아는 것이 있는가?
- 삼성LED에서 자신이 하고 싶은 분야가 있는가?

2 인성면접

인성면접에서는 지원자가 제출한 자기소개서를 기반으로 질문이 주어지며, 지원자별 자기소개를 한 후 면접관의 질문에 대답하는 방식으로 진행된다. 인성면접의 목적은 지원자의 성격 및 역량을 파악하는 것이다. 질문에 대해 지원자가 알고 있는지를 확인하기보다는 그에 대처하는 태도를 더욱 중요하게 평가하므로, 공격성 질문 또는 잘 알지 못하는 질문을 받더라도 당황하지 말고 자신감 있는 모습으로 대답하는 것이 중요하다. 실전에서 당황하지 않기 위해 사전에 예상 질문을 만들어 선생님이나 친구들과 연습하면서 자주 접하다 보면 실제 면접에서 긴장감을 풀게 되고, 면접관들을 어렵게 느끼지 않을 수 있다.

기출문제

- 자기소개를 해 보시오.
- 지원한 동기가 무엇인가?
- 회사를 선택하는 기준이 무엇인지 말해 보시오.
- 자기를 표현할 수 있는 단어는 무엇이라 생각하는가?
- 최근 들은 농담 중에 인상 깊은 것은 무엇인가?
- 전에 일을 하면서 곤란하거나 난감했던 적이 있는가? 있다면 어떻게 극복하였는가?
- 자신의 신조나 좌우명은 무엇인가?
- 무슨 일을 하고 싶은가?
- 살면서 가장 힘들었던 경험은 무엇인가?
- 상사가 불합리한 일을 시키는 경우 어떻게 할 것인가? 회사에 불이익이 가는 일이라도 할 것인가?
- 자신이 다니고 있는 회사 SNS에 친구가 악플을 올렸다. 당신은 어떻게 행동하겠는가?
- 기업의 사회적 책임에 대해 어떻게 생각하는가?
- 자신의 꿈이나 비전은 무엇인가?
- (전에 다니던 회사가 있을 경우) 이직 사유는 무엇인가?
- 스트레스 관리는 어떻게 하는가?
- 직장생활 중 불화가 생긴다면 어떻게 대처할 것인가?
- 지금껏 받았던 서비스 중 좋았던 경험을 말해 보시오.
- 합격 이후 목표는 무엇인가?
- 가장 존경하는 사람이 있는가? 있다면 누구이며, 존경하는 이유를 말해 보시오.
- 봉사활동을 한 경험이 있는가?
- 팀워크에 대해 어떻게 생각하는지 말해 보시오.
- 팀에서 일을 하다가 개인의 성향에 맞지 않는다면 어떻게 할 것인가?
- 개인의 성과와 팀의 성과 중 어떤 것을 더 중요하게 생각하는가?
- 학창시절 자신에 대해 말해 보시오.
- 부모님은 어떤 사람인지 이야기해 보시오.
- 가장 인상 깊게 읽었던 책 제목은 무엇인가? 그 이유는?
- 일과 자기 생활을 몇 대 몇으로 나눌 수 있는가?
- 성격의 장 · 단점은 무엇인가?
- 일하면서 생긴 부조리함이나 불만을 해결한 경험이 있는가?
- 마지막으로 하고 싶은 말은?

롯데그룹은 지원자의 역량, 가치관 발전 및 가능성, 보유역량의 수준 등을 종합적이고 심도 있게 평가하기 위해 다양한 면접방식을 도입하여 실시하고 있다. 2017년 상반기까지 조직·직무적합검사와 면접전형이 1일 통합 시행했던 것과 달리 2017년 하반기부터 조직·직무적합검사를 통과한 지원자만 이후에 실시되는 면접전형에 응시할 수 있게 됐다.

계열사별 차이는 있으나 PT면접, 그룹 토의 면접(GD면접), 역량면접 등 최대 1~3회 이상의 과정을 거쳐 지원자의 역량을 철저히 검증하고 있다. 여기에 최근에는 지원자의 Global Communication 능력을 검증하기 위한 외국어면접도 점차 확대하는 추세다.

1

PT면접

프레젠테이션 면접은 주어진 주제에 대해 지원자가 직접 분석 및 자료 작성을 통해 발표를 진행하는 방식으로 이루어진다. 조별로 기사가 3개 정도 주어지며 면접관 2명과 지원자 1명으로 구성되어 10분 정도 진행된다. PT면접에서 중요한 것은 정해진 시간 내에 합리적이고 독창적인 결과를 도출해 낼 수 있는 분석력과 창의성이다. 또한 이를 상대방에게 효과적으로 전달할 수 있는 발표능력도 매우 중요하다.

기출문제

식품부문

- 롯데제과 제품 하나를 골라 할랄식품 인증을 획득할 계획을 수립하시오. [롯데제과]
- (시장 점유율 표 제시) 시장의 변화를 주기 위한 상품과 현실적인 적용 방안 [롯데칠성음료]
- 브랜드 이미지 상승 방안 [롯데칠성음료]
- 파스퇴르 우유 제품을 중국 시장 어느 연령대에 어떻게 공략할 것인지 말해 보시오. [롯데푸드]
- 편의점 도시락 메뉴 및 간편식 시장을 공략하고자 할 때 활성화 방안에 대해 말해 보시오. [롯데푸드]
- 1인 가족을 타깃으로 한 새로운 상품 개발에 대해 말해 보시오. [롯데푸드]
- 한식의 세계화 방안 [롯데푸드]
- 부실한 군납 급식 개선 방안 [롯데푸드]
- 롯데리아의 옴니채널 활용 방안을 말해 보시오. [롯데리아]
- (식품 트렌드 관련 기사 제시) 롯데에서 개발할 신제품을 발표하고자 할 때, 이름, 포장법, 타깃, 가격 등의 계획을 수립하여 발표하시오. [롯데중앙연구소]

유통부문

- 코즈마케팅과 관련한 기업의 실천 방안 [롯데백화점]
- 경쟁 백화점과의 차별 방안 [롯데백화점]
- 매출부진을 극복하기 위한 상품기획안 제시 [롯데슈퍼]
- 배송경쟁, 가격경쟁 심화 속에서 롯데홈쇼핑 만의 차별화된 경쟁 방안 제시 [롯데홈쇼핑]

금융부문

- 주어진 기사를 바탕으로 서비스 기획을 해 보시오. [롯데카드]
- 창업 지원에 초점을 맞추면 어떤 업종을 추천하겠는가? [롯데캐피탈]
- 오토리스 직무와 관련해서는 어떤 업종을 추천하겠는가? [롯데캐피탈]
- 롯데멤버스 제휴사와 상호 송객을 통한 마케팅 전략 [롯데멤버스]

2 역량기반 구조화 면접

역량기반 구조화 면접은 해당 직무의 실무자 2명과 지원자 1명으로 약 30분에서 1시간 정도 진행된다. 회사의 기본가치 및 직무에 필요한 역량을 도출하여 만든 상황별 심층질문을 통해, 지원자의 잠재역량을 측정하여 조직적합도 및 직무역량이 뛰어난 인재를 선별하고자 한다. 답변 내용에 따라 상황에 맞는 심층질문 및 꼬리질문이 이루어지므로 지나치게 자신을 포장하려는 태도는 좋지 않다. 따라서 긍정적인 모습만으로 미화하려는 것보다는 자신의 본 모습을 솔직하게 보여줄 수 있도록 생각을 정리하고 조리있게 답변하는 것이 중요하다.

기출문제

식품부문

- 롯데제과에서 만드는 제품 중 좋아하는 것 다섯 가지를 말해 보시오. [롯데제과]
- 제과업계 특성상 미투(Me-too) 마케팅이 유행하고 있는데 이에 대해 어떻게 생각하는가? 또 미투(Me-too) 마케팅의 단점을 어떻게 극복할 것인가? [롯데제과]
- 육아 휴직에 대한 본인의 생각을 타당한 근거를 들어 말해 보시오. [롯데칠성음료]
- 루트 영업에 대해 말해 보시오. [롯데칠성음료]
- 롯데푸드의 기업 이미지에 대해 말해 보시오. [롯데푸드]
- 롯데푸드에 대해 아는대로 다 말해 보시오. [롯데푸드]
- 왜 롯데리아는 일본과 관련된 이미지에서 벗어나지 못한다고 생각하는가? [롯데리아]
- 롯데리아의 CSV 향상 및 이미지 제고 방안에 대해 말해 보시오. [롯데리아]
- 롯데리아가 운영하는 외식업체를 방문한 경험이 있는가? 방문한 소감을 말해 보시오. [롯데리아]
- 롯데의 인재상에 대해 말해 보시오. [롯데중앙연구소]
- 롯데의 신제품에 대해 말해 보시오. [롯데중앙연구소]
- 롯데의 식품 중 가장 좋아하는 것과 개선해야 하는 점에 대해 말해 보시오. [롯데중앙연구소]
- 집단의 리더가 되어 성공을 이끈 경험이 있는가? 그 과정에서 실패는 없었는가? [롯데중앙연구소]

관광부문

- 대인관계에서 갈등이 일어난 상황에서 본인이 했던 행동을 말해 보시오. [롯데호텔]
- 왜 본인을 뽑아야 하는지 말해 보시오. [롯데호텔]
- 가장 기억나는 PT는 무엇인가? [롯데호텔]
- 본인이 경험한 최고와 최악의 서비스에 대해 말해 보시오. [롯데월드]
- 서비스의 범위는 어디까지라고 생각하는가? [롯데월드]
- 블랙컨슈머를 만났던 경험과 어떻게 본인이 대처했는지 말해 보시오. [롯데월드]

서비스부문

- 편법을 사용하지 않고 정당하게 무언가를 이루어낸 경험에 대해 말해 보시오. [롯데글로벌로지스]
- 무리한 부탁을 받은 경험에 대해 말해 보시오. [롯데글로벌로지스]
- 인생에 있어 도전했던 경험에 대해 말해 보시오. [롯데글로벌로지스]
- 일과 삶의 균형에 대한 본인의 생각을 말해 보시오. [롯데시네마]
- IT분야 외의 관심 있는 분야는 무엇인가? [롯데정보통신]
- 관습이나 관례에 대해 어떻게 생각하는가? [롯데정보통신]

기업별 최신기출문제

01 / 이랜드그룹

1. 언어비평검사(언어추리)

01 다음 제시문에서 나타나는 오류로 가장 적절한 것은?

> 농업에 종사하는 사람이라면 농협에 가입해야 하고, 가입하지 않는 사람은 농업에 종사하는 사람이 아니다. 따라서 농협에 가입하지 않은 사람이라면 농업인이라고 할 수 없다.

① 성급한 일반화의 오류

② 피장파장의 오류

③ 순환 논증의 오류

④ 거짓 딜레마의 오류

⑤ 미끄러운 비탈길의 오류

해설 거짓 딜레마의 오류는 어떠한 문제상황에서 제3의 선택지가 존재함에도 불구하고 이를 묵살하여 단 두 가지의 선택지가 있는 것처럼 상대에게 양자택일을 강요하는 것이다. 단, 참 또는 거짓과 같은 명제의 진릿값이 존재하거나 양자택일이 명확한 논제라면 거짓 딜레마라고 볼 수 없다.

02 제시된 명제가 모두 참일 때, 다음 중 반드시 참인 명제는?

> • 갑과 을 앞에 감자칩, 쿠키, 비스킷이 놓여 있다.
> • 세 가지의 과자 중에는 각자 좋아하는 과자가 반드시 있다.
> • 갑은 감자칩과 쿠키를 싫어한다.
> • 을이 좋아하는 과자는 갑이 싫어하는 과자이다.

① 갑은 좋아하는 과자가 없다.

② 갑은 비스킷을 싫어한다.

③ 을은 비스킷을 싫어한다.

④ 갑과 을이 같이 좋아하는 과자가 있다.

⑤ 갑과 을이 같이 싫어하는 과자가 있다.

해설 명제가 참이면 대우 명제도 참이다. 즉, '을이 좋아하는 과자는 갑이 싫어하는 과자이다'가 참이면 '갑이 좋아하는 과자는 을이 싫어하는 과자이다'도 참이다. 따라서 갑은 비스킷을 좋아하고, 을은 비스킷을 싫어한다.

03 다음 글의 내용으로 적절하지 않은 것은?

최근 국내 건설업계에서는 3D 프린팅 기술을 건설 분야와 접목하고자 노력하고 있다. 해외 건설사들도 3D 프린팅 기술을 이용한 건축시장을 선점하기 위한 경쟁이 활발히 이루어지고 있으며 이미 미국 텍사스 지역에서 3D 프린팅 기술을 이용하여 주택 4채를 1주일 만에 완공한 바 있다. 또한 우리나라에서도 인공 조경 벽 등 건설 현장에서 3D 프린팅 건축물을 차차 도입해가고 있다.

왜 건설업계에서는 3D 프린팅 기술을 주목하게 되었을까? 3D 프린팅 건축방식은 전통 건축방식과 비교하여 비용을 절감할 수 있고 공사기간이 단축되는 점을 장점으로 꼽을 수 있다. 특히 공사기간이 짧은 것은 천재지변으로 인한 이재민 등을 위한 주거시설을 빠르게 준비할 수 있다는 점에서 호평받고 있다. 또한 전통 건축방식으로는 구현하기 힘든 다양한 디자인을 구현할 수 있다는 점과 건축 폐기물 감소 및 CO_2 배출량 감소 등 환경보호 면에서도 긍정적인 평가를 받고 있으며 각 국가 간 이해관계 충돌로 인한 직·간접적 자재 수급난을 해결할 수 있는 점도 긍정적 평가를 받는 요인이다.

그렇다면 어떻게 3D 프린터로 건축물을 세우는 것일까? 먼저 일반적인 3D 프린팅의 과정을 알아야 한다. 일반적인 3D 프린팅은 컴퓨터로 물체를 3D 형태로 모델링한 후 용융성 플라스틱이나 금속 등을 3D 프린터 노즐을 통해 분사하여 아래부터 층별로 겹겹이 쌓는 과정을 거친다.

3D 프린팅 건축방식도 마찬가지이다. 컴퓨터를 통해 건축물을 모델링한 후 모델링한 정보에 따라 콘크리트, 금속, 폴리머 등의 건축자재를 노즐을 통해 분사시켜 층층이 쌓아 올리면서 컴퓨터로 설계한 대로 건축물을 만든다. 기계가 대신 건축물을 만든다는 점에서 사람의 힘으로 한계가 있는 기존 건축방식의 해결은 물론 코로나19 사태로 인한 인건비 상승 및 전문인력 수급난을 해결할 수 있다는 점 또한 호평받고 있다.

하지만 아쉽게도 우리나라에서의 3D 프린팅 건설 사업은 관련 인증 및 안전 규정 미비 등의 제도적 한계와 기술적 한계가 있어 상용화 단계가 이루어지기는 힘들다. 특히 3D 프린터로 구조물을 쌓아 올리는 데에는 로봇팔이 필요한데 아직은 5층 이하의 저층 주택 준공이 한계이고 현 대한민국 주택시장은 고층 아파트 등 고층 건물이 주력이므로 3D 프린터 고층 건축물 제작 기술을 개발해야 한다는 주장도 더러 나오고 있다.

① 이미 해외에서는 3D 프린터를 이용하여 주택을 시공한 바 있다.

② 3D 프린터 건축 기술은 전통 건축 기술과는 달리 환경에 영향을 덜 끼친다.

③ 3D 프린터 건축 기술은 인력난을 해소할 수 있는 새로운 기술이다.

④ 3D 프린터 건축 기술로 인해 대량의 실업자가 발생할 것이다.

⑤ 현재 우리나라의 3D 프린팅 건축 사업은 제도적 장치 및 기술적 한계를 해결해야만 하는 과제가 있다.

해설 ① 첫 번째 문단에서 미국 텍사스 지역에서 3D 프린터 건축 기술을 이용한 주택이 완공되었음을 알 수 있다.
② 두 번째 문단에서 전통 건축 기술에 비해 3D 프린터 건축 기술은 건축 폐기물 및 CO_2 배출량 감소 등 환경오염이 적음을 알 수 있다.
③ 네 번째 문단에서 코로나19 사태로 인한 인력 수급난을 해소할 수 있음을 알 수 있다.
⑤ 다섯 번째 문단에서 우리나라의 3D 프린팅 건축 사업은 아직 제도적 한계와 기술적 한계가 있음을 알 수 있다.

🔒 01 ④ 02 ③ 03 ④

04 다음 제시된 문단을 논리적 순서대로 바르게 나열한 것을 고르시오.

(가) 다만 각자에게 느껴지는 감각질이 뒤집혀 있을 뿐이고 경험을 할 때 겉으로 드러난 행동과 하는 말은 똑같다. 예컨대 그 사람은 신호등이 있는 건널목에서 똑같이 초록 불일 때 건너고 빨간 불일 때는 멈추며, 초록 불을 보고 똑같이 "초록 불이네"라고 말한다. 그러나 그는 자신의 감각질이 뒤집혀 있는지 전혀 모른다. 감각질은 순전히 사적이며 다른 사람의 감각질과 같은지를 확인할 수 있는 방법이 없기 때문이다.

(나) 그래서 어떤 입력이 들어올 때 어떤 출력을 내보낸다는 기능적 · 인과적 역할로써 정신을 정의하는 기능론이 각광을 받게 되었다. 기능론에서는 정신이 물질에 의해 구현되므로 그 둘이 별개의 것은 아니라고 주장한다는 점에서 이원론과 다르면서도, 정신의 인과적 역할이 뇌의 신경세포에서든 로봇의 실리콘 칩에서든 어떤 물질에서도 구현될 수 있음을 보여 준다는 점에서 동일론의 문제점을 해결할 수 있기 때문이다.

(다) 심신 문제는 정신과 물질의 관계에 대해 묻는 오래된 철학적 문제이다. 정신상태와 물질상태는 별개의 것이라고 주장하는 이원론이 오랫동안 널리 받아들여졌으나, 신경과학이 발달한 현대에는 그 둘은 동일하다는 동일론이 더 많은 지지를 받고 있다. 그러나 똑같은 정신상태라고 하더라도 사람마다 그 물질상태가 다를 수 있고, 인간과 정신상태는 같지만 물질상태는 다른 로봇이 등장한다면 동일론에서는 그것을 설명할 수 없다는 문제가 생긴다.

(라) 그래도 정신상태가 물질상태와 다른 무엇이 있다고 생각하는 이원론에서는 '나'가 어떤 주관적인 경험을 할 때 다른 사람에게 그 경험을 보여줄 수는 없지만 나는 분명히 경험하는 그 느낌에 주목한다. 잘 익은 토마토를 봤을 때의 빨간색의 느낌, 시디신 자두를 먹었을 때의 신 느낌, 꼬집힐 때의 아픈 느낌이 그런 예이다. 이런 질적이고 주관적인 감각경험, 곧 현상적인 감각경험을 철학자들은 '감각질'이라고 부른다. 이 감각질이 뒤집혔다고 가정하는 사고실험을 통해 기능론에 대한 비판이 제기된다. 나에게 빨강으로 보이는 것이 어떤 사람에게는 초록으로 보이고 나에게 초록으로 보이는 것이 그에게는 빨강으로 보인다는 사고실험이 그것이다.

① (가) – (나) – (다) – (라)
② (나) – (다) – (가) – (라)
③ (다) – (가) – (라) – (나)
④ (다) – (나) – (라) – (가)
⑤ (라) – (나) – (가) – (다)

해설 먼저 정신과 물질의 관계에 관한 이원론과 동일론을 언급하며 동일론의 문제점을 이야기하는 (다) 문단이 제일 처음에 오는 것이 적절하다. 다음으로는 그러한 동일론의 문제점을 해결할 수 있는 기능론에 관해 설명하는 (나) 문단이, 그 뒤를 이어 기능론을 비판하는 이원론의 입장에서 감각질과 관련한 사고실험에 대해 설명하는 (라) 문단이 오는 것이 적절하다. 마지막으로는 그러한 사고실험에서 감각질이 뒤집혀도 겉으로 드러난 행동과 말이 똑같은 이유를 설명하는 (가) 문단의 순서로 나열하는 것이 적절하다. 따라서 (다) – (나) – (라) – (가) 순으로 나열하는 것이 적절하다.

05 다음은 국내 이민자의 경제활동에 대한 표이다. 이에 대한 〈보기〉의 설명 중 옳은 것을 모두 고르면?

국내 이민자 경제활동인구

(단위 : 천명, %)

구분	이민자			국내인 전체
	외국인		귀화허가자	
	남성	여성		
15세 이상 인구	695.7	529.6	52.7	43,735
경제활동인구	576.1	292.6	35.6	27,828
취업자	560.5	273.7	33.8	26,824
실업자	15.6	18.8	1.8	1,003.0
비경제활동인구	119.5	237.0	17.1	15,907.0
경제활동 참가율	82.8	55.2	67.6	63.6

● **보기** ●

ㄱ. 15세 이상 국내 인구 중 이민자가 차지하는 비율은 4% 이상이다.
ㄴ. 15세 이상 외국인 중 실업자의 비율이 귀화허가자 중 실업자의 비율보다 낮다.
ㄷ. 외국인 취업자의 수는 귀화허가자 취업자 수의 20배 이상이다.
ㄹ. 외국인 여성의 경제활동 참가율이 국내인 여성의 경제활동 참가율보다 낮다.

① ㄱ, ㄴ
② ㄱ, ㄷ
③ ㄴ, ㄷ
④ ㄱ, ㄴ, ㄷ
⑤ ㄴ, ㄷ, ㄹ

해설

ㄴ. • 15세 이상 외국인 중 실업자의 비율 : $\dfrac{15.6+18.8}{695.7+529.6} \times 100 ≒ 2.80\%$

• 15세 이상 귀화허가자 중 실업자의 비율 : $\dfrac{1.8}{52.7} \times 100 ≒ 3.42\%$

따라서 15세 이상 외국인 중 실업자의 비율이 더 낮다.

ㄷ. 외국인 취업자 수는 $560.5+273.7=834.2$천명이므로, $834.2 \div 33.8 ≒ 24.68$배이다.

ㄱ. $\dfrac{695.7+529.6+52.7}{43,735} \times 100 ≒ 2.92\%$이므로, 국내 인구 중 이민자의 비율은 4% 이하이다.

ㄹ. 국내인 여성의 경제활동 참가율이 제시되어 있지 않으므로 알 수 없다.

06 다음은 국가별 연도별 이산화탄소 배출량에 대한 표이다. 〈조건〉에 따라 빈칸 ㉠~㉣에 해당하는 국가명을 순서대로 나열한 것은?

국가별 연도별 이산화탄소 배출량
(단위 : 백만CO₂톤)

구분	1995년	2005년	2015년	2020년	2022년
일본	1,041	1,141	1,112	1,230	1,189
미국	4,803	5,642	5,347	5,103	5,176
㉠	232	432	551	572	568
㉡	171	312	498	535	556
㉢	151	235	419	471	507
독일	940	812	759	764	723
인도	530	890	1,594	1,853	2,020
㉣	420	516	526	550	555
중국	2,076	3,086	7,707	8,980	9,087
러시아	2,163	1,474	1,529	1,535	1,468

● **조건** ●

• 한국과 캐나다는 제시된 5개 연도의 이산화탄소 배출량 순위에서 8위를 두 번 했다.
• 사우디의 2020년 대비 2022년의 이산화탄소 배출량 증가율은 5% 이상이다.
• 이란과 한국의 이산화탄소 배출량의 합은 2015년부터 이란과 캐나다의 배출량의 합보다 많아진다.

① 캐나다, 이란, 사우디, 한국
② 한국, 사우디, 이란, 캐나다
③ 한국, 이란, 캐나다, 사우디
④ 이란, 한국, 사우디, 캐나다
⑤ 한국, 이란, 사우디, 캐나다

해설 조건을 분석하면 다음과 같다.
• 첫 번째 조건에 의해 ㉠~㉣ 국가 중 연도별로 8위를 두 번한 나라는 ㉠과 ㉣이므로 둘 중 한 곳이 한국, 나머지 한 곳이 캐나다임을 알 수 있다.
• 두 번째 조건에 의해 2020년 대비 2022년의 이산화탄소 배출량 증가율은 ㉡과 ㉢이 각각 $\frac{556-535}{535} \times 100 ≒ 3.93\%$ 와 $\frac{507-471}{471} \times 100 ≒ 7.64\%$ 이므로 ㉢은 사우디가 되며, 따라서 ㉡은 이란이 된다.
• 세 번째 조건에 의해 이란의 수치는 고정값으로 놓고 2015년을 기점으로 ㉠이 ㉣보다 배출량이 커지고 있으므로 ㉠이 한국, ㉣이 캐나다임을 알 수 있다.
따라서 ㉠~㉣은 순서대로 한국, 이란, 사우디, 캐나다이다.

1. 언어

01 제시된 문단을 논리적 순서대로 바르게 나열한 것을 고르시오.

(가) 칸트의 '무관심성'에 대한 논의에서 이에 대한 단서를 얻을 수 있다. 칸트는 미적 경험의 주체가 '객체가 존재한다'는 사실성 자체로부터 거리를 둔다고 주장한다. 이에 따르면, 영화관에서 관객은 영상의 존재 자체에 대해 '무관심한' 상태에 있다. 영상의 흐름을 냉정하고 분석적인 태도로 받아들이는 것이 아니라, 영상의 흐름이 자신에게 말을 걸어오는 듯이, 자신이 미적 경험의 유희에 초대된 듯이 공감하며 체험하고 있다. 미적 거리두기와 공감적 참여의 상태를 경험하는 것이다. 주체와 객체가 엄격하게 분리되거나 완전히 겹쳐지는 것으로 이해하는 통상적인 동일시 이론과 달리, 칸트는 미적 지각을 지각 주체와 지각 대상 사이의 분리와 융합의 긴장감 넘치는 '중간상태'로 봤다.

(나) 관객은 영화를 보면서 영상의 흐름을 어떻게 지각하는 것일까? 그토록 빠르게 변화하는 앵글, 인물, 공간, 시간 등을 어떻게 별 어려움 없이 흥미진진하게 따라가는 것일까? 흔히 영화의 수용에 대해 설명할 때 관객의 눈과 카메라의 시선 사이에 일어나는 동일시 과정을 내세운다. 그러나 동일시 이론은 어떠한 조건을 기반으로, 어떠한 과정을 거쳐서 동일시가 일어나는지, 영상의 흐름을 지각할 때 일어나는 동일시의 고유한 방식이 어떤 것인지에 대해 의미 있는 설명을 제시하지 못하고 있다.

(다) 이렇게 볼 때 영화 관객은 자신의 눈을 단순히 카메라의 시선과 직접적으로 동일시하는 것이 아니다. 관객은 영화를 보면서 영화 속 공간, 운동의 양상 등을 유희적으로 동일시하며, 장소 공간이나 방향 공간 등 다양한 공간의 층들을 동시에 인지할 뿐만 아니라 감정 공간에서 나오는 독특한 분위기의 힘을 감지하고, 이를 통해 영화 속의 공간과 공감하며 소통하고 있는 것이다.

(라) 관객이 영상의 흐름을 생동감 있게 체험할 수 있는 이유는, 영화 속의 공간이 단순한 장소로서의 공간이라기보다는 '방향 공간'이기 때문이다. 카메라의 다양한 앵글 선택과 움직임, 자유로운 시점 선택이 방향 공간적 표현을 용이하게 해 준다. 두 사람의 대화를 보여 주는 장면을 생각해 보자. 관객은 단지 대화에 참여한 두 사람의 존재와 위치만 확인하는 것이 아니라, 두 사람의 시선 자체가 지닌 방향성의 암시, 즉 두 사람의 얼굴과 상반신이 서로를 향하고 있는 방향 공간적 상황을 함께 지각하고 있는 것이다.

(마) 영화의 매체적 강점은 방향 공간적 표현이라는 데에만 그치지 않는다. 영상의 흐름에 대한 지각은 언제나 생생한 느낌을 동반한다. 관객은 영화 속 공간과 인물의 독특한 감정에서 비롯된 분위기의 힘을 늘 느끼고 있다. 따라서 영화 속 공간은 근본적으로 이러한 분위기의 힘을 느끼도록 해 주는 '감정 공간'이라 할 수 있다.

① (가) - (라) - (나) - (마) - (다)
② (나) - (라) - (마) - (다) - (가)
③ (나) - (다) - (가) - (라) - (마)
④ (나) - (가) - (라) - (마) - (다)
⑤ (라) - (가) - (다) - (나) - (마)

해설 제시문은 관객이 영화를 보면서 흐름을 지각하는 것을 제대로 설명하지 못하는 동일시 이론에 대해 문제를 제기하고 이를 칸트의 무관심성을 통해 설명할 수 있다고 제시한다. 이어서 관객이 영화의 흐름을 생동감 있게 체험할 수 있는 이유로 '방향 공간'과 '감정 공간'을 제시하고 이에 대한 설명을 한 뒤 이것이 관객이 영화를 지각할 수 있는 원리가 될 수 있음을 정리하며 마치고 있는 글이다. 따라서 (나) 영화를 보면서 흐름을 지각하는 것을 제대로 설명하지 못하는 '동일시 이론' - (가) 영화 흐름의 지각에 대해 설명할 수 있는 칸트의 '무관심성' - (라) 영화의 생동감을 체험할 수 있게 하는 '방향 공간' - (마) 영화의 생동감을 체험할 수 있게 하는 또 다른 이유인 '감정 공간' - (다) 관객이 영화를 지각하는 과정에 대한 정리 순으로 나열하는 것이 적절하다.

커피찌꺼기를 일컫는 커피박이라는 단어는 우리에게 생소한 편이다. 하지만 외국에서는 커피 웨이스트(Coffee Waste), 커피 그라운드(Coffee Ground) 등 다양한 이름으로 불린다. 커피박은 커피원두로부터 액을 추출한 후 남은 찌꺼기를 말하는데 이는 유기물뿐만 아니라 섬유소, 리그닌, 카페인 등 다양한 물질을 풍부하게 함유하고 있어 재활용 가치가 높은 유기물 자원으로 평가받고 있다.

특히 우리나라는 높은 커피 소비국으로 2007년부터 2010년까지의 관세청 자료에 의하면 매년 지속적으로 커피원두 및 생두 수입이 지속적으로 증가한 것으로 나타났다. 1인당 연간 커피 소비량은 2019년 기준 평균 328잔 정도에 달하며 커피 한잔에 사용되는 커피콩은 0.2%, 나머지는 99.8%로 커피박이 되어 생활폐기물 혹은 매립지에서 소각처리된다.

이렇게 커피 소비량이 증가하고 있는 가운데 커피를 마시고 난 후 생기는 부산물인 커피박도 연평균 12만톤 이상 발생하고 있는 것으로 알려져 있다. 이렇듯 막대한 양의 커피박은 폐기물로 분류되며 폐기처리만 해도 큰 비용이 발생한다.

따라서 우리나라와 같이 농업 분야의 유기성 자원이 절대적으로 부족한 곳에서는 비료 원자재 대부분을 수입산에 의존하고 있는데, 원재료 매입비용이 적은 반면 부가가치를 창출할 수 있는 수익성이 매우 높은 재료로 고가로 수입된 커피박 자원을 재활용할 수 있다면 자원절감과 비용절감 두 마리 토끼를 잡을 수 있을 것으로 기대된다.

또한 커피박은 부재료 선택에 신경을 쓴다면 분명 더 나은 품질의 퇴비가 될 수 있다고 전문가들은 지적한다. 그 가운데 톱밥, 볏짚, 버섯폐배지, 한약재찌꺼기, 쌀겨, 스테비아분말, 채종유박, 깻묵 등의 부재료 화학성 pH는 4.9~6.4, 총탄소 4~54%, 총질소 0.08~10.4%, 탈질률 7.8~680으로 매우 다양했다. 그중에서 한약재찌꺼기의 질소 함량이 가장 높았고, 유기물 함량은 톱밥이 가장 높았다.

유기물 퇴비를 만들기 위한 조건은 수분 함량, 공기, 탄질비, 온도 등이 중요하다. 흔히 유기물 퇴비의 원료로는 농가에서 쉽게 찾아볼 수 있는 볏짚, 나무껍질, 깻묵, 쌀겨 등이 있다. 그밖에 낙엽이나 산야초를 베어 퇴비를 만들어도 되지만 일손과 노동력이 다소 소모된다는 단점이 있다. 무엇보다 양질의 퇴비를 만들기 위해서는 재료로 사용되는 자재가 지닌 기본적인 탄소와 질소의 비율이 중요한데 탄질률은 20~30:1인 것이 가장 이상적이다. 농촌진흥청 관계자는 이에 대해 "탄질률은 퇴비의 분해 속도와 관련이 있어 지나치게 질소가 많거나 탄소성분이 많을 경우 양질의 퇴비를 얻을 수 없다. 또한 퇴비재료에 미생물이 첨가되면서 자연분해되면 열이 발생하는데 이는 유해 미생물을 죽일 수 있어 양질의 퇴비를 얻기 위해서는 퇴비 더미의 온도를 50℃ 이상으로 유지하는 것이 바람직하다"고 밝혔다.

① 커피박을 이용하여 유기농 비료를 만드는 것은 환경보호뿐만 아니라 경제적으로도 이득이다.

② 커피박과 함께 비료에 들어갈 부재료를 고를 때에는 질소나 유기물이 얼마나 들어있는지가 중요한 기준이다.

③ 비료에서 중요한 성분인 질소가 많이 함유되어 있을수록 좋은 비료라고 할 수 있다.

④ 퇴비 재료에 있는 유해 미생물을 50℃ 이상의 고온을 통해 없앨 수 있다.

⑤ 커피박을 이용하여 유기 비료를 만들 때, 질소 보충이 필요한 사람이라면 한약재찌꺼기를 첨가하는 것이 좋다.

해설 ③ 질소가 무조건 많이 함유된 것이 좋은 비료가 아니라 탄소와 질소의 비율이 잘 맞는 것이 중요하다.

03 농도가 20%인 소금물 100g을 50g 덜어낸 뒤, 남아있는 소금물에 물을 더 넣어 10%의 소금물을 만들려고 한다. 이때, 필요한 물의 양은?

① 10g

② 20g

③ 30g

④ 40g

⑤ 50g

해설 50g을 덜어낸 뒤 남아있는 소금물의 양은 50g이고, 농도는 20%이다. 이때 남아있는 소금의 양은 다음과 같다.

(소금의 양)＝(농도)×(남아있는 소금물의 양)＝$\frac{20}{100}$×50＝10g

농도를 10%로 만들기 위해 더 넣은 물의 양을 xg이라고 하면 식은 다음과 같다.

$$\frac{10}{50+x}\times100=10\%$$

∴ $x=50$

따라서 더 넣은 물의 양은 50g이다.

04 다음은 주요 온실가스의 연평균 농도 변화 추이를 나타낸 표이다. 이에 대한 설명으로 옳지 않은 것은?

구분	2016년	2017년	2018년	2019년	2020년	2021년	2022년
이산화탄소(CO_2, ppm)	387.2	388.7	389.9	391.4	392.5	394.5	395.7
오존전량(O_3, DU)	331	330	328	325	329	343	335

주요 온실가스의 연평균 농도 변화 추이

① 이산화탄소의 농도는 계속해서 증가하고 있다.

② 오존전량은 계속해서 증가하고 있다.

③ 2022년 오존전량은 2016년의 오존전량보다 4DU 증가했다.

④ 2022년 이산화탄소의 농도는 2017년보다 7ppm 증가했다.

⑤ 오존전량이 전년 대비 가장 크게 감소한 해는 2022년이다.

해설 이산화탄소의 농도가 계속해서 증가하고 있는 것과 달리 오존전량은 2017년부터 2019년까지, 그리고 2022년에 감소했다.

① 이산화탄소의 농도는 2016년 387.2ppm에서 시작하여 2022년 395.7ppm으로 해마다 증가했다.

③ 2022년 오존전량은 335DU로, 2016년의 331DU보다 4DU 증가했다.

④ 2022년 이산화탄소 농도는 2017년의 388.7ppm에서 395.7ppm으로 7ppm 증가했다.

⑤ 오존전량은 2017년에는 1DU, 2018년에는 2DU, 2019년에는 3DU 감소하였으며, 2022년에는 8DU 감소했다.

🔒 02 ③ 03 ⑤ 04 ②

05 세빈이는 이번 주말에 등산을 하였다. 올라갈 때는 시속 4km로 걷고 내려올 때는 올라갈 때보다 2km 더 먼 거리를 시속 6km의 속력으로 걸어 내려왔다. 올라갈 때와 내려올 때 걸린 시간이 같았다면 내려올 때 걸린 시간은?

① 1시간

② 1.5시간

③ 2시간

④ 2.5시간

⑤ 3시간

해설 올라간 거리를 $x$km라 하면 내려온 거리는 $(x+2)$km이고, 올라간 시간과 내려간 시간이 같으므로 식은 다음과 같다.

$$\frac{x}{4} = \frac{x+2}{6} \rightarrow 3x = 2(x+2)$$

$$\therefore x = 4$$

따라서 내려올 때 걸린 시간은 $\frac{4+2}{6} = 1$시간이다.

06 다음은 중성세제 브랜드별 판매 가격 및 용량을 정리한 표이다. 브랜드마다 용량에 대한 가격을 조정했을 때, 브랜드별 판매 가격 및 용량의 변경 전과 변경 후에 대한 판매금액 차이가 바르게 연결된 것은?

브랜드별 중성세제 판매 가격 및 용량

(단위 : 원, ℓ)

구분		1ℓ당 가격	용량		1ℓ당 가격	용량
A브랜드	변경 전	8,000	1.3	변경 후	8,200	1.2
B브랜드		7,000	1.4		6,900	1.6
C브랜드		3,960	2.5		4,000	2.0
D브랜드		4,300	2.4		4,500	2.5

	A브랜드	B브랜드	C브랜드	D브랜드
①	550원 증가	1,220원 감소	2,000원 증가	930원 증가
②	550원 감소	1,240원 증가	1,900원 증가	930원 증가
③	560원 감소	1,240원 증가	1,900원 감소	930원 증가
④	560원 증가	1,240원 감소	2,000원 감소	900원 감소
⑤	560원 감소	1,220원 증가	1,900원 감소	900원 감소

해설 브랜드별 중성세제의 변경 후 판매 용량에 대한 가격에서 변경 전 가격을 빼면 다음과 같다.
- A브랜드 : $(8,200 \times 1.2) - (8,000 \times 1.3) = 9,840 - 10,400 = -560$원
- B브랜드 : $(6,900 \times 1.6) - (7,000 \times 1.4) = 11,040 - 9,800 = 1,240$원
- C브랜드 : $(4,000 \times 2.0) - (3,960 \times 2.5) = 8,000 - 9,900 = -1,900$원
- D브랜드 : $(4,500 \times 2.5) - (4,300 \times 2.4) = 11,250 - 10,320 = 930$원

따라서 A브랜드는 560원 감소, B브랜드는 1,240원 증가, C브랜드는 1,900원 감소, D브랜드는 930원 증가했다.

07 제시된 내용을 바탕으로 내린 A, B의 결론에 대한 판단으로 항상 옳은 것은?

> • 휴가는 2박 3일이다.
> • 혜진이는 수연이보다 하루 일찍 휴가를 간다.
> • 지연이는 수연이보다 이틀 늦게 휴가를 간다.
> • 태현이는 지연이보다 하루 일찍 휴가를 간다.
> • 수연이는 화요일에 휴가를 간다.

> A : 수요일에 휴가 중인 사람의 수와 목요일의 휴가 중인 사람의 수는 같다.
> B : 태현이는 금요일까지 휴가이다.

① A만 옳다.

② B만 옳다.

③ A, B 모두 옳다.

④ A, B 모두 틀리다.

⑤ A, B 모두 옳은지 틀린지 판단할 수 없다.

해설 • A : 수요일에는 혜진, 수연, 태현이가 휴가 중이고, 목요일에는 수연, 지연, 태현이가 휴가 중이므로 수요일과 목요일에 휴가 중인 사람의 수는 같다.
• B : 태현이는 금요일까지 휴가이다.
따라서 A, B 모두 옳다.

08 제시된 명제가 모두 참일 때, 빈칸에 들어갈 명제로 가장 적절한 것을 고르시오.

> • 광물은 매우 규칙적인 원자 배열을 가지고 있다.
> • 다이아몬드는 광물이다.
> • _____

① 다이아몬드는 매우 규칙적인 원자 배열을 가지고 있다.

② 광물이 아니면 규칙적인 원자 배열을 가지고 있지 않다.

③ 다이아몬드가 아니면 광물이 아니다.

④ 광물은 다이아몬드이다.

⑤ 광물이 아니면 다이아몬드이다.

해설 다이아몬드는 광물이고, 광물은 매우 규칙적인 원자 배열을 가지고 있다. 따라서 다이아몬드는 매우 규칙적인 원자 배열을 가지고 있다.

한국사능력검정시험

01 (가)에 들어갈 내용으로 옳은 것은?　　[2점]

① 서옥제라는 혼인풍습을 표현해 보자.
② 무예를 익히는 화랑도의 모습을 보여주자.
③ 특산물인 단궁, 과하마, 반어피를 그려 보자.
④ 지배층인 마가, 우가, 저가, 구가를 보여주자.

**기출
태그**　#동예 #제천행사 무천 #책화제도
#단궁 · 과하마 · 반어피

해설
동예는 매년 10월에 무천이라는 제천행사를 열었다. 또한, 각 부족의 영역을 중요시해 그 영역을 침범하는 경우 노비와 소 · 말로 갚게 하는 책화제도가 있었다.
③ 동예의 대표적 특산물로는 단궁, 과하마, 반어피 등이 있었다.

02 밑줄 그은 '그'로 옳은 것은?　　[1점]

이때 고구려 관리에게 토끼와 거북이의 이야기를 듣게 됐답니다. 그는 뜻을 알아차리고 꾀를 내어 영토를 돌려주겠다고 한 뒤 신라로 무사히 돌아왔어요. 그리고 몇 해 후 당으로 건너가 동맹을 맺었지요.

선덕여왕 11년 그는 군사를 청하러 고구려로 떠났습니다. 하지만 죽령 이북의 땅을 돌려달라는 보장왕의 요구를 들어 주지 않아 별관에 갇히게 됐지요.

－ 3 －　　－ 4 －

① 김대성
② 김춘추
③ 사다함
④ 이사부

**기출
태그**　#신라 김춘추 #고구려 보장왕 #죽령 서북
#신라–당 동맹 #나당연합군

해설
신라 김춘추는 백제 의자왕의 공격을 받자 고구려에 건너가 군사지원을 요청했다. 고구려 보장왕은 신라가 빼앗아 간 죽령 서북땅을 먼저 돌려 달라고 요구했다. 김춘추가 이를 거절하자 보장왕은 그를 옥에 가두었다. 〈삼국사기〉 김유신 열전에 의하면 이때 김춘추는 고구려 관리로부터 용왕에게 바칠 간을 구하는 거북이에게 속아 용궁에 잡혔다가 임기응변으로 위기를 벗어난 토끼 이야기를 듣게 된다. 이를 이용해 김춘추는 죽령과 조령을 고구려에 돌려주겠다는 글을 거짓으로 쓴 뒤 풀려나게 됐다고 한다.
② 신라 김춘추는 당과 동맹을 맺고 나당연합군을 결성해 백제와 고구려를 공격했다.

03 (가)~(다) 학생이 발표한 내용을 일어난 순서대로 옳게 나열한 것은? [3점]

〈배움 주제: 고려의 교육기관〉

(가) 인재를 양성하기 위해 국자감이 처음 설치됐어요.

(나) 사립학교인 9재학당이 세워졌어요.

(다) 성균관이 정비돼 유학교육이 강화됐어요.

① (가) - (나) - (다)
② (가) - (다) - (나)
③ (나) - (가) - (다)
④ (다) - (가) - (나)

기출 태그 #고려의 교육기관 #유학교육
#국자감 · 9재학당 · 성균관

해설

(가) 국자감: 고려 성종 때 최고교육기관인 국자감을 설치하고 지방에 경학 · 의학박사를 파견해 유학교육을 활성화하고자 했다.

(나) 9재학당: 고려 문종 때 최충이 세운 9재학당은 사학 12도 중 가장 번성해 많은 인재를 양성했다. 최충이 죽고 난 뒤에는 그의 시호를 바탕으로 문헌공도라고 불렸다.

(다) 성균관: 고려 충렬왕 때 국학을 성균관으로 개칭한 이후 공민왕 때 순수한 유교교육기관으로 개편했다. 이후 성균관은 조선시대 최고교육기관으로서 유교경전을 교육했다.

04 교사의 질문에 대한 학생의 답변으로 옳지 않은 것은? [2점]

고려시대의 경제활동에 대해 말해 볼까요?

① 벽란도에서 국제무역을 했어요.

② 농민들이 고추, 담배 등 상품작물을 재배했어요.

③ 시전상인들이 개경에서 물품을 판매했어요.

④ 사원에서 종이와 기와를 만들어 팔았어요.

기출 태그 #고려시대의 경제상황 #벽란도
#국제무역 #시전상인 #사원, 종이 · 기와

해설

② 조선 후기에는 상업이 발달해 고추, 담배, 인삼, 면화 등 상품작물의 재배가 활발해졌다.

05 (가)에 들어갈 사건으로 옳은 것은? [2점]

주제: (가)

이름: ○○○

- **학습내용 1 왜 일어났나요?**
  위훈삭제 등 조광조가 주장한 개혁에 대한 반발 때문에 일어났어요.

- **학습내용 2 어떻게 진행됐나요?**
  조광조는 유배된 후 사약을 받아 죽임을 당했고, 그를 따르던 많은 사람들도 처형되거나 관직에서 쫓겨났어요.

① 기묘사화
② 신유박해
③ 인조반정
④ 임오군란

06 (가) 전쟁 중에 있었던 사실로 옳은 것은?

[2점]

1592년 7월 이순신이 이끄는 조선 수군은 이곳 한산도 앞바다에서 학익진을 펼치며 일본 수군을 크게 격파했습니다. 그 결과 조선군은 (가) 당시 남해안 일대의 제해권을 장악하게 됐습니다.

종강 현실로 만난 역사

① 최윤덕이 4군을 개척했다.
② 서희가 강동 6주를 확보했다.
③ 권율이 행주산성에서 승리했다.
④ 이종무가 쓰시마섬을 토벌했다.

기출태그 #기묘사화 #조선 중종 #사림파 조광조
#훈구정치 개혁 #위훈삭제

해설
① 조선 중종은 반정으로 왕위에 오른 뒤 훈구파를 견제하고 연산군의 잘못된 정치를 개혁하기 위해 사림파를 중용했다. 이때 발탁된 조광조는 훈구정치의 개혁을 추진하며 반정공신들의 위훈삭제를 주장했다. 이에 훈구파가 반발해 기묘사화가 발생했다. 조광조는 유배된 후 사약을 받았고, 많은 사림세력들이 정계에서 쫓겨나게 됐다.

기출태그 #임진왜란 #학익진 전법 #한산도대첩
#권율 #행주대첩

해설
임진왜란 당시 수도 한양이 함락되고 선조가 의주로 피난을 가는 상황에서도 전국 각지에서는 의병이 일어났고, 바다에서는 이순신이 활약했다. 이순신은 한산도에서 학익진 전법을 활용해 일본 수군을 물리치고 크게 승리했다.
③ 조명연합군에게 밀려 평양성에서 후퇴한 왜군은 행주산성을 공격했다. 권율을 중심으로 한 조선 군대와 백성들은 왜군에 맞서 싸워 승리를 거두었다.

07 밑줄 그은 '이 단체'로 옳은 것은? [1점]

네, 민족주의 세력과 사회주의 세력이 협동해 이 단체를 설립했어요.

여성의 단결과 지위향상을 목적으로 60여 개 지회가 조직됐죠.

역사토크

1927년 신간회가 결성된 이후 여성운동에도 변화가 있었다고요?

① 근우회
② 찬양회
③ 조선여자교육회
④ 토산애용부인회

기출태그 #근우회 #민족주의와 사회주의 연합
#여성 지위향상 목적 #전국대회 개최

해설

① 근우회는 신간회의 자매단체로 민족주의 세력과 사회주의 세력이 연합해 결성했다. 강연회를 개최하는 등 여성 계몽활동과 여성 지위향상을 목적으로 했다. 또한, 전국대회를 열어 교육의 성별차별 철폐, 여자의 보통교육 확장, 조혼폐지 등을 담은 구체적 행동강령을 채택했다.

08 다음 자료에 해당하는 인물로 옳은 것은? [2점]

 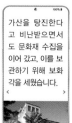 

일제강점기에 〈훈민정음 해례본〉 등 수많은 문화재를 수집하여 보전에 힘쓴 한 사람이 있습니다.

가산을 탕진한다고 비난받으면서도 문화재 수집을 이어 갔고, 이를 보관하기 위해 보화각을 세웠습니다.

그의 헌신적인 노력으로 지켜낸 우리 문화재의 소중함을 되새겨 보시기 바랍니다.

① 심훈
② 이회영
③ 전형필
④ 주시경

기출태그 #간송 전형필 #문화유산 수집
#근대적 사립미술관, 보화각 #간송미술관

해설

③ 간송 전형필은 일제강점기에 〈훈민정음 해례본〉, 청자 상감 운학문 매병 등 우리 민족의 문화유산을 수집하는 활동을 전개했다. 이후 서울 성북동에 우리나라 최초의 근대적 사립미술관인 보화각을 세웠고(1938), 그가 사망한 후에 간송미술관으로 이름을 바꾸었다(1966).

09 (가)에 들어갈 민주화운동으로 옳은 것은? [2점]

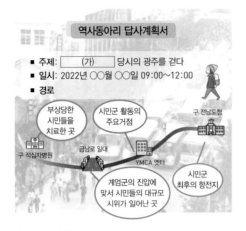

역사동아리 답사계획서

- 주제: [(가)] 당시의 광주를 걷다
- 일시: 2022년 ○○월 ○○일 09:00~12:00
- 경로

부상당한 시민들을 치료한 곳 / 구 적십자병원
시민군 활동의 주요거점 / 금남로 일대
구 전남도청
YMCA 옛터
계엄군의 진압에 맞서 시민들의 대규모 시위가 일어난 곳
시민군 최후의 항전지

① 6 · 3 시위
② 6월 민주항쟁
③ 2 · 28 민주운동
④ 5 · 18 민주화운동

해설

④ 광주 5 · 18 민주화운동은 신군부의 비상계엄 확대를 반대하며 일어났다. 신군부가 공수부대를 동원해 시위대를 무력으로 진압하자 학생과 시민들이 시민군을 결성해 대항하면서 격화됐다(1980). 시민군은 마지막까지 전남도청을 사수하다가 신군부 계엄군의 무차별 사격으로 진압됐다. 5 · 18 민주화운동은 우리나라 민주화운동의 밑거름이 됐으며, 2011년에는 관련 기록물이 유네스코 기록유산으로 등재됐다.

10 밑줄 그은 '대책'으로 옳지 않은 것은? [3점]

코로나19가 장기화되면서 정부의 방역조치와 더불어 의료진의 헌신이 지속되고 있습니다. 이러한 위기상황이 우리역사 속에도 있었을 텐데, 감염병에 대처한 기록이 있나요?

네! 천연두와 홍역, 급성 유행성 열병 등이 자주 기록돼 있는데요. 감염병이 발생하면 나라에서는 다양한 대책을 마련해 백성을 구제하기 위해 노력했습니다.

① 고려시대에는 구제도감 등의 임시기구를 설치했다.
② 고려시대에는 양현고 등을 설치해 기금을 마련했다.
③ 조선시대에는 구질막, 병막 등의 격리시설을 운영했다.
④ 조선시대에는 간이벽온방, 신찬벽온방 등을 편찬해 보급했다.

해설

고려시대에 구제도감과 구급도감 등을 임시기관으로 설치해 재해가 발생했을 때 백성을 구제했다. 개경에는 동서대비원을 두고 환자진료 및 빈민구휼을 담당하게 했다. 예종 때 서민의 질병치료와 의약관리를 위해 설치된 혜민국은 조선 태조 때 혜민고국으로 재설치됐다가 세조 때 혜민서로 그 명칭이 바뀌어 백성들의 질병치료를 담당했다. 현대 노무현정부 때는 국민보건증진을 위해 국가 전염병 연구 및 관리와 생명과학 연구를 수행하는 보건복지부 소속 기관인 질병관리본부를 설립했다.

② 고려 예종 때 사학이 융성하자 관학교육의 진흥을 위해 국자감을 재정비하고 전문강좌인 7재와 장학재단인 양현고를 설치했다.

01 (가) 왕의 업적으로 옳은 것은? [2점]

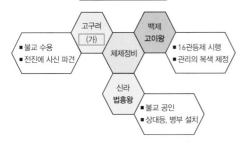

삼국의 성장과 발전

고구려 (가) 체제정비
- 불교 수용
- 전진에 사신 파견

백제 고이왕
- 16관등제 시행
- 관리의 복색 제정

신라 법흥왕
- 불교 공인
- 상대등, 병부 설치

① 도읍을 국내성에서 평양으로 옮겼다.
② 태학을 설립해 인재를 양성했다.
③ 서안평을 공격해 영토를 확장했다.
④ 연가라는 독자적인 연호를 사용했다.
⑤ 신라에 군대를 파견해 왜를 격퇴했다.

해설
삼국시대 각 국가에서는 통치체제를 정비하고 왕권을 강화했다. 그중 고구려 소수림왕은 중국 전진으로부터 불교를 수용하고 이를 통해 왕실의 권위를 높이고자 했으며, 율령을 반포해 국가조직을 정비했다.
② 소수림왕은 국가교육기관인 태학을 설립해 인재를 양성했다.

02 (가), (나) 인물에 대한 설명으로 옳은 것은? [2점]

오늘은 두 분의 고승을 모시고 어떤 활동을 하셨는지 들어 보겠습니다.

당에 유학하고 돌아와 영주에 부석사를 세우고 많은 제자를 양성했습니다.

〈무애가〉를 지어 세상에 퍼뜨렸고, 이로 인해 많은 사람이 '나무아미타불'을 외우게 됐지요.

홀로그램으로 만나는 역사 인물

(가)   (나)

① (가) – 법화신앙을 바탕으로 백련결사를 이끌었다.
② (가) – 화엄일승법계도를 지어 화엄사상을 정리했다.
③ (나) – 불교교단을 통합하기 위해 천태종을 개창했다.
④ (나) – 인도와 중앙아시아를 여행하고 〈왕오천축국전〉을 저술했다.
⑤ (가), (나) – 심성도야를 강조한 유불일치설을 주장했다.

해설
(가) 의상: 당에 가서 지엄으로부터 화엄에 대한 가르침을 받고 돌아와 신라에서 화엄사상을 정립했고 영주 부석사를 창건해 수많은 제자들을 양성했다.
(나) 원효: 불교의 대중화를 위해 불교의 교리를 쉬운 노래로 표현한 〈무애가〉를 지어 널리 퍼뜨렸고, 이에 불교를 믿는 사람들이 나무아미타불을 외우게 됐다.
② 의상은 화엄사상을 정리한 〈화엄일승법계도〉를 저술하고 화엄교단을 세웠다.

03 (가) 국가에 대한 설명으로 옳은 것은? [2점]

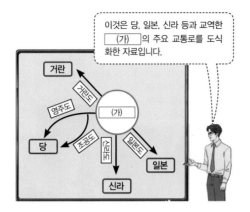

이것은 당, 일본, 신라 등과 교역한 (가) 의 주요 교통로를 도식화한 자료입니다.

① 평양을 서경으로 삼아 중시했다.
② 후연을 격파하고 백제를 공격했다.
③ 지방에 22담로를 두어 왕족을 파견했다.
④ 완도에 청해진을 설치하고 해상무역을 장악했다.
⑤ 고구려와 당의 양식이 혼합된 벽돌무덤을 만들었다.

04 밑줄 그은 '나'에 대한 설명으로 옳은 것은? [2점]

그리운 벗에게

연경에 도착해 이제야 소식을 전하네. 예전에 충선왕이 원의 화가를 불러 그리게 한 나의 초상을 기억하는가? 잃어버렸던 그 그림을 오늘 찾았다네. 그림을 보니 만권당에서 원의 학자들과 함께 공부하던 나의 젊은 시절이 생각난다네. 혼탁한 세상 편치만은 않지만 곧 개경에서 볼 수 있기를 바라네.

영원한 벗, 익재

① 역사서인 사략을 저술했다.
② 불씨잡변을 지어 불교를 비판했다.
③ 9재 학당을 세워 유학교육에 힘썼다.
④ 봉사 10조를 올려 시정개혁을 건의했다.
⑤ 예안향약을 시행해 향촌교화를 위해 힘썼다.

해설

발해는 신라도, 거란도, 영주도, 일본도 등 상인과 사신이 이동하는 교통로들을 통해 신라, 당, 일본 등 주변 국가와 대외무역을 전개했다.
⑤ 중국 지린성에 위치한 발해 문왕의 넷째 딸 정효공주묘는 당의 고분양식에 영향을 받은 벽돌무덤이며, 또한 고구려 고분양식을 계승한 모줄임 천장구조도 나타난다.

해설

고려 충선왕은 왕위에서 물러난 뒤 원의 연경에 만권당을 세우고, 고려에서 이제현 등의 성리학자들을 데려와 원의 학자들과 교류하게 했다.
① 익재 이제현은 유교사관에 입각한 역사서인 〈사략〉, 문학적 소양을 바탕으로 한 시화집 〈역옹패설〉 등을 저술했다.

05 다음 중 (가) 왕의 재위기간에 있었던 사실로 옳은 것은? [2점]

> 이곳은 창경궁의 정문인 홍화문입니다. 창경궁은 (가) 이/가 정희왕후 등 세 분의 대비를 모시기 위해 수강궁을 수리해 조성한 궁궐입니다. (가) 은/는 경국대전 완성 등 많은 업적을 남겼습니다.

① 탕평비가 건립됐다.
② 상평통보가 주조됐다.
③ 악학궤범이 간행됐다.
④ 훈련도감이 설치됐다.
⑤ 초계문신제가 시행됐다.

06 밑줄 그은 '이 전란' 이후에 있었던 사실로 옳은 것은? [2점]

> 조헌은 온 나라 사람들에게 고하노라. 영남에서는 곽재우 장군이 의병을 일으켜 그 기세가 산악을 진동하고 있다. 이 격문을 읽는 자들은 각자의 심력을 다 해라! 지혜를 가진 자는 계책을 내고, 용력을 가진 자는 역량을 발휘하라! 재산을 가진 자는 군량을 바치고, 힘을 가진 자는 대열에 참여하라! 만일 왜적을 치는 데 협력하지 않는 자가 있다면 이 전란이 끝나는 날 그 죄를 성토해 중형에 처하리라.

① 유정이 회답 겸 쇄환사로 일본에 파견됐다.
② 나세와 심덕부, 최무선 등이 진포에서 왜구를 격퇴했다.
③ 신숙주가 일본에 다녀온 후 해동제국기를 저술했다.
④ 조선정부의 통제에 반발해 왜인들이 삼포왜란을 일으켰다.
⑤ 외침에 대비하기 위해 임시기구로 비변사가 설치됐다.

해설
조선 성종 때 세 왕후(정희왕후, 소혜왕후, 안순왕후)를 모시기 위해 수강궁을 확장해 별궁인 창경궁을 조성했다. 조선시대 궁궐 중 유일하게 동쪽을 향해 지어졌으며, 현재 사적 제123호로 지정돼 있다. 또한, 성종 때에는 세조 때부터 편찬되기 시작한 조선의 기본법전인 〈경국대전〉이 완성·반포됐다.
③ 성종 때 성현 등이 왕명에 따라서 의궤와 악보를 정리한 〈악학궤범〉을 저술했다.

해설
선조 때 왜군이 침입해 임진왜란이 발발했고(1592), 곧바로 부산진성을 함락시킨 왜군이 북상했다. 이때 곽재우가 영남지방에서 수천여 명의 의병을 이끌고 항전했으며, 충청지방에서는 조헌이 의병을 모아 청주성을 수복하고 금산전투에서 활약했다.
① 선조는 임진왜란 이후 단절됐던 일본과의 관계를 회복하기 위해 승려 유정 등을 회답 겸 쇄환사로 파견했고(1607), 이들은 전쟁 중 잡혀간 포로 3,000여 명을 데리고 귀국했다.

🔒 03 ⑤ 04 ① 05 ③ 06 ①

07 다음 사건이 일어난 배경으로 옳은 것은?

[2점]

> 양헌수가 은밀히 정족산 전등사로 가서 주둔했다. …… 산 위에서 매복하고 있다가 한꺼번에 북을 치고 나발을 불며 좌우에서 총을 쏘았다. 적장이 총에 맞아 말에서 떨어지고 서양인 10여 명이 죽었다. 달아나는 서양인들을 쫓아가니 그들은 동료 시체를 옆에 끼고 급히 본진으로 도망갔다.

① 종로와 전국 각지에 척화비가 세워졌다.

② 오페르트가 남연군묘 도굴을 시도했다.

③ 위안스카이의 군대가 조선에 상륙했다.

④ 병인박해가 발생해 천주교 선교사와 신자들이 처형됐다.

⑤ 김홍집이 가지고 온 조선책략이 국내에 유포됐다.

기출 태그 #병인박해 #흥선대원군 #러시아 견제
#로즈 제독 #병인양요 #정족산성 #양헌수

해설

④ 흥선대원군은 천주교를 통해 프랑스와 조약을 체결하고 러시아의 남하정책을 견제하고자 했으나 국내외에서 천주교에 대한 반발이 생겨나자 프랑스인 선교사들을 처형하는 등 병인박해가 발생했다(1866.1.). 이후 프랑스 로즈 제독이 병인박해를 구실로 함대를 이끌고 강화도에 침입하면서 병인양요가 발생했다(1866.9.). 양헌수는 정족산성에서 매복했다가 기습해 프랑스군을 물리쳤다.

---

08 다음 자료에 나타난 상황 이후 전개된 사실로 옳은 것은?

[2점]

> 김옥균이 일본공사 다케조에에게 국왕의 호위를 위해 일본군이 필요하다고 요청했다. 그는 호위를 요청하는 국왕의 친서가 있으면 투입하겠다고 약속했다. 친서는 박영효가 전달하기로 합의했다. 다케조에는 조선에 주둔한 청군 1천명이 공격해 들어와도 일본군 1개 중대면 막을 수 있다고 장담했다.

① 신식군대인 별기군이 창설됐다.

② 김기수가 수신사로 일본에 파견됐다.

③ 일본군함 운요호가 영종도를 공격했다.

④ 이만손이 주도해 영남 만인소를 올렸다.

⑤ 우정총국 개국축하연에서 정변이 일어났다.

기출 태그 #갑신정변 #청의 내정간섭 심화
#김옥균, 급진개화파 #우정총국 개국축하연

해설

임오군란 이후 청의 내정간섭이 심화되자 급진개화파는 근대화 추진과 민씨 세력 제거를 위한 정변을 단행하기로 결심했다. 이에 일본공사 다케조에에게 고종의 호위와 청군을 견제하기 위한 지원을 요청했고, 일본은 공사관 병력 150명과 일화 3백만엔을 빌려주겠다고 약속하면서 정변을 지원하기로 했다.

⑤ 김옥균을 중심으로 한 급진개화파는 일본의 군사적 지원을 받아 우정총국 개국축하연 자리에서 갑신정변을 일으켰다(1884).

09 (가)~(다) 학생이 발표한 내용을 일어난 순서대로 옳게 나열한 것은?   [3점]

① (가) - (나) - (다)
② (가) - (다) - (나)
③ (나) - (가) - (다)
④ (나) - (다) - (가)
⑤ (다) - (나) - (가)

해설

(나) 봉오동전투(1920.6.): 홍범도는 의병장 출신으로 대한독립군을 이끌면서 대한국민회군, 군무도독부 등의 독립군과 연합해 봉오동전투에서 일본군을 상대로 큰 승리를 거두었다.

(다) 청산리전투(1920.10.): 김좌진이 이끄는 북로군정서군과 홍범도가 이끄는 대한독립군이 주축이 된 독립군 연합부대는 청산리전투에서 일본군에 대승을 거두었다.

(가) 3부 성립(1925): 만주지역의 독립군 부대들은 대한민국 임시정부 소속의 군정부로서 중국 지안을 중심으로 압록강 접경을 관할한 참의부, 하얼빈 이남의 남만주를 관할한 정의부, 북만주를 관할한 신민부 등 3부로 재편됐다.

10 (가)에 들어갈 내용으로 옳은 것은?   [2점]

> **한국사 특강**
>
> 우리 연구회에서는 '제헌헌법으로 출범한 제○공화국'이라는 주제로 시민들을 위한 한국사 특강을 마련했습니다. 많은 관심과 참여 바랍니다.
>
> **특강 내용**
> 제1강   (가)
> 제2강 농지개혁법의 제정 과정
> 제3강 정전협정의 체결
>
> ■ **기간**: 2021년 10월 ○○일~○○일
> ■ **시간**: 매주 목요일 15:00~17:00
> ■ **장소**: △△ 연구회

① 삼청교육대의 설치
② 새마을운동의 추진
③ 한일기본조약의 비준
④ 지방자치제의 전면 실시
⑤ 반민족행위 처벌법의 제정

해설

⑤ 5 · 10 총선거를 통해 구성된 제헌국회는 제헌헌법을 제정했으며, 이를 바탕으로 이승만이 국회에서 대통령으로 선출돼 제1공화국이 출범했다(1948). 제헌국회는 일제의 잔재를 청산하고 민족정기를 바로 잡기 위해 반민족행위 처벌법을 제정했고, 이에 따라 반민족행위 특별조사위원회가 구성돼 활동했다. 또한, 농지개혁법을 제정해 유상매수, 유상분배를 원칙으로 농지개혁을 실시했다. 이후 6 · 25 전쟁이 발발하고 전황이 교착상태에 빠지자 판문점에서 정전협정이 체결됐다(1953).

면접현장에서 실제로 만나는
리더십에 관한 질문들!

면접에서 대인관계능력을 평가할 때 리더십에 관한 질문이 주어지는 경우가 있습니다. 리더십이란 어떤 직무에서든 요구되는 가장 핵심적인 능력 중 하나이므로 신입직원과 경력직원 모두에게 동일하게 요구되는 기준이기도 합니다. 특히 팀워크와 창의적인 업무수행을 위해서는 자신의 직무에 주인의식을 갖거나 능동적인 태도를 드러내는 것이 중요합니다. 이번 칼럼에서는 대인관계능력 중 리더십 평가항목에서 제시될 수 있는 질문을 예시와 함께 살펴보도록 하겠습니다.

만약 여러분이 면접에서 리더십에 관한 질문을 받는다면 어떻게 답변해야 할까요? 우선 면접위원이 질문한 의도를 파악하는 것이 중요합니다. 아래 그림을 바탕으로 리더십에 대해 알아보겠습니다.

리더십 발휘 양상 변화

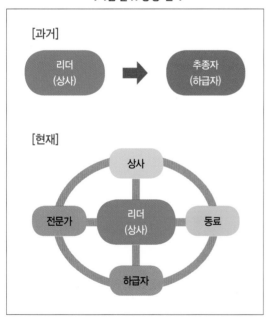

그림에서처럼 과거에는 상사가 하급자에게 리더십을 발휘하는 형태를 띠었지만, 오늘날 대부분의 기업에서는 리더십이 전방위적인 방향으로 발휘되고 있습니다. 하급자뿐만 아니라 동료나 상사에게도 리더십을 발휘해야 하는 형태로 변화한 것입니다. 특히 변화의 속도가 빠른 현대사회에서는 조직구성원이 조직 내 각자의 위치에서 효율적인 의사결정과 행동을 해야 하므로 개개인의 능동적이고 주체적인 리더십이 필요합니다.

이를 근거로 하여 '리더십과 팔로워십', '리스크 대처', '문제해결 방식', '권한위임'이라는 4가지 키워드를 중심으로 실제 면접현장에서 만날 수 있는 예시 질문들을 차례대로 살펴보겠습니다.

> **Q. 귀하께서는 다른 사람들이 보기에 '리더'인가요? 아니면 '팔로워'인가요?**

위 질문은 '리더십과 팔로워십'에 관한 질문 중 면접에서 흔히 만날 수 있는 유형의 질문입니다. 이때 면접위원의 의도는 리더와 팔로워를 구분하기 위함이 아니라 지원자가 리더와 팔로워의 덕목을 어떻게 조화롭게 가지고 있는지를 알아보기 위한 것이라 볼 수 있습니다. 이는 지원자의 조직융합성을 판단하는 평가기준이 됩니다.

지원자A와 같은 유형은 과거 기준으로 가장 일반적인 형태의 답변이라 할 수 있습니다. 왜냐하면 과거에는 관리자로부터 지시를 받아 성실하게 수행하는 것을 신입사원의 미덕으로 여겼기 때문입니다. 따라서 위 답변이 잘못된 것은 아닙니다. 다만 답변이 다소 평면적이고 리더와 팔로워로서의 자질에 대한 조화가 부족한 점은 아쉬운 부분입니다.

반면 지원자B는 리더와 팔로워로서의 자질에 관해 조직 또는 팀 전체를 아우르는 입체적인 답변을 하고 있음을 알 수 있습니다. 만약 조직융합적·조직 지향적 인재를 채용하는 면접이라면 지원자B가 지원자A보다 상대적으로 더 많은 가점을 받을 것으로 예상됩니다.

다음은 변화무쌍한 업무환경에서 발생할 수 있는 '리스크'에 관한 지원자의 관점이나 행동(또는 대응방안)을 알아보기 위한 질문입니다. 이는 단순히 리스크의 개념이나 이에 대한 개인의 생각을 묻는 것이 아니라 리스크 대응에 있어 지원자의 대처방식과 수준을 알기 위한 것입니다.

위 질문에 대해 답변할 때 가장 중점적으로 고려해야 하는 것은 좋은 결과를 얻는 것도 물론 중요하지만, 자신의 손해를 무릅쓰고 다른 사람을 위해 능동적이고 자발적인 행동을 한 경험을 어필해야 한다는 것입니다.

지원자C의 답변을 정리하면 리스크는 나쁜 것이므로 처음부터 리스크가 발생하는 상황 자체를 억제해야 한다는 취지임을 알 수 있습니다. 이는 올바른 관점이긴 하지만 현실적인 상황에 비추어 보면 다분히 이상적인 답변이라 인식될 수 있습니다. 효율적인 조직은 만약 리스크가 발생하더라도 효과적으로 대처가 가능한 조직을 의미하기 때문입니다.

물론 리스크는 없으면 없을수록 좋을 것입니다. 하지만 리스크는 새로운 일을 수행하거나, 예측하지 못한 상황에 어쩔 수 없이 발생한다는 것을 염두에 두어야 합니다. 따라서 리스크를 관리한다는 것은 리스크를 회피하는 것이 아니라 어떻게 다룰 것인가에 대한 문제라고 생각합니다. 단순히 리스크를 회피하려고 노력하기보다는, 리스크가 생기더라도 대비할 수 있는 다른 계획들을 미리 고민하고 예측할 수 있어야 합니다. 어쩔 수 없는 리스크를 무작정 회피하기보다는 적절하게 대응하는 마인드가 더 중요하다고 판단됩니다.

지원자C와 비교했을 때 지원자D는 리스크가 발생했을 경우 대응할 수 있는 방안에 대해 더 구체적이고 현실적인 관점에서 답변하고 있습니다. 이러한 차이는 면접위원들에게 '지원자의 경험상 질적 차이'로 인식될 여지가 큽니다.

다음은 '문제해결'에 있어 리더십의 행동특성에 대한 질문입니다. 이때 '무엇을 할까?'는 'What' 위주의 사고방식이고, '어떻게 할까?'는 'How' 위주의 사고방식에 해당합니다.

> Q. 귀하는 어떤 사안을 해결함에 있어서 '무엇을 할까?'를 먼저 생각하시나요? 아니면 '어떻게 할까?'를 먼저 생각하시나요?

질문의 의도를 살펴보기 위해서는 약간의 사전지식이 필요합니다. 먼저 'How' 위주의 행동특성은 전형적인 관리자의 특징이고, 'What' 위주의 행동특성은 전형적인 리더의 특징입니다. 따라서 위 질문을 다시 정리하면, 지원자가 문제를 해결함에 있어서 '관리자 스타일을 지향하는지, 리더 스타일을 지향하는지'에 대한 질문으로 이해할 수 있습니다.

직업인이 어떤 문제를 해결한다는 것은 자신이 맡은 업무에서 잘못이나 실패가 없이 무난하게 일을 수행하는 것을 의미합니다. 따라서 저는 '어떻게 할까?'가 가장 우선적인 고려항목이라고 생각합니다. 왜냐하면 목표는 이미 정해진 것이고, 실무인 제가 고민할 것은 목표를 잘 수행하기 위한 실무적인 과정에 집중하는 것이기 때문입니다. 이러한 성실함으로 누구보다도 조직에 기여하는 한 사람의 팀원이 되겠습니다.

지원자E의 답변은 보편적인 관리자의 유형에 해당합니다. 이때 주의할 점은 위 답변이 잘못된 답변이라기보다는, 리더의 성향이 요구되는 직무 또는 조직에서 단순히 관리자 성향을 강조하는 답변을 무의식적으로 할 경우 면접위원이 질문한 의도와 다른 답변을 하게 될 수 있다는 것입니다.

직업인으로서 어떤 상황에서 문제를 해결한다는 것은 여러 의미가 있습니다. 그중에서도 문제를 해결하여 얻을 수 있는 실질적인 의미, 즉 우리가 말하는 문제해결을 해야하는 목표가 정립되어야 한다고 생각합니다. 왜냐하면 하나의 목표를 달성하기 위한 해결과정은 여러 가지가 있을 수 있으며, 각각의 과정은 경우에 따라 선택할 필요성이 있기 때문입니다. 따라서 저는 어떤 문제를 해결함에 있어서 'How' 보다는 'What'에 우선순위를 둘 것입니다. 이것은 저의 직무철학이기도 합니다.

반면 지원자F의 답변은 어느 정도 리더 스타일을 지향하는 답변이라고 볼 수 있습니다. 대부분의 기업에서는 창의적이고 리더십을 가지고 있는 능동적인 인재상을 강조하고 있으며, 이는 민간기업과 공기업 모두에 해당합니다. 이를 감안할 때 지원자E보다 지원자F의 답변이 리더십에 관련된 자질의 관점에서 더 높은 가점을 기대할 수 있습니다.

마지막은 '권한위임(Empowerment)'에 대한 질문입니다. 이는 단순히 권한위임의 의미를 묻는 것이 아니라 권한위임이 개인이나 조직에 미치는 영향에 관해 지원자의 인식을 묻기 위한 것입니다.

> Q. 만약 귀하가 입사하게 된다면, 우리 회사가 효과적인 권한위임의 여건을 마련하기 위해 어떤 노력이 필요하다고 생각하십니까?

위 질문은 새롭게 조직구성원으로 입사하게 됐을 때 권한위임을 받는 것에 대해 어떤 생각을 갖고 있는지 알기 위한 것입니다. 대부분의 지원자는 권한위임이란 제도(프로세스) 자체에 호감이나 긍정적인 마인드를 가질 것입니다. 하지만 면접위원은 이러한 제도가 조직에 어떤 시너지가 있을지 지원자의 관점을 묻기 위해 질문한 것입니다. 따라서 이를 알고 답변하는 것이 필요합니다.

지원자 G

만약 권한위임이 조직 내에서 폭넓게 진행이 된다면, 그것은 직원 각자에게 도전적이고 흥미로운 일이 될 것입니다. 나아가 또다른 학습의 원동력이자 성장의 기회가 될 것입니다. 무엇보다 권한위임이 폭넓게 확대되면 모든 직원은 상사의 불필요한 통제에서 벗어나 자유로운 인간관계와 원활한 회사분위기를 만드는 데 일조하게 되므로 소속된 직원 모두가 회사를 위해서 스스로 공헌하려는 마음을 키워야 한다고 생각합니다.

지원자G의 답변에서 특별히 잘못된 내용은 없습니다. 다만 한 가지 아쉬운 점을 이야기하자면, 권한위임을 구성원으로서의 개인적 장점의 측면에서 서술했다는 것입니다. 권한위임은 개인에게도 긍정적인 영향이 있을 수 있지만, 그보다는 조직 전체를 아우르는 시너지효과에 대한 언급을 해주는 것이 필요하다고 느껴지는 답변입니다.

지원자 H

효율적인 권한위임을 위해서는 구성원 개인의 측면과 회사의 측면을 나눠서 살펴봐야 한다고 생각합니다. 개인의 경우 권한위임을 받을만한 적절한 자세와 능력이 있는지 면밀히 판단해야 할 것이며, 회사의 측면에서는 권한위임이 단순히 업무의 분장이나 분배가 아니라, 직원 각자에게 새로운 동기부여 및 업무영역 확장이 될 수 있는 제도적·정책적·구조(시스템)적 지원과 지지가 요구된다고 생각합니다. 따라서 권한위임은 조직 전체에 실질적인 시너지가 있는지를 고려해야 하므로 많은 준비가 필요하리라 생각합니다.

지원자H의 답변은 지원자G와 비교했을 때 권한위임의 목적과 영향이 조직 전체에 어떻게 미치는지에 대한 입장을 구체적으로 표현하고 있습니다. 두 지원자의 답변을 모두 합하면 더 훌륭한 답변이 되겠지만, 단순히 두 지원자의 답변을 비교한다면 면접위원들은 조직지향적 관점에서 지원자H에게 더 높은 가점을 줄 것이라고 기대할 수 있겠습니다.

지금까지 면접에서 자주 접할 수 있는 '리더십'에 관한 몇 가지 응용주제와 예시를 살펴봤습니다. 특히 조직이 확장되는 기업이거나 기존 조직의 효율성을 높이도록 재편하는 기업일수록 앞서 설명한 지원자의 관점과 행동특성을 중시하는 경향이 있습니다. 따라서 말씀드린 4가지 키워드에 대해 조직지향적인 관점을 고민한 뒤 답변을 준비하는 것이 필요하다고 생각합니다. 시대

필자 소개
안성수, 경영학 박사(Ph.D.)
리더십/인사컨설팅 및 채용 관련 콘텐츠 개발
NCS 채용컨설팅/NCS 퍼실리테이터/전문평가위원
공무원/공공기관 외부면접위원
인사/채용 관련 자유기고가
저서 〈NCS와 창의적 사고기법〉, 〈NCS직무가이드〉 外

영업력에도 차별화가 필요하다!
영업 : 식자재 유통

생산 직군 소개

영업과 판매의 차이는?

- 영업 : '업(業)'을 지속적으로 '영위(營爲)'하기 위한 복합적 업무
- 판매 : 물품을 판매하여 매출을 올리는 업무

영업 직무의 정의

- 시장트렌드와 고객의 소비트렌드를 미리 분석하여 고객사 또는 소비자에게 적합한 포트폴리오 제시
- 단기 구간 판매 확대를 넘어 지속적인 판매 유지

영업 직무의 종류

❶ 유통영업

구분	내용
주요 업무	• 유통 · 업장 대상 영업 활동 • 거래처 방문 및 제품 판매, 수금 • 제품진열 점검, 판촉 활동
업종	식품, 음료, 주류, 식자재, 제약 등 제조업체의 영업 담당

❷ 기술영업

구분	내용
주요 업무	• 제품을 보다 잘 사용할 수 있도록 돕는 역할 • 제품력 PT부터 수주, 사후관리까지 담당 • 출장 지원
업종	의료기기, 반도체 장비, 통신서비스, SI(System Integration)업체 등

❸ 판매

구분	내용
주요 업무	• 판매상담, 고객 · 전화 응대 • 상품관리, 판매접수 등록, 매입 등록 • 서비스 접수
업종	가전, 가구, 화장품 등 매장 내 판매직

1. 식자재 유통영업 직무에 대한 이해

식자재 유통이란 식품대리점, 급식업체, 체인 레스토랑, 일반 식당, 호텔 등에 농 · 수 · 축 · 가공식품부터 주방 소모품 등 식당사업에 필요한 모든 식자재를 공급하는 것을 말한다. 국내 시장규모는 2019년 말 기준 110조원(B2B 46조원 수준), 2만여 개의 업체가 존재하는 것으로 알려져 있다. 인구감소에도 불구하고 외식문화의 발달로 연평균 10%가량의 성장이 전망되고 있으며, 단순 상품공급에 그치지 않고 메뉴 · 조리 · 서비스 · 위생 교육 및 컨설팅, 전산 인프라와 다양한 부가서비스 지원 등 식당운영에 필요한 종합적인 솔루션을 제공하는 기업들로 진화하고 있다.

경로별 유통구조

- 외식 : 프렌차이즈, 일반 식당, 호텔, 뷔페 등
- 급식 : 어린이집, 유치원, 학교, 병원, 요양원, 복지관, 산업체, 관공서 등
- 유통 : 대리점, 도매상, 식자재마트 등
- 원료 : 신선(1차) 상품 도매상, 제조공장, 식품가공업체 등

특히 1인 가구 증가, 고령화 등의 인구구조 변화로 인해 외식업이 성장하고 가정대체식(HMR)이 활성화되는 등 트렌드가 빠르게 변하고 있다. 이에 따라 B2B(기업 간 전자상거래) · B2C(기업과 소비자 간 전자상거래, 신선식품 분야) 식자재 유통시장이 급성장하는 추세다. 그만큼 수많은 식자재 유통기업이 존재하지만, 점차 다양한 인프라와 위생안전이 잘 갖춰진 대기업 중심으로 업계가 재편돼 가는 추세를 보이고 있다.

식자재 유통시장 변화 배경
- 인구구조 변화 : 고령화, 1인 · 여성단독 가구 확산
- 트렌드 변화 : 가정대체식 · 소량 구매 증가
- 외식시장 확대 : 프렌차이즈, 단체급식
- 정부 규제 : 위생에 대한 규제 강화

대기업의 식자재 유통시장 진출 상황
- 기존의 영세 중소업체의 경우 다양한 인프라 및 관리 업무 등을 실현하기에는 한계가 있음
- 전국 단위의 유통망, 위생안전 시스템을 갖춘 국내 대기업들이 시장에 진입 중
- 해외 식자재시장에 진출 시 대기업 계열사의 식자재 유통기업이 함께 진출하고 있음
- 중국 및 인도의 경우 국내 대비 일 식수를 훨씬 뛰어넘는 잠재력으로 주목받고 있음

대기업의 강점은 산지와 음식점주가 바로 연결돼 1 · 2차 도매상 마진이 줄어 음식점주들에게 이익이 돌아갈 수 있다는 것이다. 또 다양한 상품군을 확보한 패키지 구성 제공이 가능하고, 대형 신선 물류창고를 통해 위생 및 안전도 확보된다. 아울러 고객사 맞춤형 컨설팅도 가능하다.

주요 업무 및 세부내용
- 소매영업(B2C) : 백화점, 마트, SSM(기업형 슈퍼마켓) 등 유통채널에 육가공, Fresh Food 영업
- 식자재영업(B2B) : 단체급식 · 외식사업 관련 식자재를 위생적으로 공급
- 거래처 신규개발 : 타깃과 포트폴리오를 갖고 신규판매처 발굴(맞춤형 포트폴리오 개발, 영업기획 및 제안, 계약)
- 기존 거래처 관리 : 끊임없는 고객만족 활동을 통해 계약 지속 관리(품목 확대, 채권 관리)

기본적으로 식자재 유통영업은 업무수행 방법, 근로시간 관리 등을 근로자에게 맡기는 '자율책임근무제'이며, 업무는 주로 현장에서 이루어진다.

하루 일과 예시
- 주요 고객사 식자재 입고 시 고객사와 공동으로 검품 · 검수
- 클레임 발생 시 CS 또는 협력사를 통해 반품, 교환 등의 조치
- 주요 사업장 직접 미팅 및 업무 협의
- 신규 고객사 및 사업장 발굴을 위한 포트폴리오 구성
- 제안 고객사 및 사업장에 대한 견적, 제안서 작성
- 기존 고객사에서 요청하는 자료 등을 정리
- 실적자료 분석 및 매출 확대방안 수립

---

2. 필요 역량과 자질 및 핵심 키워드

식자재 유통영업의 경우 다음과 같은 역량과 자질을 갖췄을 때 'B2B시장 기준 46조원에 달하는 식자재 유통시장에서 차별화된 영업력을 발휘'할 수 있다.

식자재 유통영업 직무에 지원하면서 자기소개서나 면접에서 인사담당자나 면접위원들을 사로잡기 위해서는 몇 가지 핵심키워드를 알고 있으면 도움이 된다. 그중 세 키워드를 중심으로 살펴보도록 하자.

❶ QCD

QCD는 식자재 유통영업을 비롯한 모든 영업 직무에서 상당히 중요한 키워드다. 구매 담당자들 앞에서는 어떤 영업사원이라도 경쟁사 대비 자사 제품의 우수성이나 가성비 등 강점을 내세우기 마련이다. 하지만 자사 제품의 품질과 가성비, 그리고 납기를 정확하게 지킬 수 있다는 신뢰감을 구체적으로 어필

할 수 있어야만 구매 담당자의 마음을 움직일 수 있다는 사실을 잊지 말아야 한다.

❷ QSC

QSC는 외식업이 살아남고 성장하기 위해 반드시 필요한 요소인데, 특히 식자재 유통기업의 고객사는 외식업이 주를 이룬다. 즉, 고객사의 입장에서 필요로 하는 안전과 위생, 그리고 그것을 활용할 수 있는 부가가치를 만들어 줄 식자재를 공급해주는 것이야말로 고객사의 성패를 좌우하는 기초라 볼 수 있다.

❸ HACCP

'해썹'이라고 읽는 HACCP(Hazard Analysis and Critical Control Point)은 식자재를 취급하는 회사와 사람이라면 식품 관련 전공이 아니더라도 반드시 알아두어야 하는 기본상식이다. HACCP은 식품의 안전성을 보증하기 위해 식품의 원재료 생산, 제조, 가공, 보존, 유통을 거쳐 소비자가 최종적으로 식품을 섭취하기 직전까지 각각의 단계에서 발생할 수 있는 모든 유해한 요소에 대해 체계적으로 관리하는 과학적인 위생관리체계를 말한다.

HACCP은 총 7원칙 12절차로 나뉘어지며 이는 위해요소분석(HA ; Hazard Analysis)과 중요관리점(CCP ; Critical Control Points)으로 나뉜다. 따라서 식자재 유통영업 직무를 지원한 이상 최소한 한국식품안전관리인증원의 7원칙 12절차가 무엇인지 정도만이라도 알고 준비하자.

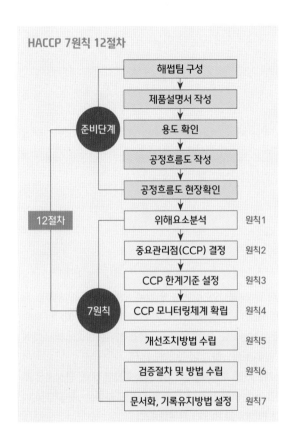

HACCP 7원칙 12절차

준비단계
- 해썹팀 구성
- 제품설명서 작성
- 용도 확인
- 공정흐름도 작성
- 공정흐름도 현장확인

12절차

7원칙
- 위해요소분석 — 원칙1
- 중요관리점(CCP) 결정 — 원칙2
- CCP 한계기준 설정 — 원칙3
- CCP 모니터링체계 확립 — 원칙4
- 개선조치방법 수립 — 원칙5
- 검증절차 및 방법 수립 — 원칙6
- 문서화, 기록유지방법 설정 — 원칙7

3. 식자재 유통영업에 지원하기 위한 사전 준비항목

식자재 유통영업에 취업을 희망하는 취준생들은 아래 항목을 준비해두면 좋다. 특히 첫 번째와 두 번째 항목의 경우 현업에 종사하고 있는 사람들을 통해 현재 시장상황을 직접적으로 알 수 있기 때문에 직무에 대한 이해도를 높이고 해당 업무에서의 중요 포인트를 잡아내는 데 도움이 될 것이다. 시대

사전 준비항목

- 단골 음식점 사장님과 친해지기
  → 해당 식자재 배송기사를 소개받고 친해지기
- 실제 현장에서 벌어지는 어려운 점 및 본사 요구사항 메모하기
- 기회가 되는 경우 주방보조 아르바이트 경험 쌓기
- 식자재 유통 관련 기사 탐독하기
- 글로벌 선진기업(시스코 등)의 벤치마킹 사례 발굴 및 분석하기
- 관련 대기업의 사업보고서, 분기별 실적자료 참고하기
- 자기관리 우수 사례 발굴하여 어필하기

구글도 모르는 직무분석집

취업준비 왕초보부터 오버스펙 광탈자까지!
취업 성공 사례로 알아보는 인문상경계 및 이공계 직무에 대한 모든 것을 총망라했다.

저자 류정석
CDC취업캠퍼스 대표로서 15년간 대기업 인사팀 외 다양한 부서에서 근무한 경험을 바탕으로 직무 중심의 취업 전략을 제공한다.

직업상담사에 대한 이모저모!

^Q1 직업상담사란?

직업을 구하는 구직자를 '내담자'라고 하는데, 상담과 직업심리검사 등을 통해서 내담자의 특성과 흥미, 적성 등을 파악한 후 적합한 곳에 취업할 수 있도록 도움을 주는 업무를 맡고 있습니다. 진로 개발부터 직업 찾기, 관련 정보 제공뿐만 아니라 구인자와 구직자를 연결하는 과정까지 종합적으로 수행하는 사람을 직업상담사라고 할 수 있습니다.

^Q2 자격 취득 후 진로는 어떻게 되나요?

직업상담사는 공공일자리를 기반으로 만들어져서 주로 공공기관에서 일하지만, 민간에서도 일할 수 있는데요. 공익서비스 특성상 보통 고용노동부와 관련된 기관에서 일을 합니다. '국민취업지원제도'나 '여성새로일하기센터'처럼 민간기관이지만 위탁사업을 통해 공공업무를 수행하는 곳도 있고, 또 학교에서도 근무하고 있는데요. 대학교에서는 '취업지원관'이라고 해서 대학생들의 일자리 찾기를 도와주고, 특성화 고등학교에서도 취업 관련 업무를 담당하고 있습니다.

민간기업의 경우엔 파견업체에서 '잡 매니저'로 일을 하거나 직업소개소처럼 개인사업을 하는 분들도 있는데요. 남성들은 주로 건설인력 분야로, 여성들은 가사도우미나 유아돌보미 등의 분야로 창업하기도 합니다. 자격증을 딴 분들은 공공기관이나 관련 기관에서 일을 많이 하지만, 일자리 규모로 봤을 때는 공공보다 민간이 같거나 더 큰 편입니다.

^Q3 직업상담사 일자리는 늘어날까요?

고용노동부에서는 '한국직업전망'과 '중장기인력수급전망'이라는 공공문서를 발표하고 있는데요. 관련 연구기관에서 철저하게 검증해서 제시한 내용에 따르면 직업상담사의 경우 앞으로 다소 증가할 것으로 예측되고 있어요.

> **직업상담사 전망**
> • 2019년 고용노동부 '한국직업전망' 기준, 향후 10년간 취업자 수 전망(연평균 증감률 % 환산치)
> : 2026년 약 37만 5,000명으로 향후 10년간 6만 6,000명(연평균 2.0%) 정도 증가
> • 한국고용정보원 '2015~2025 중장기인력수급수정전망'
> : 2015년 30만 8,000명 → 2025년 39만 6,000명으로 연평균 2.5% 증가할 것으로 예측

4 자격증 시험공부는 어떻게 해야 할까요?

시험 특성상 1차부터 2차 시험과 연계해서 공부를 하는 게 좋은데, 2급 시험 기준 과목별로 유의할 점은 아래와 같습니다.

- 직업상담학·직업심리학 : 중복되는 과목들이 있으므로 개념의 흐름을 이해하는 것이 중요
- 직업정보론 : 홈페이지나 공공문서를 파악하는 능력 중요
- 노동시장론 : 계산문제 때문에 어렵다고 느껴질 수 있으나 개념 이해와 풀이과정 위주로 학습해 요령을 익힐 것

5 직업상담사를 추천하고 싶은 사람들에게는 어떤 성격적 특성이 있을까요?

상담업무가 있어서 사람을 좋아하거나 공감능력이 좋은 분들이 적절할 것 같아요. 또 재직자 비중을 보면 남성(24.8%, 2019년 기준)보단 여성(71.6%)이 많고, 20대(9.1%)보단 30대(25.0%)나 40대(48.9%), 50대(15.0%)분들이 많은데요. '남성이나 어린 사람에게는 맞지 않는다' 그런 건 아니고, 현황이 그렇다고만 알고 있으면 될 것 같아요. 오히려 일찍 일을 시작하면 경력이 쌓일수록 고용안정성과 임금수준을 더 높일 수 있어서 경쟁력을 다질 수 있지 않을까 싶습니다.

직업상담사 **김대환**

- 경력 | 한국직업상담협동조합 강사
- 경력 | 관악여성인력개발센터 강의
- 경력 | 서일대학교 취업지원관
- 경력 | 서울고용보험 취업센터 팀장
- 경력 | 성동여성인력개발센터 강의
- 현 | 피엔디 대표
- 현 | SD에듀 직업상담사 교수

SD에듀 유튜브 채널 토크레인
인터뷰 영상 보러가기

03:47 / 10:00

직업상담사 시험 대비 시리즈

CBT 시험방식에 맞춰 전면 개정된 구성으로 많은 수험생들이 합격의 길로 나아갈 수 있도록 돕고자 한다. 과목별 핵심이론과 출제유형을 통해 기초를 다지고, 최신기출복원문제를 풀어보며 출제경향을 파악하는 단계적 학습과정을 통해 실력을 다질 수 있다.

상식 더하기 +

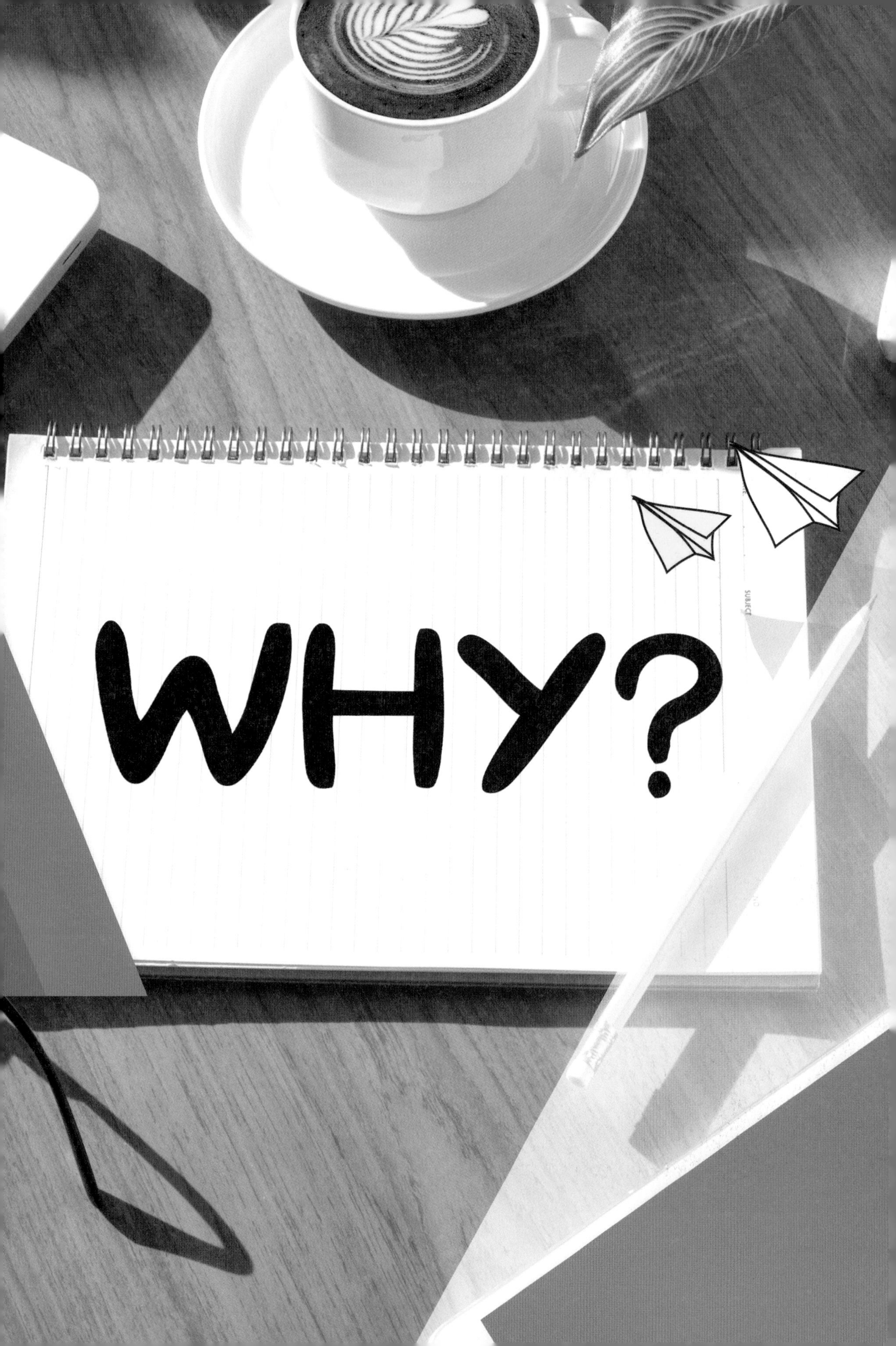
WHY?

사춘기와는 다른
청소년 우울증

단순한 사춘기 증상이 아닌 '청소년 우울증'

성적과 교우관계 등으로 힘들어하다가 학업을 중단하거나 숨을 거두는 10대가 늘고 있습니다. 그 배경에는 단순한 사춘기 증상이 아닌 '청소년 우울증'이 있는데요. 지난해 국민건강보험공단의 자료에 따르면 2022년 만 6~17세 아동 · 청소년 우울증 진료인원은 2018년 대비 60.1%나 늘었습니다.

청소년 우울증은 감정의 변화가 심하고 우울감을 느끼는 등 사춘기 증상과 비슷해 초기에는 알아차리기 쉽지 않습니다. 성인 우울증과 달리 짜증, 예민함, 집중력 저하가 강하게 나타나기도 하죠. 또 체중감소, 두통, 복통 같은 신체증상이나 주의력 결핍 과잉행동장애(ADHD), 불안장애가 함께 나타나기도 합니다. 이를 방치할 경우 학업부진, 게임중독, 식이 및 수면장애로 이어질 수 있습니다.

또 청소년이 우울증을 앓고 있다면 마음을 터놓고 얘기할 수 있도록 부모도 함께 노력해야 합니다. 최 교수는 "아이가 문제행동을 일으키면 부모들이 행동을 통제하는 데 집중하는 경우가 많은데, 그렇게 하기보다는 아이의 얘기를 잘 들어주는 게 중요하다. 또 전문가와 상담할 때는 자녀를 존중할 필요가 있고, 개입하지 말아야 한다"고 조언했습니다.

환경에 크게 영향 받는 청소년 우울증

우울증은 다른 정신질환과 비교했을 때 환경에 더 큰 영향을 받습니다. 학업 스트레스, 친구·가족 관계가 대표적이죠. 특히 청소년기에는 부모에게서 정서적으로 독립해 또래집단에 심리적으로 의지하게 되면서 또래관계에서 영향을 많이 받게 됩니다. 또 학업 스트레스도 크게 작용합니다.

최진영 서울대 심리학과 교수는 "코로나19가 지속되면서 청소년들이 학우관계를 형성할 기간이 없었고, 사회적 지지기반을 가족 외의 사람들로 넓혀갈 시기인데 그러지 못했다"고 지적했습니다. 또 "소셜미디어(SNS)에 사회적 관계를 과시하곤 하는데, 특히 학생에게는 더 안 좋은 영향이 있고, 문제를 증폭시켰을 가능성이 있다"고 덧붙였습니다.

학교와 가정의 역할 중요해

청소년 스스로 우울증을 자각하고 병원을 찾는 경우는 드물기 때문에 학교와 가정의 역할이 무엇보다 중요한데요. 학교는 매년 우울증 검사를 통해 도움이 필요한 학생을 발견하고 전문기관에 연계해 적절한 조치를 받을 수 있게 해야 하죠. 또 학생들이 제때 상담 받을 수 있도록 상담교사 인원을 늘리는 등 제도적인 지원이 뒷받침되어야 합니다.

SNS 많이 하는 초등생 …
외모에 대한 우울 부를 수 있어요

최근 한국보건사회연구원의 '코로나19 전후 초등학생의 미디어 이용과 신체자아상 간의 관계' 논문에 따르면 소셜미디어(SNS) 이용이 많은 초등학생이 상대적으로 낮은 '신체자아상'을 갖고 있는 것으로 나타났습니다. 신체자아상은 자신의 외모에 대한 지각·평가·태도 등을 뜻합니다.

연구진은 12~13세 아동 2,700여 명을 대상으로 패널조사를 실시했는데요. '나는 내 외모에 만족한다'는 등 5개 질문에 대한 대답을 점수화했는데, 점수가 높을수록 긍정적인 신체자아상을 갖고 있다고 봤습니다. 연구진은 아동들을 미디어 이용행태에 따라 '정보추구형', '오락추구형'과 SNS를 주로 이용하는 '관계추구형' 등 3가지로 분류했는데, 이 중 관계추구형 미디어 이용과 신체자아상 사이에서만 유일하게 '마이너스'의 상관관계가 확인됐습니다. SNS 이용이 많을수록 자신의 외모에 대해 부정적으로 인식하는 것이 통계적으로 입증된 것입니다.

연구진은 논문에서 "SNS에서는 포스팅에 '좋아요'를 누르는 등의 활동이 활발하고, 이상적 신체를 동경하거나 외모비교를 정당화하는 경향이 있다"고 설명했습니다. 또 "사춘기에는 급격한 신체변화를 경험하며 타인의 시선을 지나치게 의식하고, 미디어의 영향을 크게 받게 된다"며 "청소년기의 부정적인 신체자아상이 우울, 불안 등의 문제를 일으킬 수 있다"고 경고했습니다.

소비자물가지수와 체감물가는
왜 다르게 느껴질까?

지난 5월 2일 통계청이 발표한 '4월 소비자물가동향'에 따르면 4월 소비자물가 상승률이 지난해 같은 달보다 2.9% 올랐는데요. 올해 1월 2.8%에서 2~3월 연속으로 3.1%에 머물다가 3개월 만에 2%대로 둔화한 흐름을 보였습니다. 하지만 '금과일'이라는 말이 나올 만큼 우리가 체감하고 있는 물가는 여전히 높다고 느껴지는데요. 실질적인 '물가'는 같을 텐데 소비자의 입장에서는 왜 다르게 느끼는 걸까요?

통계청의 발표에 따르면 소비자물가 상승률이 3개월 만에 3%대 아래로 떨어졌습니다. 하지만 국제유가 변동성과 이상기후 등 불확실성이 커 석유류와 과일류 등의 가격은 아직 높은 상황인데요. 특히 소비자들의 구입빈도가 높은 농산물의 경우 전년 같은 기간 대비 20.3%나 상승한 것으로 나타났습니다. 전체 소비자물가지수의 상승률(2.9%)과 비교하면 엄청난 차이라고 할 수 있습니다.

정부는 기조적 물가를 보여주는 근원물가지수들이 '2%대 초반'까지 둔화했다고 밝혔지만, 소비자들은 이러한 물가 하락세를 체감하기 어렵다는 반응을 보였는데요. 일반 소비자의 입장에서는 생활과 밀접한 품목의 가격변동을 더 민감하게 느끼는 만큼 체감물가 상승률은 훨씬 더 가파를 수밖에 없고, 결국 지표와 체감상 괴리감이 커지는 것이죠.

소비자물가지수는 우리 생활과 어떤 관련이?

소비자물가지수는 각 가정에서 생활을 위해 구입한 상품과 서비스의 가격변동을 알아보기 위해 작성되는 통계를 말합니다. 이는 각 가구의 소비생활과 밀접한 관련이 있고, 해당 통계를 기초로 국가의 주요 정책이 만들어지고 있어 중요한 판단의 근거로 여겨지고 있습니다.

실제 가구가 소비를 위해 구입하는 상품과 서비스의 종류는 매우 다양합니다. 하지만 많은 품목을 조사하게 될 경우 비용이 증가하게 되고, 비슷한 품목들은 유사한 가격 움직임을 보이기 때문에 일정한 품목군을 대상으로만 조사하는 것이 효율적이죠. 이때 소비자물가조사에 포함되는 구체적 상품과 서비스 품목군을 '대표품목'이라고 합니다. 2020년 기준 소비자물가지수는 458개의 대표품목으로 이루어져 있고, 이러한 대표품목의 구성과 가중치는 5년마다 바뀝니다.

> **가중치란?**
> 각각의 대표품목에 부여되는 수치로 각 품목군이 전체 가구의 소비지출에서 차지하는 비중(상대적 중요도)에 따라 소비자물가지수에 영향
> → 예를 들어, 쌀에 대한 가구지출 비중이 달걀보다 3배 더 많다면 쌀가격과 달걀가격이 동일하게 10% 상승하더라도 쌀가격이 물가에 미치는 영향력은 달걀가격보다 3배 큼

체감물가와 공식 소비자물가 차이가 나는 이유는?

그러나 이렇게 실제 가격조사 결과를 객관적으로 평균하여 나타낸 공식 소비자물가와 개개인이 주관적으로 느끼는 체감물가 사이에는 차이가 있을 수 있는데요. 개인마다 주요 경제활동분야 및 생활양식이 다르고, 이들이 주로 구입하는 품목과 구입장소, 가격도 다르기 때문입니다. 따라서 체감물가와 공식물가의 차이를 완전히 없앨 수는 없습니다. 다만 이러한 차이 요인을 해소하기 위해 다양한 보조지표를 작성하거나 소비자물가 조사·작성 과정에서 대표성 있는 상품선정 및 품질조정, 지수개편 등의 방법으로 현실반영도를 높이기 위한 노력을 하고 있습니다. 시대

대표품목 보충설명

❶ 선정 기준
- 전국 가구의 월평균 소비지출액이 일정비율 이상이고,
- 동종품목군의 가격을 대표할 수 있어야 하며,
- 시장에서 계속적으로 가격조사가 가능한 품목일 것

❷ 소비자의 구입 목적(지출 목적)에 따라 12개 대분류로 분류
→ 소비지출로 보기 어려운 세금, 국민연금, 건강보험료, 저축, 부채상환 비용, 부동산 구입 비용 등은 제외

물가지수란?
물가의 움직임을 알기 쉽게 지수화한 경제지표

많이 언급되는 물가지수

❶ 근원물가지수
: 일시적인 경제상황보다는 기초 경제여건에 의해 결정되는 물가
→ 계절적 영향을 받는 농산물과 외부적 요인의 영향을 받는 석유류 등 품목 제외

❷ 소비자물가지수
: 대표적인 인플레이션 지표로서 정부가 경기를 판단하거나 화폐의 구매력 변동을 측정할 때 이용하는 물가지수
→ 국민연금, 최저생계비 등 각종 지급액 조정 시 활용

❸ 생활물가지수
: 소비자물가지수의 보조지수로 소비자물가 조사대상목 중에서 일반 소비자들이 자주 구입하는 기본 생필품 144개(2020년 기준=100)를 선정해 이들 품목의 평균적인 가격변동을 나타낸 것

알아보자!
번역 속 오류

'오역(誤譯)'
잘못 번역함. 또는 잘못된 번역

'의역(意譯)'
원문의 단어나 구절에 지나치게 얽매이지 않고
전체의 뜻을 살리어 번역함

– 표준국어대사전

우리말과 글에는 상당수의 외래어와 외국어가 포함되어 있다. 과거에는 중국 한자가, 근대에는 일본식 한자와 일본식 외래어가 쓰였고, 현대에 와서는 영어를 포함한 여러 외국어 용어들이 우리 일상에 자연스럽게 녹아들어 사용되고 있다. 하지만 때때로 초기에 의미가 와전되거나 잘못 번역된 용어들이 엉뚱한 뜻으로 사용되기도 한다.

번역자는 반역자다?

이탈리아의 오래된 격언 중에는 '번역자는 반역자(Traduttore, Traditore)'라는 표현이 있다. 이는 한 이탈리아인이 존 밀턴의 '실락원(失樂園, Lost Paradise)' 번역본을 읽은 뒤 번역이 원작품의 아름다움과 가치를 모두 훼손

했다며 역자를 비난했다는 일화가 유명해진 이후 번역에 관한 이야기를 할 때 종종 언급되고 있는 표현이다. 번역자가 아무리 잘 번역하기 위해 노력해도 결국 욕을 먹기 마련이라는 뜻이다. 사실 앞서 언급한 '실락원'도 일본식 표현이므로 우리말로는 '잃어버린 낙원'이라고 번역해야 이해하기 쉽다.

일상에서 흔히 쓰는 용어 중에도 한자식 표현으로 번역돼 의미를 잘못 알고 사용하는 경우가 있다. 법률용어 중 '선의(善意)의 과실'이라는 표현 속 '선의'는 한자 그대로 '착한 뜻'이라고 생각하기 쉽지만, 실제로는 '자신의 행위가 법률관계의 발생, 소멸 및 그 효력에 영향을 미치는 사실을 모름'이란 뜻이다. 즉 '선의의 과실'이란 '그렇게 하는 것이 법적인 문제가 되는지 모르고 행한 잘못'을 의미한다. 의학용어 중 '부작용(副作用)'이라는 단어 역시 영어로는 'Side Effect'라고 하는데, '당초 원했던 효과 이외에 부수적으로 나타난 효과'라는 뜻이다. 하지만 한글로만 이 단어를 보면 첫 글자를 '부(不)'라고 생각해서 '나쁜 효과'라고 받아들이는 경우가 많다. 이와 비슷한 사례로 '대증요법(對症療法)'을 '대중들이 흔히 쓰는 치료법'으로 잘못 이해하기도 하는데, 원래 뜻은 '근본 치료가 아닌 증상에 대한 치료'를 의미한다.

번역 속 오류 찾기

요즘에는 해외 문학작품이나 영화제목, 게임명칭을 원어 그대로 사용하는 경우가 많지만, 일제강점기부터 불과 얼마 전까지도 원어가 아니라 일본어로 번역된 것을 재번역하면서 잘못 활용하는 사례가 많았다. '몬테크리스토 백작(The Court of Monte Cristo)'은 '암굴왕(暗窟王)', '리틀 프린세스(A Little Princess)'는 '소공녀(小公女)' 등의 한자어로 번역됐다. 또 '아라비안나이트(Thousand and One Night)'는 '천일야화(千一夜話)'라고 종종 소개되는데, 한자로 된 것을 한글로 읽으면서 1,000일간의 이야기라고 혼동하기도 하지만 실제로는 1,001일간의 이야기다.

또 지금과 달리 1990년대까지만 해도 외화낭비를 막는다며 1년에 수입 가능한 외국영화를 제한했었는데, 국내에 들여올 때 일본에서 먼저 상영하면서 붙인 일본식 표현을 그대로 쓰는 경우가 많았다. 그래서 영화 'Two Brothers'를 '형제는 용감했다'로 번역한 것처럼 번역이 잘 된 사례도 있지만, 첩보영화의 대표시리즈인 007의 첫 영화 'Dr. No'를 '007 우리는 의사를 원하지 않는다'로 오역하는 해프닝도 있었다. 내용을 모르고 제목을 먼저 번역했다가 뒤늦게 제목의 의미가 어느 비밀조직에 속한 악당의 이름인 것을 알고난 이후 '007 살인번호'라는 제목으로 바꿨다. 또 1990년 국내개봉한 영화 '죽은 시인의 사회(The Dead Poet Society)'가 당시 큰 인기를 끌었는데 뒤늦게 번역오류가 지적되기도 했다. 'Society'가 보통은 '사회'로 번역되지만, 영화 내용상 '동아리, 모임'이라는 의미였기 때문이다. 직역해도 '죽은 시인 클럽' 또는 의역해서 고친 '고전시 연구모임'이라고 했어야 의미가 정확했을 거란 의견이 있다. 이처럼 제목 번역에 대한 지적이 계속되자 최근에는 원어 제목을 그대로 사용하는 경우가 많아졌다. 하지만 간혹 그 의미가 명확하지 않은 것도 있어 일부는 번역해서 들여오는 것이 필요하다는 의견도 있다. ▨

알아두면 쓸데 있는 유쾌한 상식사전 -우리말·우리글편-

내가 알고 있는 상식은 과연 진짜일까?
단순한 호기심에서 출발할 수 있는 많은 의문들을 수많은 책과 연구 자료를 바탕으로 파헤친다!

저자 조홍석
아폴로 11호가 달에 도착하던 해에 태어났다.
유쾌한 지식 큐레이터로서
'한국의 빌 브라이슨'이라 불리길 원하고 있다.

석유찌꺼기에서 만능생활품으로
바셀린

1980년대. 화석연료인 석유가 있다는 사실은 알았지만, 이를 추출하고 정제하는 기술이 없었다. 그러다 보니 석유 관련 산업은 1850년대까지 제자리걸음만 계속했다. 그런 차에 1859년 미국 펜실베이니아주 타이터스빌에서 석유가 발견되고 세네카 석유회사(Seneca Oil Company)가 유정을 시추하는 데 성공했다. 그러자 너도 나도 석유를 시추하겠다면서 펜실베이니아로 몰려들었다. 서부개척시대의 골드러시(Gold Rush)처럼 이른바 오일러시(Oil Rush)가 일어난 것이다.

런던 태생의 미국인 로버트 체즈브로(Robert A. Chesebroug, 1837~1933)도 그런 사람 중 한 명이었다. 하지만 그의 펜실베이니아행은 석유를 시추해 돈을 벌겠다는 것이 목적이 아니었다. 20대 초반의 그는 화학자로서 사람들이 열광하는 새로운 물질에 대한 탐구를 하고 싶었다. 이전까지 향유고래 기름을 연료로 정제하는 연구를 하던 만큼 석유를 정제하는 것에 자신의 연구가 도움이 될 것이라는 믿음도 있었다. 그런데 정작 그곳에서 그의 호기심을 자극한 건 석

로버트 체즈브로

유가 아니었다. 아니, 석유는 석유였는데 연료로서의 그것이 아닌 다른 용도의 그것이었다.

체즈브로는 원유 채취현장에서 인부들이 다쳤을 때 원유 파이프에 묻어 있는 끈적끈적한 물질을 상처에 바른다는 것을 전해 들었다. 로드 왁스(Rod Wax)라고 불리는 석유 찌꺼기였다. 정유산업의 창시자라고 일컬어지는 사무엘 키어(Samuel Kier)도 상업적으로 큰 성공을 거두지는 못했지만, 석유에서 나오는 끈적끈적한 이 성분을 제품으로 만들어 연고라며 팔기도 했다. 이때 키어는 인디언들이 땅에서 스며나온 원유가 증발하면서 만들어진 것을 상처치료 목적으로 사용한다는 것을 듣고 제품을 개발했다면서 이

체즈브로가 사용한 바셀린 판매용 마차

제품에 특허를 신청하지 않았다. 인디언들 사이에서 내려오는 민간요법을 자신의 독창적인 아이디어라고 주장해서 특허를 내는 것은 도리가 아니라고 생각했기 때문이다.

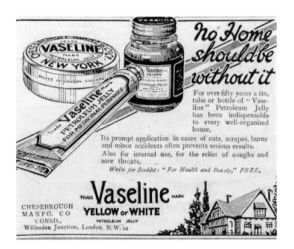

그런데 체즈브로는 단순히 제품을 만들고 파는 데 그치지 않았다. 일단 제 몸을 대상을 실험을 시작했다. 그는 거의 매일 자신의 몸 여러 곳을 칼로 베고 화상을 입힌 다음 바셀린을 발라서 상처가 치유되는지 확인했다. 심지어 수시로 바셀린을 먹기까지 했다. 결국 그는 자기 몸을 대상으로 한 오랜 인체실험 끝에 이 물질에 특별한 효능이 있음을 확인하고, 곧바로 특허를 냈다. 그리고 '바셀린'이라는 상품명으로 판매하기 시작했다.

체즈브로는 '체즈브로 제조공업(Chesebrough Manufacturing Company)'을 설립해 바셀린 대량 생산을 시작했고, 생산된 제품을 마차에 싣고 미국 전국을 돌면서 팔았다. 이때 당시 여느 의약품이 그랬듯이 여러 가지 외상에 다 통하는 반쯤 만병통치약처럼 선전했지만, 초기 반응은 신통치 않았다. 그러자 그는 사람들 앞에서 또다시 자신의 몸을 베고 화상 입혔으며, 바셀린을 먹었다. 염산으로 살을 태운 후 그 상처에 바셀린을 바르기도 했다.

그런 다음에는 여지 없이 무료샘플을 나눠주면서 한 번 써보라고 권유했다. 이런 기행과 선심이 통해서였을까. 점차 바셀린의 보급이 늘어나기 시작했고, 그의 말년엔 유럽에까지 공장이 세워질 정도로 대중화됐다.

체즈브로 사후, 회사는 그저 의약품으로서만 널리 알려진 바셀린의 이미지에서 탈피, 보습효과를 강조하며 '화장품'사업에 진출했다. 오늘날로 치면 기능성 화장품인 셈이다. 1987년, 화학자 체즈브로의 유산인 체즈브로 제조공업은 유니레버에 매각되면서 사라졌지만, 바셀린은 유니레버의 제품이 돼 오늘날까지 전 세계에 팔리고 있다.

한편 체즈브로는 피부연고제라고는 했지만 바셀린을 복용해도 건강에 좋다고 주장했다. 그는 자신의 주장을 증명하기 위해 죽는 날까지 매일 하루에 한 숟가락씩 바셀린을 먹었다고 한다. 참고로 체즈브로는 96세까지 살았다. 시대

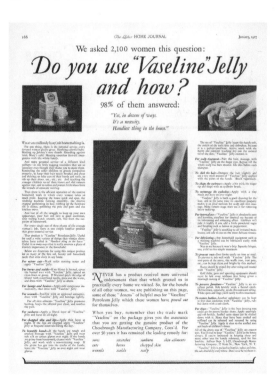

돼지의 심장을 사람에게?
이종장기이식

지난 4월 23일 이화의대 권복규 교수 연구팀은 우리나라 국민 10명 중 7명이 돼지 등 동물장기를 사람에게 이식해 생명을 연장하는 치료에 찬성한다는 설문조사 결과를 발표했다. 이른바 '이종장기이식'이라고 부르는 이 치료법은 장기가 완전히 망가져 더 이상 조치할 수단이 없는 난치 환자들에게 새 희망이 되리라 의학계는 기대하고 있다. 차곡차곡 연구성과를 쌓아나가고 있는 이종장기이식은 그간 몇 환자들에게 실험적으로 시도됐으나, 아직 완전한 성공을 거두지 못했다. 그런데 과연 성공여부를 떠나서 동물의 장기를 사람에게 이식하는 것이 정말 안전하긴 할까?

현재는 장기이식에 대한 기술이 확립돼 상용화되고, 어디서든 어렵지 않게 이식 사례를 들어볼 수 있기 때문에 장기이식이 종종 행해진다고 생각하는 사람이 많다. 그러나 사실 장기이식이 그리 흔하게 이뤄지지는 않는다. 지금도 장기이식은 그야말로 희망이 꺼져가는 난치 환자에게 행하는 최후의 수단이다. 수술이 까다롭고 재활과정도 혹독한데다 무엇보다 위험부담이 매우 크다. 우리 몸이 스스로를 방어하기 위한 면역반응 때문이다. 장기이식 후 발생할 수 있는 거부반응은 환자의 목숨을 빼앗기도 한다. 몸 안에 바이러스 한 마리가 침투해도 강한 면역반응이 일어나는데, 이미 세포로 조직화된 장기가 통째로 들어온다면 그 거부반응이 얼마나 심하겠는가? 하물며 사람이 아닌 다른 동물의 장기를 이식한다면?

사실 이종장기이식이 시도되기 시작한 것은 1960년대부터로, 그리 최근은 아니다. 다른 동물의 장기를 인간의 몸에 이식한다는 것은 언뜻 듣기에 거부감이 느껴질 수 있다. 동물실험에 대한 비판이 고조된 현재로서는 윤리적인 논쟁도 비껴갈 수 없다. 그럼에도 인공장기와 함께 이종장기이식 연구와 시도가 지속되고 있는 것은 공여자가 적어 장기를 기증받는 게 어렵기 때문이다. 그렇다면 역시 관건은 다른 생물종의 장기를 가져오면서, 이로 인한 거부반응을 어떻게 해결하느냐가 될 것이다. 의학계는 이 난제를 어떻게 풀어내려 할까?

문제는 거부반응, '유전자 편집'으로 해결!?

의학계는 거부반응을 고도의 유전자 편집 기술로 해결하고자 한다. 이종장기이식에 주로 사용되는 동물은 돼지다.

돼지가 생물학·해부학적으로 인간과 유사하기도 하고, 특히 심장 같은 장기의 크기가 이식하기 가장 적합하다. 하지만 유전자가 엄연히 다르기 때문에 돼지의 심장을 바로 꺼내 이식할 수는 없다. 우선 거부반응을 없애야 하고, 돼지의 심장에 인간의 혈액이 응고되지 않고 흐를 수 있도록 조치해야 한다. 이를 해결하기 위해서는 유전자 편집이 필요하다.

장기이식에 쓸 돼지를 만들려면 먼저 어미 돼지의 난세포에 편집된 유전자를 삽입해야 한다. 거부반응을 일으키는 돼지 특유의 유전자와 이식에 적당한 정도로만 심장이 성장하도록 성장 촉진 유전자를 삭제한다. 여기에 혈액응고나 염증반응을 일으키는 유전자 등을 삽입해 최대한 인간의 유전자와 유사하게 편집하는 것이다. 이렇게 편집된 유전자를 돼지의 수정란에 삽입하고 인공수정을 시키면 장기이식에 적합한 돼지들이 태어난다.

2022년 1월 미국의 메릴랜드대 의료진은 이렇게 태어난 돼지에게서 얻은 심장을 살아있는 환자에게 이식하는 수술을 진행했다. 환자는 이식 받은 심장으로 2달가량 생존했으며 이는 이종심장이식 사례 중 가장 긴 생존기간으로 알려졌다. 다만, 이후 사망원인이 돼지종에게 발견되는 바이러스 감염으로 밝혀지면서 예측이 어려운 면역거부반응의 해결은 숙제로 남았다.

윤리문제는 여전히 걸림돌 돼

이종장기이식에 쓰이는 돼지들은 별도의 환경에서 길러진다. 이 돼지들은 장기를 채취하는 데 쓰이므로, 창문이나 통로가 없는 공간에서 사육되며 밖에 나갈 수 없다. 또한 사육되는 공간에는 살균된 공기가 공급되고, 사육자들은 무균 처리된 특수복장을 입고 돼지들을 다룰 수 있다.

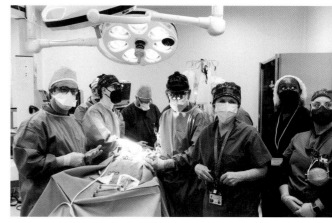

세계 최초로 인체에 돼지 심장을 이식한 미 메릴랜드대 의료진

그러나 이식에 돼지를 활용하는 것은 여러모로 경제적이다. 유전자를 조작하기 편리하고, 멸균된 공간에서도 잘 자라며, 장기를 적합한 크기로 배양하기도 용이하다. 결국 거칠게 말하면 인간의 필요에 의해 의도적으로 태어난 돼지들이 인간의 경제적 논리로 희생된다는 것이다. 이종장기이식 기술이 보편화돼 이식용 돼지가 공장식으로 태어나고 폐기되는 때가 오면 이런 윤리적 걸림돌은 더 큰 거부감을 야기하게 될 수도 있다. 그래서 사회일각에서는 이종장기이식을 장기적 대안으로 두는 데 우려를 표하기도 한다.

어떤 이들은 국가가 나서서 자발적인 장기기증을 적극적으로 유도해야 한다고 주장하지만 쉽지는 않다. 인공장기 기술 또한 발전을 거듭하고 있고, 인공심장판막 등을 이식하는 수술이 상용화됐지만 보험적용이 안 되어 가격부담이 만만치가 않다. 기증 없이도 장기이식을 할 수 있는 기술도 다각도로 연구되고 있지만, 결국 어떤 문제든 남기 마련이다. 윤리문제와 성공가능성, 경제적 이점 가운데서 균형점을 찾아야 하는 시점이다. ⓢ

조국독립이 나의 염원
박열 지사

지난해 국가보훈부는 '5월의 독립운동가'로 두 명의 일본인을 선정했다. 가네코 후미코 선생과 후세 다쓰지 선생이다. 사상적 동지이자 연인으로서, 독립운동가들의 재판을 도왔던 인권변호사로서 두 사람은 모두 2017년 개봉한 영화 '박열'의 주인공이자 조선인 학살을 은폐하려는 일제의 만행을 폭로한 열혈 한국청년과 닿아 있다. 바로 스물한 살의 나이에 새로운 세상을 위해 제국주의에 맞서고, 23년의 끈질긴 사상전향 공작에 옥중투쟁으로 맞섰던 박열 지사다.

1923년 9월 1일 오전 11시 58분 일본, 도쿄도를 포함하는 미나미칸토 지역에 규모 6~8에 달하는 지진이 10분간이나 이어졌다. 이후로 이틀 동안 규모 6 이상의 여진이 15번 이상 발생했다. 전날 내륙을 강타한 태풍에 혼미해진 정신을 추스르기도 전이었다. 태풍과 지진이 휩쓴 자리를 화마가 집어삼켰다. 도쿄의 방재능력을 넘어선 화재와 여진으로 건물이 붕괴해 10만명 정도가 생명을 잃고, 도쿄에서만 100만명 이상이 피난생활을 하게 됐다.

그런 중에 사람들 사이에 '후지산이 대분화하고 있다', '큰 쓰나미가 온다'는 따위의 근거 없는 소문이 돌았다. 그리고 지진 발생 세 시간 만인 9월 1일 오후 3시, '사회주의자 및 조선인의 방화가 많다'는 것을 시작으로 '조선인이 독약을 우물에 넣었다', '조선인 수백명이 관내로 침입해서 강도, 강간, 살육 등 폭행이 미치지 않은 곳이 없다'는 등 조선인 관련 유언비어가 일본 전역으로 퍼져나갔다.

2일 6시, 패닉에 빠진 일본정부는 계엄령을 선포했다. 그러면서 '풍설(소문)을 철저히 조사해 이를 사실화하고, 될 수 있는 대로 긍정하는 방향으로 노력할 것, 해외에 적화(赤化) 일본인 및 적화 조선인

이 배후에서 폭행을 선동한 사실이 있다는 것을 선전하는 데 노력할 것' 등을 지령했다. '조선인 폭동'이란 유언비어를 사실로 날조하라는 것이었다. 이에 따라 조선인에 대한 학살이 시작됐다. 그 결과로 약 6,000명 혹은 6,600명(대한민국임시정부 보고서 기준)에 이르는 조선인과 중국인, 그리고 일본인의 목숨이 일본정부의 방조와 자경단의 몽둥이, 도끼, 갈고리 등에 스러졌다.

박열 지사
(1902.2.3.~1974.1.17)

이런 처참한 시절에 일본정부는 놀라운 소식을 전했다. '불령사'라는 과격한 반체제단체가 일왕 부자와 일본정부 고관을 암살하려 했다는 것이었다. 또한 이들이 테러에 사용할 폭탄을 상하이에서 의열단을 통해 구입하려 했고, 그 비용은 흑우회가 기관지의 광고료로 충당하려 했다고 발표했다. 흑우회는 일본에서 노동하면서 공부하는 재일 고학생들이 주축이 된 사회운동단체였고, 불령사는 흑우회 회원을 비롯해 일본 노동자 등 다양한 사람들이 참여한 대중지향적 항일운동단

체였다. 그리고 그 중심에는 기관지 발행과 불령사 운영의 정점이었던 박열, 그가 있었다.

박열(본명 박준식) 지사는 경상북도 문경 사람으로 당시 수재들만 모인다는 경성고등보통학교 사범과에 합격한 재원이었다. 그러나 사상이 건전치 못하다는 이유로 3학년 때 퇴학당했다. 1919년 3·1만세운동이 일어나자 시위에 나선 것은 물론, 지하신문을 발행하고 격문을 살포한 것이 문제가 된 것이다. 그러자 그는 그해 10월 열여덟 살의 나이로 동해를 건너 도쿄로 가 신문배달부, 식당종업원, 막노동꾼, 우체부 등의 일을 하면서 영어학교에 다녔다.

1921년부터는 정태성, 김천해 등과 더불어 친목단체였던 '노동동지회'를 '재일조선인 고학생동지회'로 개편하고 사회운동에 참여했다. 이 시기 오스기 사카에, 이와사 사쿠타로 등 일본 아나키스트(무정부주의자)들에 영향을 받아 무정부주의운동단체 흑우동맹(일명 흑우회, 1923년 3월)을 조직했고, 이어서 총 21명으로 구성된 대중지향적 항일운동 전개를 목적으로 하는 불령사(1923년 4월)를 별도로 조직했다. 일본정부의 감시가 따른 것은 당연한 일이었다. 게다가 그런 때에 관동대지진이 발생했고, 조선인들이 학살됐다. 이 학살에 당위성이 필요했던 일본정

부는 불령사를 희생양으로 삼았다. 불령사 회원들을 검거했고, 회원 전원을 기소했으며, 불령사를 '폭력에 의한 직접행동을 목적으로 하는 비밀결사 단체'라고 규정했다. 나아가 이 사건을 '대역(국가·사회질서를 어지럽히는 큰 죄)'으로 비화시켰다. 이에 박지사는 지난한 재판과정에서 옛 조선시대 관리들이 입던 예복에 사모관대까지 하고 나타나 당당하게 네 가지 요구사항을 내놨다.

첫째, 나를 죄인 취급 말고 '피고'라고 부르지도 말라.
둘째, 법정에서 조선 예복을 입겠다.
셋째, 의자도 재판장과 같은 높이로 설치하라.
넷째, 재판 시작 전에 선언문을 낭독하겠다.

그리고 각기 국가권력의 재판을 부정하고 천황제의 허구성을 담은 선언문을 낭독했다. 그런 그의 곁에는 일본인으로서 한복에 쪽진머리를 한 그의 아내이자 동지인 가네코 후미코가 있었다. 최종 판결이 사형으로 언도되자 그는 웃으며 말했다.

내 육체야 자네들 맘대로 죽이려거든 죽여라.
그러나 나의 정신이야 어찌할 수 있겠는가

아내 가네코 후미코 선생은 복역 3개월 만에 의문의 죽음을 맞았지만, 박 지사는 일제 패망 후 맥아더 사령관의 '정치범 즉시 석방'에 관한 포고령에 따라 1945년 10월 27일 석방됐다. 당시 세계 감옥사에서 '하나의 죄'로 23년이 넘도록 옥고를 치르고 살아남은 혁명가는 그가 처음이었다. 대한민국정부는 박열 지사에게 1990년에야 건국훈장 대통령장을 추서했다. 아나키스트라는 이유로, 그리고 6·25전쟁 때 납북돼 이후 북한에서 활동했다는 이유로 오랫동안 우리 역사가 외면한 탓이다. ■

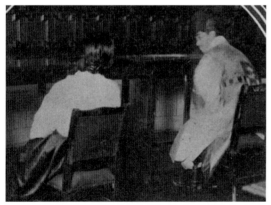
사모관대와 한복을 입은 박열 지사(오른쪽)와 가네코 후미코

둥지도 빼앗기고
이름도 빼앗기고

2018년 봄, 탈모인들은 일본에서 전해져 온 소식에 희망을 품었다. 발모에 관한 연구를 오랫동안 해왔다고 주장하는 일본의 유명 헤어컨설턴트 요코타 토시코의 발표 때문이었다. 그는 그 근거를 나고야대학 대학원 한 연구팀에서 실시한 실험으로 들었는데, 핵심은 다음과 같았다.

소의 침이 최고의 발모제!

해당 연구팀이 한 실험은 쥐를 이용한 것이었는데 쥐 10마리의 등쪽 털을 모두 밀고 5마리에는 보통의 먹이만, 다른 5마리에는 먹이 외에 추가로 시알산을 경구로 투여하는 것이었다. 그런데 4주가 지난 후 보통의 먹이를 준 그룹은 등쪽이 드문드문 맨살이 보였으나, 시알산을 투여한 쥐는 털이 대부분 원상태로 돌아왔다는 결과를 얻었다.

연구팀은 이 결과를 바탕으로 임상시험도 실시했다. 머리숱이 적은 10명의 두피에 매일 한 번 직접 시알산을 바른 실험에서 반년 후 5명에서 발모효과가 나타났다. 발모실험 외에도 여성 10명의 빰에 4주간 지속적으로 바른 실험에서는 7명에서 피부의 탄력이 높아지는 효과를 보였다고 연구팀은 설명했다.

앞서 고추의 매운맛 성분인 캡사이신이 지각신경을 자극해 털의 성장을 촉진하는 단백질인 '인슐린유사성장인자1(IGF-1)'을 늘리는 메커니즘 규명에 매진해왔던 연구팀에게는 캡사이신 외에 'IGF-1을 늘리

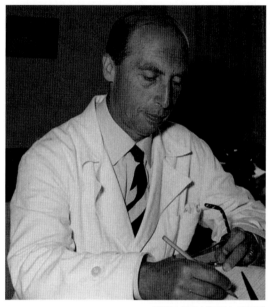

군나르 블릭스(1894~1981)

는 물질'에 대한 목마름이 있었다. 그러던 차에 독일의 오랜 속담은 타액 속에 존재하는 시알산 성분이 신경자극작용을 한다는 데 생각을 미치게 했다. 속담이 일종의 단서를 제공한 셈이다.

소가 머리를 핥으면 머리카락이 난다.

시알산은 당단백질 및 당지질의 구성당으로 널리 발견되는 아미노당의 일종으로 1936년 스웨덴 생화학자 블릭스(Gunnar Blix)가 소의 침샘 중 하나인 턱밑샘에서 처음 추출해내면서 그 존재를 세상에 알렸다. 최초는 소에서였지만 연구를 통해 시알산은 동물과 인간의 다양한 물질과 조직에서 발견됐다. 물론 사람의 침에도 시알산은 존재한다.

하지만 사람의 침에 들어 있는 시알산의 양은 소의 침에 비해 고작 100분의 1에 불과한 수준이어서 가성비면에서 최악이다. 그러다 보니 더 많이 추출할 수 있는 소의 침에 주목한 것은 당연한 일이다. 그렇다고 소 침을 머리에 바르는 것도 썩 유쾌하지는 않았는지 요코타 토시코가 "사람의 침에도 소량이지만 시알산이 함유되어 있어서 껌을 씹거나 탄산수를 마시는 것만으로도 발모효과를 볼 수 있다"는 주장에 기대감을 키웠다.

조선시대 김식의 민화 '패랭이꽃과 제비'(17세기)

그렇다고는 해도 사람이든 소든 그 함유량이 아쉬운 것은 어쩔 수 없었다. 그러다 찾아낸 것이 있었다. 바로 제비집이다. 제비집이 함유한 시알산은 인체 대비 무려 2,000배나 되며, 그 외에도 피부미용에 좋은 EGF(표피증식인자, 상피세포의 증식을 촉진하는 펩타이드의 일종)와 피부탄력을 유지하는 FGF(선유아세포증식인자, 상처치유 및 세포증식을 촉진하는 단백질 무리)도 다량 함유하고 있어 연구자들은 인류 최고의 발모제가 될 수 있다는 희망을 품었다.

하지만 손바닥 크기만 한 500g 제비집의 가격은 100만원 내외다. 비싸도 너무 비싸다. 제비집은 귀하고도 비싼 요리재료다. 옛날에도 그랬고, 지금도 그렇다. 지구의 대기가 흡사 공공기관의 흡연실마냥 불쾌해지기 전 우리에게 제비가 흔한 철새였던 것을 생각하면, 처마마다 한 개씩은 꼭 있었던 제비둥지를 생각하면 이해할 수 없는 위상이다.

칼새의 한 종류

하지만 "왜 비싼 거지?" 하는 의문의 답은 간단하다. 일단 우리가 아는 제비와 요리에 사용하는 둥지를 만드는 제비가 다르다. 중국에서는 칼새를 위옌(雨燕 또는 金絲燕)이라고 하는데, 이때 '燕'이 제비를 뜻하는 데서 온 오해인 셈이다. 흡사한 외형과 생활방식이 오해를 더 부추기기도 했다. 더러 바다 근처가 주요 서식지라는 점을 들어 굳이 바다제비라고 구분해 부르기도 하는데, 이 역시도 틀린 이름이다. 바다제비는 외형은 얼추 비슷하기는 해도 제비집 주인과는 완전히 다른 새니까.

제비집의 진짜 주인 이름은 참새목·참새과에 속하는 제비도, 슴새목·바다제비과에 속하는 바다제비도 아닌 칼새목·칼새과 칼새(Swift)의 한 종류인 흰집칼새다. 그들의 둥지가 제비집으로 불린 이유는 그들의 둥지가 제비의 그것과 닮았다는 단순한 이유에서다.

바닷가 절벽에 사는 흰집칼새의 둥지를 세상에 알린 사람은 진시황으로 잘 알려진 중국 최초 통일제국의 통치자 시황제 시절, 황제의 명을 받고 늙지 않는 영약을 찾기 위해 수천 명의 소년·소녀와 함께 대륙의 동쪽으로 떠났던 서복(徐福)이었다.

하지만 정작 제비집을 요리재료로 유명하게 한 이는 청나라 건륭황제다. 그가 89세까지 장수할 수 있었던 게 바로 제비집으로 만든 수프, 일명 연와탕이라는 요리를 매일 아침공복에 먹었기 때문이니. 제비집 하면 미용을 위해 평소 일곱 가지의 제비집 요리를 먹었다는 청나라 말기 서태후도 빠질 수 없다.

아무튼 우리 시골집 처마에 흔한, 그 강남 갔던 제비의 둥지가 아니라지만 비싸도 너무 비싸다. 제비집이 비싼 근본적인 이유는 무엇보다 수요가 공급을 따라갈 수 없는 데 있다. 흰집칼새는 내륙에 살다가 봄에 남쪽 해안으로 이동하는 철새다.

청나라 제9대 황제 함풍제의 추존황후, 서태후

이 새는 수백m에 이르는 해안절벽이나 높은 산의 암벽에 둥지를 트는데, 다른 새들이 지푸라기나 나뭇가지, 풀 등을 이용하는 것과 달리 이들은 식용이 가능한 해초와 침과 분비물을 이용해 둥지를 짓는 특징이 있다. 이 때문에 제비집을 채취하는 일은 목숨을 걸어야 할 정도로 위험한 일로 알려져 있다. 옛날에는 원숭이를 훈련시켜 헝겊자루를 매어서 절벽에 올려보낸 후 원숭이가 제비집을 따서 자루에 담아오게 했다고 한다.

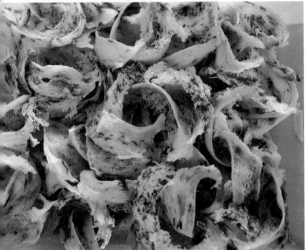

요리재료로 사용하는 제비집은 6~7월 산란기를 대비해 수컷이 4~5월에 만든 것을 최상품으로 친다. 제비집 하나를 채취해도 불순물을 제거하고 나면 고작 5g밖에 되지 않는다. 게다가 불순물을 제거하는 과정이란 게 물에 불린 제비집을 붙들고 사이사이에 엉겨 있는 털이나 해초를 핀셋으로 하나하나 골라내는 작업이다.

채취하기도 어렵고 시기도 한정적이어서 수요가 공급을 따라가기가 사실상 불가능한 데다가 가공과정이 100% 수작업으로 노동력과 시간이 많이 드니 비쌀 수밖에 없다. 그래서 중국이나 동남아 시장에서는 다른 새의 둥지를 흰집칼새의 둥지로 속이는 일이 많다. 심지어 펀스(粉丝)라고 하는 가는 실 모양의 당면을 버젓이 제비집이라며 내놓고 고가에 팔기도 한다.

한의학에서는 단백질과 지방, 칼슘, 미네랄 등의 영양성분이 풍부하게 함유되어 있어 간장, 폐 기능을 강화시켜 주고 허약체질을 개선시켜 준다며 회춘의 특효이자 최고의 자양강장식으로 꼽는다. 하지만 미미한 단맛 외에 특별할 것도 없는 맛인 데다가 제비집의 채취가 칼새에게는 번식의 박탈을 의미이기도 하다. 찾아 먹는다고 100년 사는 것도 아닌데….

한편 독살설이 있기도 하지만, 제비집 요리에 연연했던 74세 서태후의 공식적인 사망원인은 연회에서의 과식으로 인한 이질이다. 많이 먹은 탓에 설사병이 도져서 사망했다는 말이다. 제 아무리 좋은 영약도 과식에는 무용지물이라는 걸까? 시대

영화와 책으로 보는 따끈따끈한
문화가 소식

영화

원 더 랜 드

2024.06

뮤지컬

원더랜드

〈만추〉의 김태용 감독이 9년 만에 새로운 상업영화 작품으로 돌아왔다. 인공지능이 발전하는 시대상을 반영한 작품으로, 사망한 사람을 인공지능으로 복원해 다시 만날 수 있게 해주는 영상통화 서비스 '원더랜드'의 이야기를 담고 있다. 원더랜드를 통해 사랑하는 사람과 재회하게 된 이들의 가슴 먹먹하고 따뜻한 사연을 전해들을 수 있는 작품이다. 탕웨이, 수지, 박보검, 정유미, 최우식 등 젊은 배우들의 연기와 김태용 감독 특유의 섬세한 연출이 한 층 돋보일 작품으로 기대된다. 본 작품은 2020년 촬영을 시작했지만, 코로나19의 여파로 올해 6월에야 드디어 빛을 보게 됐다.

장르 SF, 로맨스, 드라마 **감독** 김태용
주요 출연진 탕웨이, 박보검 등
개봉일 2024.06.05

프랑켄슈타인 10주년 기념공연

우리나라의 대표 창작뮤지컬 〈프랑켄슈타인〉의 초연 10주년을 기념하는 특별공연이 6월 관객을 찾는다. 2014년 초연 당시 8만 관객을 동원한 이 작품은 2017년에는 대극장 창작 뮤지컬 최초로 일본에 라이센스가 수출되기도 했다. 영국 작가 메리 셸리의 동명소설을 원작으로 하는 이 작품은 18세기 스위스를 배경으로 과학자 빅터 프랑켄슈타인과 신체접합술의 귀재 앙리 뒤프레가 만든 피조물의 이야기를 담고 있다. 예기치 못한 사고로 사라졌다가 상처를 입고 창조주를 다시 찾아온 피조물의 증오와 갈등을 생생히 그린다. 특유의 분위기, 웅장한 음악과 서사가 매력적인 작품이다.

장소 블루스퀘어 신한카드홀
주요 출연진 신성록, 유준상 등
날짜 2024.06.05.~2024.08.25

베르나르 뷔페-천재의 빛 : 광대의 그림자

프랑스 회화 역사상 가장 재능 있는 구상회화 작가로 손꼽힌 '베르나르 뷔페'의 전시회
가 올해 9월까지 국내 관람객을 찾는다. 구상회화란 현실의 대상이나 실제로 존재할
법한 대상을 창의적으로 표현한 회화로 제2차 세계대전 종전 무렵까지 프랑스 회화계
를 주름잡았다. 그는 20대 천재화가로 파리를 열광시켰으나, 50년대를 지나 추상화가
각광을 받으면서 자연스럽게 사장 수순에 들어서게 된다. 그는 순식간에 구시대의 유
물로 전락했지만, 이에 아랑곳하지 않고 자신만의 구상회화를 이어나가 작품세계를 완
성시켰다. 이번 전시에서는 그의 작품 120여 점을 감상할 수 있고, 그가 구축한 세계관
을 바탕으로 주제별로 구성된 작품의 흐름을 경험할 수 있다.

장소 예술의전당 한가람디자인미술관   **날짜** 2024.04.26.~2024.09.10

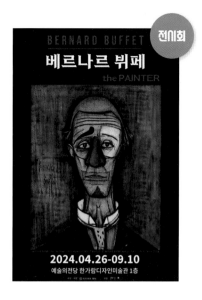

나는 읽고 쓰고 버린다

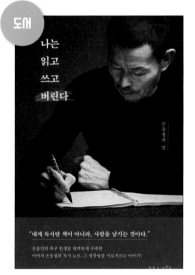

명실상부 세계적인 축구선수 손흥민을 길러낸 축구지도자 손웅정 감독의 인터뷰집이
발간됐다. 이 책은 손 감독이 2010년부터 작성해온 독서노트를 바탕으로 2023년 3
월부터 1년간 김민정 시인과 진행한 수차례의 인터뷰를 책으로 묶은 것이다. 이 책에
서는 '월드클래스' 손흥민을 키워낸 손 감독의 교육관과 그가 생각하는 부모-자녀관계
의 의미, 그리고 그가 치열한 삶 속에서 거머쥔 삶의 교훈이 담겨 있다. 아울러 다듬어
지지 않은 손 감독의 말투를 그대로 담아내 손 감독 스스로 발견한 독서의 효용과 이를
통해 얻은 인생의 진리를 독자에게 가감 없이 전한다.

저자 손웅정   **출판사** 난다

나를 소모하지 않는 현명한 태도에 관하여

독일 출신의 언론인이자 작가인 마티아스 닐케가 감정과 태도, 삶과 성공에 관한 저작
을 펴냈다. 이 책은 남들의 평가에 매달리는 소란스런 세상 속에서도 오롯이 나 스스로
를 조용히 지키며 사는 방법을 안내해준다. 그는 세간에 떠들썩하게 인정받기 위해 스
스로를 극대화하는 삶은 소모적이며 결국 공허함만을 안겨준다고 말한다. 그러면서 정
말 현명한 사람이란 단단한 내면을 가지고, 겸손한 태도로 중심을 잃지 않는 사람이라
고 이야기한다. 그는 이러한 태도를 견지하는 삶은 스스로의 가치와 자존감을 지켜내
며, 조용하지만 강한 존재감을 발휘할 수 있다고 전한다.

저자 마티아스 닐케   **출판사** 퍼스트펭귄

내 인생을 바꾸는 모멘텀

박재희 교수의 마음을 다스리는 고전이야기

어리석은 척하되 미치지는 마라

가치부전(假痴不癲) – 〈삼십육계(三十六計)〉

세상을 살아가는 처세술 중에 가장 힘든 것이 자신의 능력을 감추고 바보인 척 살아가는 것입니다. 중국인이 가장 좋아하는 이런 처세의 원칙을 '난득호도(難得糊塗)', 즉 '바보(糊塗)인 척하기는 정말 어려운 일이다'라고 합니다. 가치부전(假痴不癲)도 이와 유사한 의미를 가지고 있습니다.

조조가 유비를 불러 그의 능력을 시험하려 했을 때 유비는 이 가치부전(假痴不癲)의 전략을 사용해 조조의 의심을 풀게 합니다. 천둥이 쳤을 때 일부러 젓가락을 떨어뜨리며 두려워 떠는 모습을 보여 조조로 하여금 자신을 얕보게 함으로써 전략적으로 훗날을 도모할 수 있는 시간을 벌었던 것이 가치부전(假痴不癲)의 전략이었습니다. '손자병법(孫子兵法)'에서 말하는 상대방에게 내 모습을 자유자재로 보이게 만드는 병법인 시형법(示形法)도 '상대방의 의도와 모습은 밖으로 드러나게 하고, 나의 의도와 모습은 밖으로 드러나지 않게 하라'는 충고에 기반합니다. '진정 똑똑한 사람은 상대방이 볼 때 어리석은 사람 같다'는 노자의 철학도 마찬가지입니다.

假痴不癲
가치부전

어리석은 사람처럼 보이되
진짜 미친 것은 아니다.

정말로 똑똑한 사람은 자신의 재능을 쉽게 밖으로 내보이지 않습니다. 어리석은 사람처럼 보여 상대방을 안심시켜 훗날을 도모하는 전략, 가치부전(假痴不癲)의 병법은 똑똑한 사람들로 넘쳐나는 시대에 역발상의 철학입니다.

똑똑한 척하는 사람이
오히려 상대하기 쉽습니다.

假	痴	不	癲
거짓 가	어리석을 치	아니 부	미칠 전

출전 / 《삼국지(三國志)》〈촉지 제갈량전(蜀志 諸葛亮專)〉

읍참마속(泣斬馬謖)

한나라가 무너지고 중국대륙이 위·촉·오로 삼등분됐을 때, 그중 익주를 중심으로 한 촉은 한나라 왕실의 후예임을 자처한 유비가 세운 나라였습니다. 그런데 촉의 정계는 크게 애초에 유비의 근거지였던 형주파와 새 근거지인 형주파로 크게 나뉘어 있었습니다. 물론 주류는 제갈량을 비롯한 형주파였습니다. 반면 원래 익주를 다스리던 유장을 비롯한 익주파들은 요직을 맡지 못한 채 한직으로 전전했습니다. 이런 복잡한 정치상황 때문에 조정은 내부결속을 강화시킬 만한 외적갈등이 필요했습니다.

또한 북쪽의 위나라는 그동안 황건적의 난을 시작으로 동탁, 원소, 여포, 조조, 원술 등이 벌인 전쟁과 약탈의 주 무대였기 때문에 이 무렵에는 생산력이 많이 쇠퇴한 상태였습니다. 이에 제갈량은 위나라에 회복할 시간을 주어서는 안 된다고 판단했습니다.

이 두 가지 이유가 제갈량이 '한나라 부흥'을 내걸고 북벌을 감행한 또 다른 이유입니다. 그렇다고 익주가 경제적으로 넉넉한 지역은 아니었습니다. 또한 '한나라 부흥'이 외지인(형주파)들의 대의일 뿐 익주 토박이들에게까지 대의일 수는 없었습니다. 그러다 보니 전쟁을 보다 빠르게 승리로 끝내야 할 필요가 있었습니다.

228년 제갈량은 20만명의 군사를 이끌고 한중에 진을 쳤습니다. 그리고 1차 북벌의 지휘관으로 마속을 임명했습니다. 마속은 형주에서 촉한으로 유비를 따라온 마씨 5형제 중 둘째로 '재능과 위엄이 있었고, 군사 전략에 능했으며, 제갈량이 깊이 신임해 두 사람이 접견하면 낮부터 밤까지 이야기가 그치지 않았다'고 전할 정도로 유능한 인물이었습니다. 제갈량이 마속에게 내린 명령은 이것이었습니다.

"요충지 가정(街亭)에서 위나라 구원군을 막도록 하라. 그리고 반드시 산기슭 근처에 진을 쳐라."

그런데 현지에 도착해 지형을 살핀 마속은 산꼭대기에 진을 쳤습니다. 적을 유인해 역공하겠다는 생각에서였습니다. 그러나 그곳은 식수를 구할 수 없는 곳이었고, 이를 간파한 위나라 군사들은 산기슭을 포위해 식수원을 독점한 후 산 위로 올라가지 않고 버티기에 들어갔습니다. 결국 물을 구하지 못한 마속은 전병력으로 포위망을 돌파하려다 참패하고 말았습니다. 이 전투의 패배로 제갈량은 군사를 한중으로 물릴 수밖에 없었습니다. 촉의 인적·물적 자원을 쏟아부은 북벌이 가정전투에서 마속의 오판으로 실패한 것이었고, 이는 제갈량으로서는 정치적 위기였습니다. 그동안 소외됐던 익주파의 반발을 부를 수 있었기 때문입니다. 결국 제갈량은 반발을 누르기 위해 마속에게 벌을 내렸습니다.

"마속을 참해 사죄하겠다."

마속이 죽을 때 "그를 위해 통곡한 사람이 10만명이 넘었다"고 사서는 전합니다. 마속이 죽은 후 제갈량의 측근인 장완이 원망하며 물었습니다.

"마속을 꼭 죽여야만 했습니까?"

그러자 제갈량은 눈물을 흘리며 이렇게 답했습니다.

"천하가 무너져 갈라지고 전쟁이 끝도 없는데 법을 엄격히 집행하지 않으면 우리가 어떻게 적을 이기겠는가."

정치권에서 많이 나오는 고사성어 중 하나가 읍참마속입니다. 본래의 의미는 '위반자는 엄격하게 처분해야 한다'는 것이지만, 정치권에서는 주로 '큰 목적을 위해 자기가 아끼는 사람을 버린다'는 식으로 마치 토사구팽(兔死狗烹)과 같은 의미로 사용되곤 합니다. 물론 아주 잘못된 사용은 아닙니다. 하지만 정작 제갈량은 마속을 처벌하는 데 그치지 않고 "그 과오는 모두 신(臣)에게 있습니다"라며 자신의 책임을 누구보다도 엄중히 물었고, 스스로를 강등시켰으며 징계했습니다. 그것이 진정한 '읍참마속'입니다. 단순히 측근이었던 이를 배제하는 것은 자신이 살고자 희생양을 찾는 것에 불과한 꼼수입니다. 🔲

泣	斬	馬	謖
울 읍	벨 참	말 마	일어날 속

완전 재미있는 **낱말퀴즈**

가로

❶ 6월 항쟁 당시 전두환정부를 향해 시민들이 외쳤던 구호. "○○○○ 독재타도"
❸ 남을 위해 수고한 것을 생색내며 스스로 자랑함. 또는 남의 공을 칭찬함
❹ 섬이 많은 바다
❻ 행정부의 가장 높은 자리에 있는 사람
❼ 사람의 성질이나 됨됨이

세로

❶ 남의 것을 빼앗기 위해 형세를 살피며 가만히 기회를 엿봄. 또는 그런 모양
❷ '의를 굳게 지키며 충성을 다해 싸운 사람'이라는 뜻으로 비폭력으로 투쟁한 이에게 붙는 칭호
❸ 주가 하락 시 취할 수 있는 차익금을 노리고 실물 없이 주식을 파는 행위
❹ '차를 마시고 밥을 먹는 일'이라는 뜻으로 보통 있는 예사로운 일을 이르는 말
❺ 번영기 때의 발해를 중국에서 이르던 말

퀴즈 격자판

1						2
				3		
			4		5	
		6				
					7	

<이슈&시사상식> 201호 정답

	¹보	증	²금		
	통		고		
	선		³형	용	⁴사
⁷쾌	거				필
적					귀
⁸감	칠	맛		⁵정	⁶변
					고

참여해주신 모든 분들께 감사드립니다.
당첨되신 분께는 개별적으로 연락드립니다.

배움에 대한 갈망을 해소하다!

 서＊현(영주시 영주동)

〈이슈&시사상식〉은 최신시사와 관련된 지식과 다양한 분야의 정보가 알차게 담겨 있는 도서다. 국내외에서 발생하고 있는 여러 사건사고를 접하다 보면 그런 이슈들이 내가 생각했던 것보다 훨씬 더 많이 내 삶에 영향을 미치고 있다는 사실을 깨닫게 되는데, 그럴수록 시사이슈를 더 많이 알고 있어야겠다는 생각이 들곤 한다. 〈이슈&시사상식〉은 이러한 '배움'에 대한 개인적인 갈망을 충족시켜주고, 시사에 대한 이해도를 높이는 데 도움이 되며, 다른 사람들과도 자유롭게 소통할 수 있는 대화 스킬을 배울 수 있다는 점에서 활용도가 매우 높은 도서인 것 같다.

취업에 특화된 도서

 김＊구(용인시 처인구)

현대인들이 꼭 알아야 할 주요 이슈와 필수상식을 전달해주는 〈이슈&시사상식〉에는 다양한 분야의 엄선된 기사들이 잘 정리되어 있고, 시사상식뿐만 아니라 취업에 관련된 소식이나 정보도 함께 제공하고 있다. 특히 취업대비 면접 칼럼, 기업별 면접 공략, 기업별 최신기출문제 등 취업에 특화된 콘텐츠가 다수 수록돼 있어서 취업을 준비하는 이들에게 큰 도움이 될 것 같다는 생각이 들었다. 다양한 분야의 이슈부터 시사상식을 비롯해 생활정보나 교양 함양에 도움이 되는 이야기도 담겨 있어 수험생들이나 자격증 취득을 목표로 하는 이들에게도 유용할 것으로 보인다.

호기심을 자극하는 이야기들!

 김＊진(서울시 마포구)

〈이슈&시사상식〉은 기본적으로 취준생들을 위해 출간되는 종합 시사지이지만, 이 책을 읽다 보니 학생들에게도 도움이 될 만한 내용이 많다고 느껴졌다. 우선 찾아보지 않으면 자세히 알기 힘든 다양한 분야의 기사가 잘 정리되어 있는 편이다. 특히 특집기사처럼 다른 형식으로 구성된 코너들도 있어서 지루하지 않게 읽어볼 수 있다는 점이 인상깊었다. 또 뒷부분에는 일상생활에 도움이 될 만한 건강·경제 정보나 기술 관련 소식, 역사 이야기 등 심심풀이로 읽어볼 만한 코너도 있는데, 누구나 흥미를 갖고 읽을 수 있는 가벼운 내용 위주의 콘텐츠라는 점이 좋았다.

우리가 꼭 알아야 할 이슈

 정＊철(화성시 반송동)

바쁜 일상 속 복잡한 이야기들이 넘쳐나는 가운데에도 우리가 꼭 알아야 하는 이슈와 시사상식들이 있다. 〈이슈&시사상식〉은 그런 소식들을 모아둔 책으로써 독자들에게 빠르게 변화하는 세상 속에서 어떻게 대응해야 하는지 질문을 던지는 책이다. 특히 개인적으로 관심을 갖고 있었던 주제들이 많은 편이라 책을 읽다 보면 이러한 주제들에 관해 내 생각을 정리해볼 수 있어서 좋다. 또 시사이슈뿐만 아니라 남녀노소 누구나 재미있게 읽어볼 수 있도록 여러 코너로 구성되어 있어서 이 책을 통해 부족했던 시사상식을 쌓고 다양한 정보를 읽을 수 있다는 점에서 추천한다.

독자 여러분 함께해요!

나눔시대

재외동포재단, 경인교육대학교
한국어능력시험 관련 교재 기증

장병 1인 1자격,
학점 취득 지원

전국 야학 지원
청소년, 어린이 장학금 지원

숨은 독자를 찾아라!

〈이슈&시사상식〉을 함께 나누세요.

대학 후배들이 하루의 대부분을 보내고 있을
동아리 사무실에 〈이슈&시사상식〉을 선물하고
싶다는 선배의 사연

마을 도서관에 시사잡지가 비치된다면 그동안
아이들과 주부들이 주로 찾던 도서관을
온 가족이 함께 이용하게 될 것으로
기대한다는 희망까지…

〈이슈&시사상식〉, 전국 도서관
및 희망자 나눔 기증

나는 이렇게 합격했다

당신의 합격 스토리를 들려주세요
추첨을 통해 선물을 드립니다

베스트 리뷰
갤럭시탭 / 버즈 2

상/하반기 추천 리뷰
상품권 / 스벅커피

인터뷰 참여
백화점 상품권

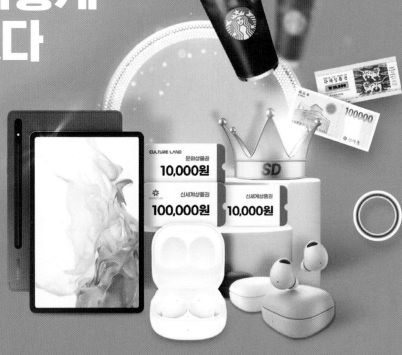

이벤트 참여방법

합격수기

SD에듀와 함께한
도서 or 강의 **선택**
>
나만의 합격 노하우
정성껏 **작성**
>
상반기/하반기
추첨을 통해 선물 증정

 인터뷰

SD에듀와 함께한
강의 **선택**
>
합격증명서 or
자격증 사본 **첨부**,
간단한 **소개 작성**
>
인터뷰 완료 후
백화점 상품권 증정

이벤트 참여방법
다음 합격의 주인공은 바로 여러분입니다!

QR코드 스캔하고 ▷ ▷ ▷ ▶
이벤트 참여하여 푸짐한 **경품받자!**

합격의 공식

각종 자격증, 공무원, 취업, 학습, IT, 상식부터 외국어까지!

이 시대의 모든 "합격"을 책임지는

SD에듀!

독자의 선택으로 검증된 SD에듀의 명품 도서를 소개합니다.

"취득" 보장! 각종 '자격증' 취득 대비 도서

각 분야의 전문가들과 집필! 각종 기능사/기사/산업기사 및 국가자격/기술자격, 경제/금융/회계 분야 자격증 등 각종 자격증 '취득'을 보장하는 도서!

직업상담사 2급

사회조사분석사 2급

스포츠지도사 2급

사회복지사 1급

영양사

소방안전관리자 2급

화학분석기능사

전기기능사

드론 무인비행장치

운전면허

유통관리사 2급

텔레마케팅관리사

"합격" 보장! 각종 '시험' 합격 대비 도서

각 분야의 1등 강사진과 집필! 공무원 시험부터 NCS 및 각종 기업체 취업 시험, 중졸/고졸 검정고시와 같은 학습 관련 시험 및 매경테스트, 그리고 IT 관련 시험 및 TOPIK, G-TELP, ITT 등의 어학 시험 등 각종 시험에서의 '합격'을 보장하는 도서!

9급 공무원

경찰공무원

군무원

PSAT

지텔프(G-TELP)

NCS 기출문제

SOC 공기업

대기업 · 공기업 고졸채용

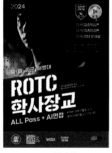

ROTC 학사장교

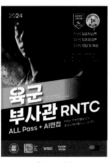

육군 부사관

한국사능력검정시험

영재성 검사

일본어 한자

토픽(TOPIK)

영어회화

엑셀